梦山书系

语文教学归欤录

上卷：纵谈·答问

陈日亮 著

海峡出版发行集团 | 福建教育出版社

自　叙

关于这本书，我想做几点说明。

一

书里所收的是《我即语文》印行之后的十年间，除了收入《如是我读：语文教学文本解读个案》（以下简称《如是我读》）和《救忘录》之外的我的关于语文教学的几乎所有言说。也有相当数量的讲座内容没有收进去，原因是那些都已基本写在了我的文字里，口头总带着渣屑泡沫，任其随风而逝，没有什么可惜。

上卷"纵谈·答问"，收长短文29篇，什九都是应命而作，随问即答，但也莫不是我长期观察思考之后的发声，或率尔应对，却并不含糊。

下卷"快简·零札"，分为两辑，上辑绝大部分是致教师的信简，其中又多是听课后的紧写赶发，即时交流——"萝卜快了不洗泥"，因称"快简"。我对所有接受我听课的教师，都始终心存感激，他们的课总是给我许多启发。我的听课，从不在意说长论短，臧否得失；我把每一次听课都当成自己的一次备课，着重谈我对课文和教学的新的发现和思考，故也不妨看作是书信体的"如是我读"。同时我还发现大多数教师的课都有许多共同点，某节课是谁上的已变得不再重要。于是多被我穿上隐身衣，取《归去来兮辞》中的语词随意化个姓名。真假姓名之间并不存在任何联系。

《致石修银》里收有一份四十年前的教学资料，今之同行们大概都不会再关注这样匠气十足的作文批语了。我们的作文教学早已"进乎技"，抵达"目无全牛"的高境界了。但在自己，毕竟是年轻时的一份苦心合作的见证，殊难割弃。

每日读读写写，笔不释卷，是我晚年的精神保健。《救忘录》多少还有些读者喜欢它，故仍从近些年所写的零札中挑选了百来则编入书里，也算是继续对自己的一种策励。

卷末的三篇"附录"，分别是钱理群和成知辛两位先生对《如是我读》一书的评介，以及赖登维先生谈《救忘录》的读后感，我之所以不敢画地自限，故步自封，是与他们对我的认可、指导和鼓励分不开的。

二

书名"归欤"二字取自陶渊明的《归去来兮辞》。诵陶氏此辞每多联想，既有感于人生，亦每念及语文教学。质性自然的语文，一到教起来总是心为形役，矫厉失真，常令我"眷然有归欤之情"。诚然，我也真愿意如陶先生所言："悟已往之不谏，知来者之可追。"然而悟乎？追乎？终竟能归之乎？——我实不敢做太多的想象。

三

丁酉之岁，恰逢福州一中双百校庆，谨以这芜杂的文字，表达我在这所学校逾半个世纪教学生涯的眷眷之情，聊充一份薄礼吧。

丁酉新正，于俯仰斋。

目　　录

守正融新　踏实前行～1

我和"我即语文"～12

愿学三秋树　不开二月花～27

重返钱梦龙～32

"野生"的力量～45

缘始北戴河～49

书写助我前行～57

说"求实"～67

回望与寻思～72

回归本然的语文课堂～80

回到态度与习惯～89

答桑哲问～97

答吴炜旻问～107

答《东南快报》记者问～123

答石修银问～128

语文课堂要转变为"买方市场"～139

学生主体是靠"教"引领出来的～145

语文阅读教学的"教"与"不教"～155

仿佛若有光～167

她的书没有空头讲章～177

一个切中痼疾的语文教学主张～181

追溯到知识和思想的源头～184

实话实说的"王氏策略"～187

从"写真实"开始～190

说理议论常见的三种思维类型～195

平面滑行：为何那么难以改变？～199

琐谈"我在课堂讲鲁迅"～205

针刺的功效～213

怀念一株老树～216

守正融新　踏实前行

（在全国中学语文教学专业委员会第十届年会开幕式上的发言）

全国中语会自 1983 年第三届年会以来，在每一届年会的主题话语中，我都注意到有几个频率很高的关键词：总结，反思，遵循，规律，效率，开创。杭州第九届年会的主题，特别提出"需要尊重传统，返璞归真，去华崇实，回归'语文'"。今年第十届年会主题则是"回顾、反思与发展"。十分明显，这是历时 30 年之久、一以贯之的、对语文教学改革目标的执着追求与坚守。总结与反思，是为了开创与发展，而总结与反思又无不聚焦于对规律的探讨、对效率的关注，回归到语文的"真"和"实"。这自然成为我们开展学术研究的唯一出发点与归宿，也可以说，是我国几代语文教师和语文研究者跨世纪的语文梦。

一、语文教学的主体是侧重言语形式的探究

在我看来，十年语文课程改革的最大收获，是对语文课程性质的重新认识和科学界定。经过反复讨论修订的九年义务教育的语文课程标准，明确规定"语文课程是一门学习语言文字运用的综合性、实践性课程"，从此结束了长达半个世纪的语文课程性质的论争，无疑是一次历史性的胜利。

"文""道"之争，最初出现于 20 世纪 60 年代，是当时"左倾"思潮的产物。到了 1963 年，《全日制中学语文教学大纲（草案）》颁布，明确规定"中学语文教学的目的，是教学生能够正确地理解和运用祖国的语言文字，使他们具有现代语文的阅读能力和写作能力，具有初步阅读文言文的能力"。语

文界对"文"和"道"的短期争论做了总结:"无论说'以道为主'或'以文为主'或者说'道和文并重',都是把'道''文'割裂开来,既不符合思想内容和语言文字不可分割的客观实际,也不符合培养阅读能力和写作能力的教学实际。"据说这段话就是叶圣陶先生说的,被写进了文件里。可见认定"文道统一"是语文学科的基本性质,早在50年前,就已经形成语文界的共识。但是好景不长,临到三年后的"文革",语文课多被改名为政文课,成了政治的附庸,也就等于被撤销。这就是语文课程不能不屈辱地接受政治裹胁的可悲历史命运。

到了20世纪改革开放的80年代,在"解放思想,实事求是"的路线指引下,语文教学挣脱了多重的精神枷锁,其中也包括对被扭曲的课程性质的正本清源,传承了"文道统一"的基本原则,教改搞得红红火火,有声有色,正如于漪老师在上届年会的报告里说的:80年代是"繁花似锦,春色满园"。我记得作家阿城曾经说过:"80年代基本上是一个大家重新拾回常识的过程。"和我同样经历过那个年代的老师们都知道,当年的语文教改,大家都是按照常识办事,都在做常识性的工作,一切从实际出发,实事求是,没有什么框框条条。到了90年代提倡与时俱进,发现光有常识不够了,得来点新的东西,再加上应试教育的冲击,语文教学便又重新遭到拷问,终于酿出了世纪末的一场对语文教育的"大批判"。早先拾回的许多常识,又还回去了,又得重新开始认识语文了。于是各种"性骚扰"便纷纷应运而生了。

大家知道,早在1987年,陈钟梁先生首先提出"是人文主义,还是科学主义"这个命题。如同他自己所说,这乃是一种哲学层面的思考。他最终思考的结论是:不应厚此薄彼,而是二者必须结合。可是到了大批判的浪潮扑来,极度张扬的是人文主义,科学主义则被认为是工具理性而被严加挞伐。原本统一的事物,硬是被割裂开来,造成了势不两立。1999年第七届天津年会,正值风高浪急之际,我送了一篇论文叫《不要动摇语文的工具性》,发出了点不调和音,就没被收入论文汇编;倒是西部的一个省份出了一本书,在一个争鸣的栏目里刊登了。我当时明确指出,人文性的旗帜无论举得多高都不过分,但不能冲着工具性而来。因为它们原本就是我中有你,你中有我,一而二,二而一,是一荣俱荣,一损俱损。叶圣陶先生早就指出:"思想、语言、文字，三样其实是一样。"思想内容"不能抽出而讲之"。也就是说，当你高呼要大力弘扬人文的时候，你这话的背后实际也在强调要大力强化工具。在一篇具体课文或者作文中，离开语言文字，人文焉在哉？没有了人文思想的语言文字，又到哪里找去？我本不愿意再重提这个常识，但因为课改已经过了十年，还是有人在语文的工具性与人文性的关系上昏头昏脑。有的仍在片面宣称语文教学的本质在于提升学生精神，完善学生人格，丰富学生思想，促进学生思想品德和世界观的形成，提升学生的道德意识、道德情感、道德意志，完善学生的道德行为，可偏偏就是不提这精神、人格、思想、品德、世界观、情感、意志、行为等等，在语文课程里究竟是靠什么养成又是怎么养成的，它和政治课又有什么本质的区别。还有的认为"工具性"与"人文性"是"皮"与"毛"的关系，是一表一里。不错，皮之不存，毛将焉附？可是"毛"之不存，"皮"不是还在那里吗？岂不是又把二者割裂了吗？甚至还有人认为"以人为本"就是要实现以"语文教育"来代替"语文教学"，否则就有可能让人在工具的学习和应用中异化自己。一个简简单单、明明白白的事体，我就不懂为什么一定要被搞得如此对立化、复杂化、紧张化。我们能不能从今起，舍"工具"与"人文"不谈不论，而把二者统一的观点，转化为如何正确处理听说读写中的形式和内容的关系，只研究一篇课文或一篇作文或一次口语交际，它的语言表达形式和思想内容该如何统一，诸如此类的具体问题，行不行呢？

　　当前的语文阅读教学，没能处理好内容与形式的关系，仍是个比较普遍的现象，也是比较难以解决的问题。这也许就是长期受人文性工具性的困扰留下的后遗症。其主要表现为，教师的文本解读，多习惯侧重于思想内容的解说与发挥，至于如何从文本语言形式中发现和领悟思想感情，往往缺少办法，结果是肤浅与泛漫并存。教作文也一样，面对一个材料或命题，学生由于受生活阅历、文化积累和语言经验的局限，思想的酝酿提高是需要一个较长的过程的，可是我们却揠苗助长，总是要求学生短时间内就要做到立意的新、深、高。至于用语行文、谋篇布局等等"怎么写"的技能训练，则很少去狠抓落实，结果是学生连起码的文字清通都做不到，只能说些假、大、空的话，哪谈得上什么新、深、高？

这里也就存在一个常识性的问题：语文究竟是侧重教内容的，还是侧重教形式的？在我看来，语文既是教形式的，也是教内容的，但归根结底是教形式的。如果说，我们已经认识到工具性与人文性的统一，是语文课程的基本特点，那么侧重言语形式的探究，从言语形式入手达到形式与内容的统一，则是语文教学必须遵循的基本规律，更需要我们形成共识。

浙江师大王尚文先生说过，语文之外的其他学科所教所学的是教材的言语内容，对于其他学科教材的言语，懂得它们"说什么"就可以了，而对于语文学科来说，明白它"说什么"固然重要，但却是为了理解它"怎么说"。

江西师大余应源先生也说过，语文教学中，言语内容的理解是为实现言语内容的途径——言语形式服务的，"言"是主体，是根本，"意"是手段，而不是目的。

上海师大王荣生先生则从课程论的角度指出，不管是语文教材里的文章，还是其他课程使用的教材，客观上都有两种价值，一种是"所传播的信息"的价值，一种是"如何传播信息的信息"的价值，也就是言语智慧。但人们学习其他课程的教材，只学前者不学后者；人们学习语文课程，主要不是学习前者而是学习后者。不着眼于"如何传达"的言语智慧，而着眼于它所传达的信息本身的智慧，这是语文教学最经常犯又最容易被人们所忽视的错误，也是语文教学最严重的错误。

三位先生的三段话，厘清了语文和语文教学的根本区别，廓清了对语文阅读教学任务的错误看法，对当年叶圣陶先生所主张的"把学习国文的目标侧重在形式的讨究"，从学理上做了既科学又通俗简明的阐释。从课程特点出发的这一宏观的"应该侧重教什么"，理当作为一切微观的文本解读、作文与口语交际的教学依据和基准。至少在我所见过的那些经验丰富、教艺精湛的教师身上，他们在处理形式与内容的关系时，所凭借的都不是这理念那理念，而是个人丰富敏锐的语感。现在不少教师也懂得要侧重从形式入手，但由于自身言语经验贫乏，而且不同程度地存在朱光潜先生所指出的"懒，粗心，自满"，备课离不开教参，讲课则从语言表面轻轻滑过之后，就把内容抽出来而大讲之，因为讲内容总比推敲形式容易得多。如果说，从形式进入内容对教师来说多少还知道重视，但进入内容之后，再从内容返回形式，去品味语言文字运用的精确、精美、精妙，获得言语形式运用的知识，养成阅读的方法、技巧、习惯，也包括言语自身的积累和积淀，就几乎没有办法了，因为他们连"返回形式"的教学意识也不具备。这从内容再回到形式，即过去我们曾经总结的"因文解道，因道学文"，正是集中体现了语文课程的特点，是学习语文文字运用的核心所在。仅仅从形式到内容，而不再返回形式，则是不完全的语文教学，甚至不是语文教学，因为像政史地这样的学科，教师有时也会注意从形式进入内容，但最后只会停留在内容。歌德曾经说过："内容人人可见，意蕴须经一番努力才能找到，形式对大多数人却是一个秘密。"明朝学者吕坤也说过同样的意思："见见非难，而见不见为难。此举世之所迷，而智者之所独觉也。"可见，单是找到意蕴还不够，破形式之秘，解不见之迷，才是语文教学之智，也是我们所需要培养学生的言语智慧。

因此，我们第一个必须守正的，就是要把侧重言语形式的探究作为教的主体，将理解文本的"怎么说"作为根本，在课程的宏观层面解决"教什么"之后，必须强化他们咬文嚼字的功夫，着重提高教师的言语智慧，只有这样，才能从根本上避免语文教学异化为空洞的人文说教，从而有效抵达"学习语言文字的运用"的课程目标，否则输入再多的先进理念，都只能流于空谈，无补于事。

二、指向历练自学，强化教师主导

课改还有一个最明显的亮点，也是改革步子跨得最大的，是突出以学生为主体，倡导自主、合作、探究的学习方式的转变。几乎在每一节课上，都能看到教师为此所付出的努力。课外的研究性学习，也为课堂教学注入了生机，语文课堂确实要比以前活跃，学生学的主体意识有了明显加强。

以学为主体在我国可谓源远流长。在春秋时代，孔孟就都提倡"学贵自得"。孔子的"因材施教""不愤不启，不悱不发"，孟子的"君子之所以教者五"的五种自动自发的施教方式，以及《学记》里的有关论述，还有师生的对话、谈话方式等，都已经蕴含着学为主体、教学相长的朴素观念。历代的教学方法也都传承了这个传统，即黄宗羲所说的"古之人于学也，其不轻授如此，盖欲其自得之也"。即使到了后来的书院发展到几百上千人听讲的时候，无法再搞"侍坐章"式的教学，但其中最主要的教法，也仍然是教师主讲之后布置看书自学。朱熹在福建武夷精舍和江西白鹿洞书院等地授课，就是采取这种对话与互动的方式。他说自己"讲说时少，践履时多，事事用你自去理会，自去体察，自去涵养。书用你自去读，道理用你自去究索，某只是做得个引路底人，做得个证明底人，有疑难处，同商量而已"。康有为在广州的万木草堂讲学，也是自己每月只讲三四次，其余由学生自学，在"功课簿"里写读书心得，半个月交一次，再由老师批答。梁启超的教学法，也是主要让学生先做札记，批改后师生再一起讨论。我国古代的教育，内容是保守、落后、迂腐的，而方法则不乏先进性。考察一下教育史，就会知道系统的满堂灌的教法，恰恰不是我们的土特产，而是西方学校制的产物，是近代引进的舶来品。我们学了西方的科学主义，演变为以细化分析为主的教学，内容方面先进了，而方法却落后了。说它落后，老外才是始作俑者。

语文这门课程，之所以可以放手让学生自主学习，主要是因为言语活动具有自发性和主动性，它本是人自身的生命行为，人在各种形式的言语交际中可以习得言语能力。同时，语文不是以系统知识为学习对象，而是以选文作为教材，它的可读性决定了大部分课文内容学生可以自学。无师自通是学语文的一大特点。当年吕叔湘先生说语文学得好的学生，无不异口同声说是得益于课外读书。这样正面的例子很多，问题是我们对"得益于课外"这其中的言语机制几乎没有去研究。我最近又听到些反面的例子。一个教研员告诉我，有这样典型的另类语文课堂：教师可以不教，学生的成绩却不受什么影响。有一个教师一上课就让学生读课文，他自己则离开教室，学生做什么他都不管，等到下课前的十分钟他再走进教室，把教学参考书中的课文中心思想与艺术手法分析等内容读了一遍下课。另一个教师，他的教案本里居然连一个字都没写，一上课就开始扯谈胡侃，师生都快活极了，等到下课前十分钟，他再让学生打开课本读课文。令人诧异的是，他们所教学生的高考成绩，高分人数与平均分并不比其他班差，有时甚至还能排在中上水平。因为学校的考核是只重结果不重过程，既然成绩不差，校长也就没理由"查办"他们。这两个案例当然是极端和极个别的，但语文教师队伍中不尽责和不称职的，毕竟有相当数量，他们的教学行为和教学效果，却不能真实反映到学生的考试成绩上来，并不是个别现象，而是较为普遍的了。这个反例，同样足以说明语文自学的可能性，远远超出了我们的估计，并因此屏蔽了许多低效无效的课堂教学真相，却未能引起我们的警觉。语文这门学科真的很怪异，它的确很难教，那是因为教师总是不知道学生需要学什么；可是语文似乎也很容易教，因为学生总是不知道教师究竟要教什么。反正你教什么，我就学什么，你教的，也就是我要学的。语文课上极少见到学生会发现教师的教有什么问题，能提出什么质疑。叶老说要"逐渐去扶翼，终酬放手愿"，在今天的中学生根本还不具备古代书院生员那样的自主、合作、探究能力的情况下，以养成自学能力习惯为目标的"接受性"教学，作为一般常识，是不是也要重新普及和加以强调？我看是要的。

　　现在理论界都认可师生是互为主体，可是又有人出来批判"以教师为主导"，认为那是一种"主导主体式"的教学观，"主导"是凌驾于学生的主体之上的，当教师"主导"学生的时候，学生就无法做"主体"，等于取消了学生这个主体。我就不明白，为什么不说以教师为主导是"主体主导式"，而偏要说是"主导主体式"呢？我想说这个问题，是针对现在相当多的语文课堂上，教师的主导作用大有被边缘化和被矮化了的趋势。教师因为不敢主导，干脆就你说我说，热热闹闹，凡有所问，皆能回答，凡有所说，一概很好。教师出什么招，学生也都能接招，于是掌声响起来，师生心中明白：不用教，也不用学了，因为已经都会了。后现代主义主张无条件尊重读者多元的所谓"独特感悟"，可是读者主体并不是绝对自由的。单是自主学习，还构不成教学。在倡导对话教学的西方学校里，学生会主动拿"话"和教师"对"，而我们的学生却无话可对。无话的原因，则是他们没有足够的阅读理解与必要的思考准备，而这个理解与准备，是需要由教师教会的，也是需要通过训练而养成的。可是在大多数语文课堂上，教师的解读与学生已有的认知水平之间，往往显不出有效的"落差"，师生几乎同处在一个水平上，对话是无意义的，也是无效的。许多课表面上看很热闹，可是认真观察，你会发现，学生主体恰恰是被轻描淡写地掩盖和压抑了，我们所大力提倡的自主、合作、探究实际并不存在，但不是由于教师的主体太强势，而恰恰是太弱势。钱梦龙老师说："教师为主导是保证学生实现其主体地位的必要条件。"这话是说到本质，点到要害了。

教师主导也不是仅有一种形式，尤其不能无原则排斥教师采取传统的示范式和启发式的讲授。澳大利亚学者迈特卡夫和吉姆认为："当学生呼唤教师进行更正式的信息传授时，该讲授本身就是展开对话的时刻。"过去老一辈的名师几乎都以讲授为主，出色的讲授能够引发学生积极思考，思考本身也就是对话。外在的显现的对话固然是对话，而潜在的缄默的对话同样也是，甚至是更为重要的对话。讲授法与对话法不仅是互补的，也可以是融为一体的。现在语文课堂的思考量太少，远低于理科和其他文科的课，不少年轻教师只会问问答答，不会流利地畅讲，他们误以为讲授法是落后的。叶老说过，当提问不能答，指点不开窍，此时畅讲，印入更深。所以一方面，我们仍然要注意改变"教师滔滔讲说，学生默默聆听"的以教代学、以讲代练的状况；另一方面，为了避免课堂互动流于形式的表演，出现虚假的对话和失真的教学，则需要大大强化教师的主导示范作用，通过启发式的对话性讲授，最终才能使学生的自发主体发育成为自觉的主体。

"所贵乎教者，自力之锻炼。"在解决前面说过的"语文究竟应该教什么"这个根本问题的同时，如何通过课内的"学得"有效促进课外的"习得"，做到"得法于课内，收益于课外"，最终在中学阶段养成学生自学语文的能力和习惯，我认为，这是撬动和牵引语文课程整体改革的唯一着力点，理所当然地也应该成为我们共守同趋的一个现实目标。

三、融合新机，但要"弗失固有之血脉"

十年课改，引进了国外的许多先进理念，大大拓展了我们的视野，给了语文教师反思和审视教学的新思维，激发了他们探索的欲望和创新的追求。尽管对引进的新思想新理念难免存在误读误用，在实践过程出现了一些偏颇，语文界也都在不断探讨和纠正之中，不值得大惊小怪。但是需要指出的一点是，由于现行教育体制与管理层的思维定势，我们的改革总是习惯由上而下，高悬目标，集体动员，统一步伐，呈现出一种激进主义的模式。而教育改革，特别是语文这门课程的改革，恰恰是不能搞群众运动，不能急于事功的。

课程课程，就是要一程接一程地循序渐进。"课程"一词，在西方语义里，是沿着轨道跑的意思。既不能跑歪，更不能搞"大跃进"那样的疯跑，"跑步进入共产主义"。语文是一门实践性课程，语文教学论是一门应用科学，也许它实际上并不复杂。叶圣陶先生很早前就说过："国文教学并不是一件深奥难知的事情，只要不存成见，不忘实际，从学生为什么要学国文这一层仔细想想，就是不看什么课程标准，也自然会想出种种的实施方法来。"波兰教育家奥根也说过："教学论不是凭思辨，而是凭先进教师经验的理论概括以及观察和实验，来揭示一系列规律的。"

上世纪 80 年代，语文界可真是风云际会。出现了像于漪、钱梦龙、欧阳代娜、章熊、潘凤湘、蔡澄清、颜振遥、洪镇涛、张富、陈钟梁、张孝纯、林炜彤、张翼健、周蕴玉等老一辈杰出的改革先行者，他们依靠的是自己学语文用语文的切身经验，躬耕课堂，率先垂范，狠抓各项语文训练，尤其注重学习方法习惯的指导。在教学条件绝对比不了今天的状况下，一切从实际出发，切实、细致、全面、系统地做了草根式的教改实验，总结出了不少先进经验，取得了显著成效。当年的教改实验，也得到国外引进的诸如老三论、新三论，还有前苏联和欧美的先进教育理论的指导，但这些新理论并没有变成教条，而是被本土的草根所吸收，化为自己的营养。他们的草根实验多用归纳法，而不像今天的搞课题，很多是先立题再来找材料写文章，拿一些先验的话语在纸上演绎。读一读当年老一辈名师的教学实录和教后的总结，你会感觉是那样的纯净、明晰而精谨，朴实无华而又引人入胜，没有理论色彩却又理趣十足。像于漪老师的《晋祠》，钱梦龙老师的《愚公移山》，欧阳代娜老师的《岳阳楼记》等等，都堪称经典的案例。可惜的是，我曾经问过不少年轻教师，读过这些名师的教学案例没有，他们总是摇头，问他们认识语文界几位前辈名师吗，也是一脸茫然。有一回我问一个硕士研究生，知道钱梦龙吗？他疑惑了很久，说，不对吧，是冯梦龙吧。我只好告诉他，他的确姓钱，不是写"三言二拍"而是搞"三主四式"的。

指导课程改革的巢宗祺先生，2009 年曾在《福建教育》发过一篇文章，他认为"语文学科还是一个必须充分利用经验的学科，凭我们现有的知识还是不足以准确刻画语文教育的科学规律。因此，在真正弄清语文教育的规律之前，经验仍然有着十分重要的作用。成功的经验可能暂时还不能得到理论的解释，但是毕竟比不切合实际的理论有价值"。北大的温儒敏教授在中语会第九届年会的致函中说过这样一段话："课程改革不是运动式的颠覆，而应当是渐进式的改良。既要有高远的理想，又要脚踏实地，认真切实地解决当前语文教学中的实际问题。过去的中学语文教学成绩巨大，传统的语文教学经验仍然是我们不可或缺的宝贵资源。"

所以，课改一定不能割断历史，不能推倒重来。如果不重视改革开放初期离我们最近的那段教改的成功经验的传承，如果忘记了我们曾经有过的艰难而有效的探索，今天的年轻人还可能走弯路，甚至已经在走弯路了。所以我们应该一边前行，一边也回头看看，看看一代先行者和探索者们留下什么样的足迹，不要让那些足迹被群众运动式的进军磨灭殆尽，成了"失落的记忆"。抓紧整理老一辈名师所积累和创造的教学财富，我认为是当前一件刻不容缓的工作，中语会应该可以考虑将它作为一项重要课题来组织研究。

李泽厚先生在关于中国文化问题的一次采访中说道，应该少来点"空对空的评论"，而需要多搞些"专题的，微观的，实证的研究"。这话非常适用于当前的课程改革。像上海师大王荣生教授所带领的课改实验团队，正是在专题的和微观的实证的研究方面，取得了可喜的学术成果。

我使用"融新"，而不用"革新"和"创新"，是因为这两个词语，很容易被误读为破旧立新。新与旧，究竟是一种什么关系？新与旧未必都是有你无我，而更多的是相反相成，并行不悖，共同构成社会的稳定与发展。吾乡严复前辈有一句话："非新无以为进，非旧无以为守。"变革，是通过不断适应环境的变化使生存能力得到加强与发展；保守，是不断地向本质复归，通过对固有价值的肯定来实现社会的巩固和稳定，二者并无优劣之分。保守成了贬义词，正是当代中国社会文化不够成熟的一种表现。我想语文课程改革也是如此，如果从整体上把旧有的一套都视为保守，完全加以否定抹杀，力图重新建立全新的教学体系，所反映的乃是教育改革人士的浮躁心理，也说明我们教育文化的幼稚不成熟。

我使用"融新"一词，还因为我读到鲁迅在《〈木刻纪程〉小引》中的一段话。鲁迅说："采用外国的良规，加以发挥，使我们的作品更加丰满是一条路；择取中国的遗产，融合新机，使将来的作品别开生面也是一条路。"在另一个地方，他还说："外之既不后于世界之思潮，内之仍弗失固有之血脉，取今复古，别立新宗。"我想，我们现在所要做的，就是"择取中国的遗产，融合新机"的工作。哪些"世界之思潮"是可取的，哪些"固有之血脉"仍须弗失，必须认清、做到，否则立新、创新就非常渺茫。

最后，再让我引用陈钟梁先生生前经常喜欢引用的维特根斯坦的一句话："我贴在地面步行，不在云端跳舞。"梦是美好的，追梦是要紧的，但就是不能急追，不能疯跑，而应当贴在地面，踏实前行。这样，依靠语文界同仁的戮力同心，切切实实，积以时日，语文课程的改革将一定会积跬步而终竟千里之行的！

谢谢大家！

2013 年 11 月 5 日

（本文刊载于《课程·教材·教法》2014 年第 9 期，原题为"当前语文课改三个重要教研课题"，选入本集时，有删节。）

我和"我即语文"

(我语文教学思想形成过程概述)

一、思想始于困惑

多年前，一位记者写了一篇某地为某语文特级教师举办教育思想研讨会的报道，送审时主编竟皱起眉头，大惑不解："什么？教育思想？一个教师怎么会有什么思想？！"记者唯唯，只好把内容改为某教师的教学经验介绍了。这不禁让我想起《阿Q正传》里的一幕：赵太爷跳过去，给了阿Q一个嘴巴："你怎么会姓赵！你那里配姓赵！"

鲁迅远矣。但一个教师是不是配有他的教育思想，还是值得一说的。在我看来，思想应该是谁都会有的，思想无罪。教育思想，无非也就是对教育的看法、想法和主张。但是想法和主张，的确也有所有权的问题，有"自看法、自主张"，也有"被看法、被主张"。在教育思想"大一统"的时代，想拥有属于自己的教育看法、主张、思想，是很难的。然而，走出大一统时代，是不是就一定不困难呢？

1960年我从福建师范学院中文系毕业，被分配到一所管理严格、师资雄厚、学生优异的省重点中学——福州第一中学。都说是学然后知不足，教然后知困，在最初的五六年里，虽然工资微薄，我却有了数百册藏书，确是越学越不知足；但说到教书，可并没有越教越知困的感觉。语文不就是把一篇篇课文讲解明白么？有一本"教参"在手，照着时代背景、中心思想、段落大意、人物性格、写作特点等等去讲授，多教几遍，则轻车熟路，何难之有？

我"教然后"的自我感觉，不是"知困"，而恰是"知足"。

"文革"十年，我身陷"牛棚"，又流放山区，等于被逐出教师队伍。藏书全毁于兵火，仅有一套《鲁迅全集》陪伴度过荒寒岁月，我做了两千多条鲁迅语录，给了自己抵抗绝望的勇气，也滋养了文心，修炼了语感。"文革"结束，重上讲台，目睹学生语文的百孔千疮，正想着用什么办法在短时间内给学生补缺疗伤，听到了一个震撼语文界的"吕叔湘之问"："十年的时间，二千七百多课时，用来学本国语文，却是大多数不过关，岂非咄咄怪事！"这一"天问"使我惊觉：语文的"关"到底是什么？我不是很知足么？那么，我的学生都已经过了关，不在吕先生所说的"大多数"里面？是这样么？我不能回答。

如今回想，一个教师如果真要有什么思想的话，可能就必须从一个根本的疑问开始。思想始于困惑。为什么语文学得好的学生，都无不异口同声说是"得益于课外"？课内对于课外，难道就不产生什么作用吗？其他学科的"关"总是很清楚，一个个知识点经过教、学、练、考，最后考好了，也就过关了。语文如果也有关，拿什么标准判定关过了没有呢？比如，卷面平均分普遍都在70分左右，是不是就算过关了？

上世纪80年代，全国性的中小学教学改革蓬勃兴起。"加强基础，培养能力，发展智力"，这是国家教育在"拨乱反正"形势下统一发出的口号。我想，语文的"基础"如果就是重拾字词句篇、语逻修文的那些知识，给学生补苴罅漏，那么吕先生说的二千七百多课时，不是都在教这些所谓的基础知识吗？为什么还不过关？中小学所有学科与学生智力发展的关系都很密切，可数理化好的学生语文成绩却未必一定好；语文能力也不是一朝一夕、一节两节课就能培养起来的。大凡语文成绩好的，正如吕先生所说，都是"得益于课外看书"，养成了读书兴趣和自主学习的习惯。那么，兴趣主导下的主动与自觉，是否应该看作是优于一切语文知识的"语文基础"呢？

1980年暑期，福建省语文界老前辈程力夫和虞韶年两位先生，带我出席了全国中语会在北戴河举办的座谈会。这是改革开放后语文界精英的第一次"思想聚会"。作为一个弟子后学，我因此有机会较早认识了于漪、钱梦龙、章熊、欧阳代娜等一批语文教学改革的先行者和开拓者。他们思想解放，踔厉风行，近距离听他们发言，思路顿时开阔。避暑胜地终日凉爽宜人，可我却因纷乱的思考而无法放松身心。在一篇叙述教改起步的文章里，我写道："当宵半的海风，把轻柔的涛声送到枕边，我还能听见自己兴奋搏动的心音。"

是的，大凡任何一种思想的萌发，既需要内在的追问，也需要外来的触发。1980 年北戴河之夏，第一次为我开启了语文教学思考之门，是我思想"自我孵化"的初始。

这一年秋季，校长把我安排在初一任教，交给我的任务很明确：若要点燃学生的学习热情，得先把他们的学习兴趣培养起来。这很符合我的看法，兴趣的确是最好的老师。为了汲取思想营养，我开始通读叶圣陶、吕叔湘、张志公的语文教学论著，还阅读了苏霍姆林斯基等国外一些教育家的著作。特别感到亲切而深受教益的，是叶圣陶先生 1963 年视察福州时，写给我们学校的一幅题词："何以为教，贵穷本然；化为践履，左右逢源。""本然"原是写作"本原"，即原理、规律的意思。1986 年我在北京出席全国人大会议期间拜访了叶老，他嘱我把"本原"改为"本然"。本然，就是本来的样子。语文它究竟是什么？学校里为什么要有语文这门课程？叶老早就解释明白，作为未来公民的准备，"学生须读书作文，故特设语文课而教之"。语文课程对学生精神的培育自然应有更多的承担，可是如果不具备读写听说的技能，则如何承担？如果把什么都加之语文，使之无法承受其重，又怎么承担得了？"本然"较之"本原"更贴紧语文的实际，尤其当我们改革的步子迈得太大，走得太远时，能提醒我们注意回归，回到语文本来的起点和归宿。

正是有了以上简单朴素的认识，我后来形成语文教学的"本然观"才有了坚实的基础。

二、回归本然之一：得法养习，历练自学

从 1980 年秋季，我带领三位年轻教师，开始进行三年一轮的初中语文的教改试验，目标只有四句话："培养兴趣，注重规范，讲求方法，训练习惯。"除了粗定几个简单的项目，并没有什么周密的改革方案，也就是所谓"摸着石头过河"。但我心里明白，这是一次需要全身心投入的对语文和语文教学的真体验，而非走过场。

为保证目标的落实，我设计了"预读""议读""范读"三种课型，名为"语文自学规程训练"。语文和其他课程最大的不同，也是最明显的优势，是可以无师自通。历来靠自学成功成才者，唯语文最多。"所贵乎教者，自力之锻炼。"（叶圣陶）为了使自发成为自觉，自通变得更通，"教"是不可少的。培养自学意识，激发自学兴趣，提供自学条件，指导自学方法，检查自学效果，都是需要教师"教"的内容。因此通常我又把四句话缩微成八个字：得法养习，历练自学。历练主要靠习得，但也需要有大体的安排。叶老晚年曾不无慨言道："语文课到底包含哪些具体的内容；要训练学生的到底有哪些项目，这些项目的先后次序该怎么样，反复和交叉又该怎么样；学生每个学期必须达到什么程度，毕业的时候必须掌握什么样的本领；诸如此类，现在都还不明确，因而对教学的要求也不明确，任教的教师只能各自以意为之。"百年语文，为克服这个"以意为之"的散漫无序，几代人的辛苦努力都近乎白费。我当时想，语文的"序"该不会是坦荡如砥，笔直如矢，而应该是一种螺旋式的不断反复而渐进：一是学习兴趣逐步提升；二是学习方法逐步掌握；三是学习习惯逐步熟练；四是学习意识逐步增强。我想通过"预读—议读—范读"三课型来试试。

三样课型，是三种规范的流程，是保证语文教学有效性的三种基本教学模式。"预读"是把预习从课外搬到课堂上来，强调"教"之前就要养成自求索解、自致其知的读书习惯。给出的规范就有：一、诵读（注音·辨字·疏句），二、会意（释词·析句·统篇），三、问疑（发现·表述·试解）三大项。训练最集中的一项是"问疑"，注重培养学生从课文中有所发现，有所问疑，养成从已知中发现未知的阅读习惯。我通常不像其他教师那样，上课就直接板书课文题目，而是用某课的训练主项为正题，副题才写出某课文，如"匠心的发现——预读叶圣陶《多收了三五斗》"。当年我指导的一位青年教师，就详细记录了课上学生各种提问40多个，原始记录至今我还珍藏着。外来听课的老师，常为课堂上学生善于提出问题而感到惊讶，经我介绍，方知是采用课型集中训练的结果。他们还从我的教案里发现，每篇课文的"教学目标"都必列有一项学习方法的要求。贯穿整个教学过程的以得法养习为内容，以训练"怎么学"为途径，既是我教学的主导思想，也是我教学行为的主线。

有了充分预读做基础，接下来的课堂讨论，读读议议，师生彼此问难，交流探讨，就不是一件困难的事了。我的"议读"不是茶馆式的七嘴八舌，和"预读"一样，"议"不但要紧扣课文的"读"，而且也要有讨论的主题。诸如"触事兴感，借题发挥——议读《论雷峰塔的倒掉》""从整体到局部——议读《我的叔叔于勒》""着重揣摩词句之间的关系去领会文意——议读《游褒禅山记》"等，都有"议"的明确指向。读完议完，还必须来个"梳辫子"，有必要让所读"就范"，使课堂个性化的学习行为，上升到有规律的同知共识，这就是我称之为"范读"的课型。课上我做，学生也做。例如有一种"以言传言"的整理听课笔记，根据小说的时、地、人、事诸要素，用自己的话介绍内容大意，写《我的叔叔于勒》的小说情节概述；学过鲁迅的散文诗《雪》，写《雪》的寓意等。这样的预读、议读和范读，同我今天看到的大多数语文课，是大异其趣的。它绝不是随意性和碎片化的你说我说，问问答答，而是每一课都有明确的教的主题和学的活动，每完成一项活动，都有积以跬步的回顾小结，使课堂教学能够达到我所期盼的"活而不乱，严而不死"。

"规范"与"程序"是我的改革试验所遵从的重要原则。也许正因为如此看重范式和秩序，1996年应邀出席在香港举办的"第三届中文科课程教材教法国际研讨会"时，主办方竟不用我论文题目"历练自学：高效能之本"打出广告，而是直书我的"三课型"。在我看来，语文教学之所以高耗低效，少慢差费，原因有三：只有教师的教，看不到学生的学，有教无学；只有学生课堂上的"被学习"，没有在课外的自主练习，有学无习；课文一课一课地教，教的内容无关联，篇与篇、课与课的衔接几乎毫无道理，有课无程。像这样无学无习无程的课，还能叫"课程"吗？"课型"的试验，可否为"课程"提供一些设想？

当年我从钱梦龙老师的"三主四式"中获益最多，彼此可谓桴鼓相应。我们不约而同都主张语文阅读需要走一个"无疑—有疑—无疑"的过程，故需要特别注重培养学生质疑、问难和求索解的读书习惯，以强化他们自主学习的意识。例如学生在自学恩格斯的《在马克思墓前的讲话》时，发现叙述中称谓时有变换，第一段竟不直称"马克思"，只说"伟大的思想家"和"他"，第二段则改说"这个人""这位巨人"，似乎意味深长。评课者认为这"连教师也会想不到的"的发现，非训练有素是做不到的。中国人民大学中文系副教授姚丹，回忆当年经过"三课型"训练后的收获，这样写道："这种预读课的训练，使我此后面对陌生文本时，既有应对的勇气，也有发现问题的一套'路数'，这确是终身受益的。"她还用她初一时发表在《作文通讯》的一篇作文《畸形儿》做说明，这篇作文写的是发生在她读小学时的真人真事，一个机灵活泼、聪明、自尊的学生，少先队大队长，因数学课上教师对他"屡次当众批评和羞辱"，终于畸变成一个自暴自弃的"无赖泼皮"。作者向这种不恰当的教育方式发出质疑："是谁，是什么，使他变得如此冷漠？""难道教育者就没有责任吗？"平时阅读养成的独立思考的习惯，让她领悟到了作文也是"可以用来发问和解疑的"。

以读促写，由写悟读，从阅读架设桥梁到写作，拓展学生间接的生活经验，发展他们联想和想象的能力，使读与写产生循环互动，是我读写指导的基本原则。为此我还专门设计一种叫"语文之窗"的课，每两周一节，让学生各自将课外的所读所感所学，拿到课上与师生一起交流，这是学生最喜欢上的课。一个学生写道："真想再上一次'语文之窗'课。……透过这个窗口，我从怯怯窥探而终于流连忘返了！"一次，有个叫洪军的初一学生，在介绍他读鲁迅的《故乡》，讲到中年闰土叫"我"一声"老爷"时，禁不住哭出声来。叶圣陶先生说："作者胸有境，入境始与亲。"一次次从学生身上感受到这种贴心入境的情感体验，自然成了我主张文本解读须"以心契心"的心理依据。

初中三年，我还安排了以"打假写真"为主线的三级作文训练："写真实→写具体→写新颖"。真实为文，是作文基础之基础，我管它叫"作文启蒙"，既是践履"修辞立其诚"，也是旨在改变学生害怕作文的心理，养成自由书写、自我发表的兴趣和习惯。为此必须先解决"为什么写"和"写什么"，才有兴趣把它写好。记得教过《从百草园到三味书屋》后让学生自由写"我的乐园"。一个叫许亮亮的学生，是数学尖子，但是怕作文。一天他母亲路过我门口，抓住我诉苦道："陈老师呀，亮亮这几天很苦恼，一篇作文老是憋不出来。"我便问他平时喜欢去什么地方，或者有过什么好玩的经历没有，了解到他回到家里，作业做完，就只坐在桌子前，拉开抽屉，尽是摆弄像闹钟呀玩具呀等等小东西，装装拆拆，没完没了，我明白了。第二天把亮亮叫来，便告诉他我已帮他找到"乐园"了，是其他同学绝对没到过的一个有趣的地方。他惊异地张大眼睛，但似乎很快也就领悟了。于是我鼓励他把他那只有一尺见方的"抽屉乐园"写出来。他很快写了，虽然不免平铺直叙，但我打给了85分，并在班上高调推介：谁写过这样的独家题材啊！这篇作文在全班引起极大反响，学生因此发现在自己身上和身边周围，可写的东西并不是没有，而是长期被高、大、空的作文指导给遮蔽了。许亮亮则从此一发不可收，越写越爱写，一篇批评城管粗暴执法的《老鼠"怕猫"》，不久就在《中学生优秀作文》上发表了，他甚至还准备以"同桌的他"为题材写他的长篇系列。

　　到了高中，我仍不常取命题方式，继续鼓励自由写作，取名为"日札"，每周一作。"日札优于作文"，这是黎锦熙先生当年的主张。学生每周写一篇自己愿意写的思想、生活、读书的随笔札记，长短不拘，但必言之有物；写法各随其宜，但求文能称意。在学生为自己作文编辑而成的《日札集锦》写序的时候，就有用"这是我们自己的"来作题目，认为变"要我写"为"我要写"，是一种作文的超越。他们有的写道："作文不再是对着命题搜肠刮肚冥思苦想"，"它使'做生活的有心人'不再是一句空话"。有的总结说："由于这是自家的东西，于是特别珍重，一定要讲得清楚，讲得吸引人，就会去注意选材、剪裁，讲究说理、议论或抒情的语文组织，这不是既锻炼了思想又锻炼了语文表达能力了吗？"还有的颇为自豪，说是"在这里你看不到假、大、空的东西，也找不到'两片相同的叶子'"。的确如此，我并没有给予太多关于"怎么写"的条条框框，但写出的作文大都文从字顺，顺理成章。一个学生说得好："它没有规矩，却也自成方圆。"这可是将"写什么"和"怎么写"、"言之有物"和"言之有序"的内在联系，只用一句话就给道破了。

　　1983年我担任了行政领导，又当选全国人大代表，精力不允许再回到初中搞第二轮试验，我必须到高中任教。由于大多数学生曾参与过三年教改，已有较好的自学习惯，我便不再以"自学规程"而是以"语文自学辅导教学"为主线，基本教学方式是布置学生完成自学作业，教师组织课堂讨论与讲评，并且更加注重课外的阅读拓展。这一届学生后来无论在高考还是在毕业后的学习工作中，都感觉六年的改革让他们受益匪浅。

　　钱理群先生说："识其语文教学，先要识其语文经验。"我的经验主要来自两个方面：自他，是从学生方面体察，贴紧看他们究竟是怎么学的；自我，是"反求诸身"，是在自己身上省察：我是怎么学过来的。数学教师布置学生作业，自己须先演算一遍；理化教师指导实验，自己必先演示一场。语文教师似乎很少从自己身上"反求"，多半习惯借用别人现成的一套——书本和教参，缺少以个人亲体真悟来现身说法，难免空洞贫乏，苍白无力。对这样的"教师不在场"的教学，我总是保持着高度警惕，哪怕是教过多次的熟文，也仍要反复熟读，甚至能够或片段或全文地背诵下来，然后逐句逐段看有什么需要揣摩问疑的，或勾画批点，或试做解答。作文则常率先"下水"，以亲知甘苦，审度得失。要求答题，也是先给出作答的示例。指导编手抄报，自己得先编一份张贴出来，取名"第一枝"。"文革"中被流放山区，天寒地冻，烤着小炉火读《鲁迅全集》，边读边摘，我做了两千多条语录，编成个小册子叫《鲁挹》，指导学生做读书笔记时常拿它作例子，省却口说大道理。至今我仍在坚持做读书摘记，积累新词新语，十余万言的读书零札《救忘录》正准备付梓。"纸上得来终觉浅，绝知此事要躬行。"不躺在别人的纸上，不只停留在嘴上，多年自探身践的结果，对于什么是语文和语文教学，我形成了几个基本观点——

　　（一）语文是心智的学科，行为的学科，身教的学科，学习语文需要入心，需要践行，教师须以身垂范。

　　（二）文心语用，并蒂相连，互动共生；文从心出，心在文中，循文会心。在学习语言运用技能的同时，还要让学生凭借语言通灵、感悟、移情、益趣。

　　（三）语文能够自学，可以无师自通。培养自学意识，激发自学兴趣，提供自学条件，指导自学方法，检查自学效果，务使自学从自发成为自觉。

　　（四）得法养习，历练自学；得法于课内，收益于课外：语文教的不是学科知识，不是课文思想内容，而是养成自学的方法和习惯。不能期望专致力于课本，毕其功于课堂。以"学得"促进"习得"，方是收益。

1987年，我被评上特级教师，同年获得"全国中小幼教学改革'金钥匙'奖"。获此奖项的三名中学语文教师中就有钱梦龙老师。钱老师的改革成果已经十分成熟，名满天下；而我只是送了一篇《一个以掌握方法、培养习惯为主线的教改尝试》的简单报告，不料竟被选中，我很怀疑我这"金钥匙"的含金量。此后的大约十年时间，我一边观察思考着语文教改遭遇的低迷与困局，一边开始着手整理自己的经验积累。1997年，在《课程·教材·教法》杂志发表了《得法养习　历练通文》一文，后被收入顾黄初先生主编的《二十世纪后期中国语文教育论集》，有些同行称它是我践行叶圣陶语文教学思想的一篇"行动纲领"。

三、回归本然之二：侧重言语形式的教学

　　上个世纪90年代，热火朝天的改革开放有所收敛，所有摸着石头过河的，都更深地进入复杂的深水区，语文教改也不例外。这既有应试教育的强大冲击，同时也有教改自身的原因，那就是在具体教学方式方法上注意创新的多，而从课程目标上认清和解决"教什么"这一根本问题，一直没有得到深入探讨，语文教学仍然陷于效益低下的困局。

　　世纪末的一场"大批判"，开启了语文课程改革的序幕。但随着课改的全面铺开，大浪向前，浮沤也接着泛起。由于卸下行政工作，也不再上课，我就用更多时间来观察这场改革，对语文课堂做了深细的剖析与评判，竟发现无论是常态课还是观摩课，不少现象是过去从没有出现过的，很多基本常识似乎还需要再从头说起。高校和学术界的一批有心人士介入课改，带来了不少新理念，但他们的目标似乎太过远大，并不完全了解基础教育的实际，对80年代教改的积极成果缺乏研究，误将语文教学的积弊归咎于语文的工具性。改革催生的"语文课程标准"架构宏伟，却对"训练"二字讳莫如深，因为训练乃是工具的本性。结果出现在语文课堂上的，多是朱自清先生所说的"浮光掠影的思想"，是漠视语文训练的泛人文和伪人文的表演。早在世纪末"大批判"声势正猛、语文界噤言工具性之时，我就向1999年中语会的天津年会送了一篇——据说也是唯一的一篇——论文《不要动摇语文的工具性》，发出了我的不调和音。我是怎么理解"语文工具性"的呢？"一则表明其功能

效用，示其重要性；二则强调其操作应用，示其实践性；三则提醒其所用在人，示其主动性。总体来说，语文用于思维用于交际用于承载，所以重要；必须在思维交际承载的一切活动中去学习掌握，故应多实践常历练；而几乎无时无处不在的语文，又须臾离不开'人'这一主体，所以语文课程的教与学都要密切联系思想，贴近生活，浸润情感，陶范行为。"据此，还必须廓清一个错误的概念，即语文并不是人文和工具的统一，而是人文和技能的统一。在语文教学中，技能训练和人文教育是"连根并蒂，一荣俱荣，一损俱损"。如果从根本上否认"工具"是语文的本然本性，我们就免不了还要走一次回头路，"文道之争"又将历史重演。果然，由于割断历史和"言必称希腊"，新一代的语文教师多不知道十几二十年前改革先行者们的筚路蓝缕之功，更不了解现代语文教育所反复经历的折腾，他们不但不能顺利传承前辈的经验，就是在课改名目下的所谓"创新"，诸如"多元解读""对话互动""自主合作探究"等等，也带有不少盲动和误识；而课改专家们好心开出种种方药，急于为语文疗疾，却并不对症。应试教育热焰方炽，语文教学效率之低，依然触目惊心，我自感有迫切不能已于言者，遂于2005年作一万五千言的《语文教臆（下）》，阐述了自己对新世纪这场改革的深忧与思考。

2005年我正式退休，仍延聘在校学术委员会工作，并且有较多机会外出听课。身不在此山中，可以更清楚看出教学的种种真相，求实去蔽，探究问题的根源与改革的途径。从大量的课堂观察中，我发现语文教学效益低下的深层原因，是背离了"学习语言文字运用"的课程性质目标；盲目存在的集团性的偏重文本思想内容的解读，取代了文本的言语形式的教学。解决"教什么"已变得十分尖锐而紧迫！

必须将两种不同性质的文本阅读加以区别。一种是面向一般读者，以吸收信息为目的的文本阅读；一种是指导学生学会阅读的语文文本阅读。我于是提出一个新的概念，叫"语文教学文本解读"。叶圣陶先生早就指出，国文教学"必须侧重形式的讨究"。这个基本观念不要说深入人心，就是知道的教师也不多，遂决心结合听课研课，亲自"下水"试做，写了三十篇"教学文本解读"的个案，这便是2011年问世的《如是我读》。例如，鲁迅《记念刘和珍君》侧重的是语脉承转与行文节奏的诵读，《祝福》有十二处关键语句的点批，曹操《短歌行》、李清照《声声慢》是揣摩字词的内在呼应，苏轼《赤壁赋》与《定风波》，一是双重结构的解读，一是探寻曲笔写直的奥妙，对朱自清《春》做原生态的朗读处理，品析汪曾祺《端午的鸭蛋》淡而有味的语言等等，都特别集中探讨了如何从言语形式入手，达到文本解读的形式与内容的统一。我所追求的是一种过程的、方法的、统一的、不抽出的读法与教法，以个案来解释与回答何谓"学习语言文字运用"。北大钱理群教授为我的解读写了长篇评述，认为"此书不但提供了教学文本解读的范例，具有很大的可操作性，而且面对当下语文教学实际，总结历史经验教训，提出了语文阅读教育学的一个基本概念和一个重要原则，具有很高的理论与实践价值"。但我深知，自己还只是侧重在"因言悟道"的"因言"上下了功夫，至于再走个来回进而"因道学文"，探究学习语言文字运用的技巧、规律，显然还要继续付出努力。

　　两年前，福州一中的青年教师陈海滨参加全省高中语文课堂教学大赛，执教林庚的《说"木叶"》。几乎所有参考资料和教学案例，都将本课的教学重点侧重在了解作者所介绍的"木叶"现象，而这一点作者已经论述得明白透彻不过，还有必要再去解读么？我建议他转移重点，去集中探究之所以"明白透彻不过"的言语奥秘，亦即文章介绍诗歌语言艺术创造的方法步骤和行文特点，引导学生读懂作者是怎样借助丰富的经典例句，步骤清晰，环环相扣，透彻阐明"木叶"现象的思路与方法，从而寻绎出"诗歌语言的暗示性"创作规律。陈老师对此深有领悟，整节课他就紧紧抓住《说"木叶"》的"说"，采取剥茧抽丝的方式，集中针对作者怎么"说"来引导学生解读探究，面目清朗，逻辑明晰，"言语形式感"极强。评课与观课的教师都觉得耳目一新，终以高分获得一等奖。

　　不仅是阅读教学，作文也一样，究竟是着力在审题立意上求正、求深、求新，还是在立意正确的前提下，更注重遣词造句、谋篇布局等表达形式方面的指导和训练，我认为也都突出反映了当前语文教学的主要矛盾，其孰是孰非，关乎语文课程全局，不可不察，不可不辨。所以无论是平时指导年轻教师，还是应邀到各地讲课，与同行切磋交流，我总是反复宣讲我的"形式主义"——语文是教形式的，也是教内容的，但归根结底是教形式的；离开了咬文嚼字和雕章琢句，抛弃了语言形式，语文无家可归，名存实亡！

四、化为践履："我即语文"

我经常想，一个语文教师教了一辈子，他是否真知道什么是语文？然而要真知道什么是语文，必先能体验自己身上的语文，弄明白自己眼里、口中、笔下的语文究竟是怎么回事。王尚文先生说得好："语文教师所能教的唯有自己。"教师也是教材。我常谆告青年教师，语文是"身教重于言传的学科"，"要相信身教的力量，以本色教人"。每一次讲座结束前，我都要引用鲁迅的一段话，"从喷泉里出来的都是水，从血管里出来的都是血"，用以说明语文教师的知识管道中如果不贮满"语文的水"，精神体内不充盈"语文的血"，他的思想和语言就不免干涸，迟早会使自己陷入生存困境。我所理解的语文工具性，并不是纯粹的工具理性，而是人的行为实践的本然本性。在语文教师身上，语文就是一种生命本能的鲜活体现，一种示人以自我本色的实践品格，我因此把它凝练为一句话——"我即语文"。

"我即语文"作为我的语文教育的核心理念，其内涵大体可以这样表述：

（一）语文是人的生命行为，是人的生存方式。语文与人一生健全发展的关系至为密切。

（二）语文无处不在，与人须臾不离。语文不是认知的对象。语文既是客体，更是本体。既要在书本上、生活中学语文，更要在自己身上学语文。

（三）文从心出，心在文中，循文会心，文心交融。

（四）语文教师既要用语文育人，更要以语文修身。"我即语文"应当成为语文教师职业的自我期许和终身追求。

2007年，福建省语文学会和福建省特级教师协会和福州一中联合举办了我的语文教育思想研讨会，我把自己半生学语文、教语文、用语文的各种形式的书写，汇编成《我即语文》一书，同与会者探讨交流，目的是希望人们能够把我作为个案来研究，包括进行质疑和批判。虽然会议收到的数十篇论文，几乎一律都是点赞，孙绍振教授在我书序里说："我感到他多年的实践正在形成一种相当有深度的理论"，我还是不认为"理论"有存在于教师言论的可能性，但我主张教师大可拥有自家的教学言论话语，优秀的教师更要有建构个人思想库、话语集的职业自觉，应该经常为体验和体现而书写，养成随时用文字为思考留痕的好习惯。不书写，教师的思想失之无形，以至于无从区分虚实，判别真假。

思考与书写贯穿我教育生命的全过程。1989年，《语文学习》杂志曾以"著名语文教师研究追踪"向我征答，我就说自己在做的是"积累每一堂课的经验碎屑，日久天长，铸我'金钥匙'"。我从来重视通过零星的书写捕捉"思想的鳞爪"，后来大部分收录在《我即语文》一书的"断想"里。资深编辑成知辛先生说我的这些教育、教学的论文话语"是带有独特鲜明的个人感性印痕，或者说个人主体体验的考量和判断"，我是认可的。

下面略举数例，以见一斑。

（一）关于教材与教法

〇不是"教"为"材"而施，而是"材"为"教"而用。这是我较早关于"教教材"与"用教材教"的辩证思考。

〇以心契心，以文解文，以言传言。曾被人简称为"三以"的文本解读法。浙江师大的王尚文先生说："陈日亮老师说'我的教法不过就是我的读法'，这十二个字，最契我心。它从一个侧面朴素简洁地揭示了教与学之间关系的真谛。"

〇真实，扎实，朴实。这是我所追求和倡导的语文教风。

〇省约，集约，简约。这是我主张和评价语文课堂教学效能的指标之一。

〇语文观课评教的六个关注点：

1. 是否正确教出"文本所传达的信息"——作者究竟想要告诉读者的是什么。

2. 是否准确教出"文本所传达信息的信息"——作者的"言语智慧"。

3. 是否教给了学生需知而未知的内容；是否让学生明白从已知发现未知的方法和途径，从而获得新知。

4. 是否通过教师的示范与启发，引领学生积极参与，点燃自主学习探究的热情。

5. 是否集中或围绕一两个主要教学点，安排有序的教学流程，体现严谨的课堂结构。

6. 教师语言是否恰当、简洁、自然，具有逻辑性、节奏感、亲切味。

（二）关于语文课程改革

○语文课程改革势在必行，但必须防止悬之太高，操之过急，统得很死。

○课程内容的虚无，训练项目的空置，评价体系的缺失，是课改面临的三大攻坚课题。

○语改不能搞"大跃进"，搞"群众运动"，不要出现"语文泡沫"。

○语文教学改革的复杂性：

1. 特别要受意识形态的主导和干预，容易导致知性教学，尤其是政治、人文的说教和渲染。（篡位）

2. 教材是文选型的，教学容易侧重课文所承载的内容，而忽略更为重要的——如何承载内容的言语形式。（错位）

3. 教学效益更多依赖教师的语文综合素养和个人语文习惯。（不到位）

○国家有"三农"问题，语文教学改革则有"三普"问题：要适合普通学校，适应普通教师，能够提高普遍成绩。

（三）关于语文教师

○语文教师专业成长：在质疑"他者"中形成己见，在反思"自我"中修正认识，在融合"新知"中完善主张，在书写"经验"中凝练思想。

○语文教师的四种修能：读书，阅世，说文，弄笔。

○文本解读必须克服三种心态："懒""粗心""自满"。

○课堂提问"五忌"："忌浅""忌露""忌奥""忌晦""忌碎"。

○讲解课文"五不"：不离书，不空浮，不繁复，不含糊，不旁逸斜出。

这些看法未必一定正确，我更看重的是能否坚持书写以探究本然、体现本色，认真实践自己"以言传言"的主张。虽不能至、心向往之的自我追求，也是我教育思想的重要组成部分。

越半个世纪的语文教育实践，我一路走来，实在讲不出什么生动的故事，也没有什么独特的风景，所聊以自慰的，是看看脚下，自觉路子还是走得正的，履迹虽浅，却真实而分明。我的认识与理解，恰是对应着学生、教材、教师这三大教育角色，无非是想搞明白三点：为什么教，教什么和怎么教。为培养学生的自学能力习惯而教；教的是言语形式即学会语言文字的运用；

通过教师的身教示范，发挥最优的教学效果。很简单也很实在。至于我与其他教师有什么不同，也只是在这三个方面，始于困惑，继以追问，通过体验而体认，再借助书写给予体现，守正求实，锲而不舍，尽力把要做的事想通、做好罢了。

鲁迅说过，我们每个人都是进化链中的"中间物"，既非开始，也非终结。作为一个改革的"过来人"和"中间物"，在当下语文课改步履杂沓、众声喧哗的行进中，我仍愿意随行且抱持"我即语文"的梦想，将这一生的自我期许与追求践行到底！

2014年春杪，于俯仰斋。

（2014年3月31日）

愿学三秋树　不开二月花

一、三秋树

> 老人要是认为秋天不好，那他就真正是老了。
>
> ——《我即语文·闪念》

又到了我喜欢的秋天。

在举办我的语文教育思想研讨会前夕，王立根会长嘱我写一点东西给《学会通讯》。殷意难却，就先说几点感想吧。

我考虑事情总是往实处想得多。原因是年轻的时候总喜欢没来由的憧憬，理想化地想象事物，复杂化地思考问题。后来发现不对了，很觉得懊悔。语文教学也是这样。我总感觉多少年来，我们把语文这门课程想得太多太复杂。每有讨论，或者改革，总往课程里塞进很多东西，最后弄得面目扭曲模糊，目标不知所终。因此我希望通过这次的研讨活动，能够化繁为简，返璞归真，庶几有助于进一步认清语文的真面目。"求实"，不是"闽派语文"的头一个标帜吗？我想，我们应努力使这次研讨会成为一个求真务实的学术活动，而不是徒然撑起一个好看的门面。

还有一点，是我希望改变一下研究的风气，即不要仅仅停留于对我个人的评价，不要一味地颂扬，唱赞歌。尤其是，因为是用我个人名义为对象的研讨，说些过头的好话是免不了的，而我则更希望能更多地从我身上发现与展开。会议的主题确定得很好，既切合我的实际，更符合课改的方向。如果更多的对"事"不对"人"，活动就会更容易收到实质性的成果。否则，就像给活人开纪念会，岂非可笑！

　　我十分愿意以"个案"的面目接受研讨。这也是我之所以同意学校和学会举办这次活动的根本原因。鲁迅说过，我们每一个人都是进化链中的"中间物"。既非开始，也非终结。如果我这个人略具典型，我很情愿供大家解剖。从"个案"里发现本质和规律，寻找解决问题的途径，是我历来的主张，也是我这一生未能亲自实践的一桩憾事。《我即语文》中并不都是清一色的东西，良莠不齐，大可说是说非，只要对启发后生有补，对探讨语文有益，我非常乐意听到不同的声音。

　　刘宜群老师《读〈我即语文〉有感》有句曰："本然穷究弘陶老，卓尔追求出迅翁。""卓尔"二字诚不敢当，改为"坚尔"似较妥适。但说我受到两位大师较深的影响，则是确实的。前者主要是精神的赐予，后者主要是行为的导引。我个人毕竟是浅陋的，但有着两位导师位置心灵，则使我能在宁静里坚守，沉稳中前行，因此而留下或深或浅的足迹。

　　又到秋天。在宜人的秋凉中，再次想起我喜欢的"三秋树"这个名儿，便率尔拉来做了这短文的题目，未必恰当，乞读者有以鉴之谅之。

二、"思想"有什么用？

　　在举办研讨会的一天半时间里，坐在台下听发言，偶尔也溜神，溜去哪里？总是习惯性地想到了"形而下"的诸多话题，归结起来，无非是语文究竟教什么、语文到底怎么教的一些很具体很细小也很烦人的事情。我立马将自己从"教育思想"的高座上拉下来，去逼视着一个个不由你不关注的常识性问题。"思想"有什么用？如果不能解释更不能解决教学上的具体问题，"思想"有什么用？

　　平心而论，我的所谓"思想"也不过就是一堆看法而已，作为"个案"，如果有价值，价值就在于长期对"所以然"的不厌求索。我原来并不是一个好思考的人，但却是一个勤于实做的人，实做了总是做不好，这是怎么回事呢？不得不去想个明白，不得不问到底，这才去思考。语文这门课程，向来被认为是"家庭成员多，社会关系复杂"，越想越多，越牵连越广，便感觉头绪纷繁。所谓治丝而棼，彼此缠绕牵扯，令人心烦；烦得久了，则蚤多不痒，债多不慌，惯而安之，习以为常。有些研究者，则条分缕析，构建系统，其努力是可钦佩的，而我则习惯于观察想象，看着想着一个人学会语文的过程究竟是怎样的，既从别人身上，也从自己这里反省，无非是想自我解脱，就如同沾水的小蜂，在泥地里爬，唯一想的是怎样再飞起来，而并没有想要飞多高多远。

遥想上个世纪的70年代末，拨乱反正刚开始，语文这门课程也是百废待兴，在福建省语文学会恢复活动的首次研讨会上，我曾以"语文教学三题"为题发言，一开始就提出"语文教学法必须尚简，以简驭繁"，虽然当时仅着眼于教学法，而实际已经触及了语文课程性质的根本。我的经验是极其"个人"的，即所谓"师心"，原不足为训，但此心之固，固不可彻，迄今已三十年，我仍然一以贯之地坚持语文教学要返璞归真，执简驭繁。认识上，一定不要把简单的问题看得很复杂；实践中，须反复集中训练基本的语文能力。语文教学要走出困境，唯一需要的是务求真实、扎实、朴实。叶老说"贵穷本然"，大凡事物的"本然"，一旦穷尽了，在我看来都应该是简单明了的。我的书里几乎都是实话、常谈，卑之无甚高论。我只把自己平时所思所想、所作所为写下来，不断认识自己。汪曾祺说得好："认识自己，是为了寻找还没有认识的自己。"这回我很高兴地看到，很多同行、专家、认可了我这"老生"的浅谈絮说，并且有所阐释发挥。这是令我聊以自慰的。

会议的标帜中，有"守正创新"四个字。我注意到，会上诸公的发言，几乎没有提到我的"教育思想"有什么创新之处，这也是很令我自慰的，因为自己向来不敢轻言"创新"，不是谦抑，而是迷惑。我读过一点语文教育史的资料，知道古人和百年来的现代人他们都是怎么学语文的，我们今天所批评的那些错误的落后的学法教法，前人也有过，也曾反对过；所主张的正确的先进的学法教法，如果说昔已有之，也不是找不出例子。语文就是这么明显简单的一回事，它不是什么深奥的学问，而是人们切身的生活经验。成功与失败，有效与无益，古人今人的认识不会有很大的差距，即所谓"所见略同""其揆一也"。随着时代的进步，语文的学习机会必然越来越多，条件也会越来越好，但是否就会越来越成功呢？恐怕未必。如今电脑的学习手段已经十分普及，学生的语文是越学越好了吗？说不定孔夫子时代，因材施教，时兴对话教学的效果比今天还要好些。语文是经验的学科，你不亲自实践，不刻苦学习，熟练掌握，再先进的生产力也没法子拉着你和时代一同前进。因此我总觉得语文除了所载之"道"有新旧，至于怎么学，似乎没有什么新旧之分，无非就是自己"多读多写"（加强积累）、"学贵善疑"（自主学习）、"奇文共欣赏，疑义相与析"（合作探究）等等的一套经验，就是"养成良好的学习习惯"云云的一堆老话。不要说读古人的文章和读现代当代作家的作品，就是从我的只上过几年私塾的先祖的自传里，从上个世纪30年代国内三流的所谓"野鸡大学"读完本科的我父亲的书信中，我都能深切领会所谓语文是怎么回事，语文功夫是怎么练出来的。语文有什么？语文教学又怎么样？它的"新"和"旧"又如何划出界线？为何竟有那么多"这样教""那样教"的不断困扰，我们会不会已成了自扰的庸人而不之觉？

有人问大智慧海禅师什么是"修行"。禅师说："饿了吃饭，困了睡觉。"其人不解："别人不也是一样饿了吃、困了睡吗？"禅师解释道："因为凡人吃饭时不肯吃饭，睡觉时不肯睡觉，梦这梦那，颠倒梦寐。而我吃饭就是吃饭，睡觉就是睡觉。"

我想，那问禅的人，大概也是想在"修行"上创新，因此，如果是解决吃饭睡觉这样"低粗钝"的问题，实在不要侈谈"创新"。"创新"是锦上添花，而现在更多的是让我想到了雪中送炭。"创新"是好东西，它永远是一个褒义词，可是一旦化为实践，那就不能不考虑是以什么为基准，在什么底线上创新。我们的祖先，如果没有练成一笔规范的好字，就绝不敢迈进科场，可是随便看看今天的高考语文试卷，我们对学生的书写竟是何等的宽容！会操作电脑打字，能使用多媒体教书，创新是创新了；语文课上你说我说大家说，对话互动满堂活跃，却是前无古人，后惭来者，但是毛泽东同志所教导的"非下苦功不可"，我们又拿出了多少时间，采用了哪些办法途径，去指导学生下功夫呢？更多的时候，我会把"创新"解释为"改进"，时髦点，也可以说是"改革"。语文教学如果能够一个个地解决学习效益问题，能够让学生看到自己一段一段、一点一点地在进步，说是"创新"亦无不可，"新"就是看到今天比昨天好些，然而要"创"这样的"新"，则必须切切实实，不搞花架子，不追奇猎异。在文苑，领异标新是文学家艺术家的使命；在教圃，教师的职守，是踩在脚下的泥土中精耕细作。我这样想，就这样讲，也这样去做，丝毫没有鄙薄"创新"之意。在我的同行中，执意改进语文教学落后面貌，在"创新"的名义下做了许多有效的总结和有益的探索，他们唯真唯实，不领不标，是值得我学习和尊敬的，不过我还是希望自己和年轻的教师，更多地注意语文大地上的冰灾雪难，粮水短缺，交通堵塞，电网阻断，倾全力解决语文的温饱，乃至于生存的大问题。不是有人在为母语担忧，提出要挺身捍卫吗？言虽急切，而勿谓斯人为"杞人"也则幸甚！

郑燮诗云："繁冗削尽留清瘦，画到生时是熟时。"到了有一天，当我们把覆盖在语文身上的各种繁枝冗条清除干净，以显露出她的玉姿秀态、清眉朗目，那时无论遇到多少"生"的学生、"生"的教材，乃至"生"的各种理念，我们都能熟然面对，熟手应对，正是"教到生时是熟时"，那将是何等简单而愉快！语文不就是那么回事吗？

最后，再添一条小尾巴吧。听说研讨会后，某报记者将报道的文章送审，不料主编竟大惑不解地训道："什么？教育思想？一个普通的教师怎么可以有思想？！"于是只好改头换脸，变成陈某人教学经验的介绍了。但是我想，主编先生其实是大有道理的，"思想"不是已被专用多年了吗？反面用于我辈则可，正面岂敢僭越？

记得《阿Q正传》里有个镜头——

赵太爷跳过去，给了他一个嘴巴。
"你怎么会姓赵！你那里配姓赵！"

鲁迅的眼光岂止穿越百年！今天我辈即使不做阿Q，亦无需抗辩。还是承认自己是无思无想，仍旧做一只泥地里的沾水小蜂，挣扎着先飞起来吧。

思想有什么用？

2007年12月

重返钱梦龙

(研读钱梦龙经典课例之通感)

一

羊年寒假，我研读了华师大出版社新推出的《钱梦龙经典课例品读》和多年前由教育部师范教育司组编的《钱梦龙与导读艺术》，以及多个名师同课异构的数十篇阅读教学案例，真有时空暌隔、滋味殊异之感。上个世纪的80年代，中学语文界风云际会，涌现出了包括钱梦龙在内的一批语文教学改革杰出的先行者；他们的名字和事迹几乎人人耳熟能详。到了三十多年后的今天，向年轻人问起他们的姓名，大多一脸茫然。由于"三言二拍"和"三主四式"颇为相似，竟有将钱梦龙误为冯梦龙者，让人啼笑皆非。

三十年间，语文教学是前进、迂回，还是后退，不是几句话所能说得清楚。我自己也是那个时代过来的人，难免时有回顾，但回顾并不是对往昔的迷恋。我只是想说，改革不能割断历史，不能推倒重来，而应该一边前行，一边也回头看看，看看一代先行者和探索者们都曾留下什么样的足迹，不要让那些足迹被群众运动式的改革进军磨灭殆尽，成了一代人"失落的记忆"，于是油然而生抚今追昔、重返历史的念头。

曾在一个小范围内，听到孙绍振教授喊出"保卫钱梦龙"的口号。钱老师何时遭到围困？没有。那为什么要保卫？我知道孙教授的"保卫"实际说的是"捍卫"：捍卫钱梦龙的核心价值。什么是钱梦龙的核心价值？是他的"三主"理念？是他的"导读法"体系，抑或是他的导读艺术、教学智慧？似乎都是，似乎又都不是。曾经有人认为"三主"和"导读"都属于传统教法的范畴，并不新鲜，甚至只具有应试的实用性，应该唾弃。但毕竟在语文界，钱老师的思想和经验确乎影响了整一代人，能产生如此辐射能量的教学观念和教学方法，不就已经体现其核心价值了吗？而我说似乎又不是，在潜意识里，我总感觉"三主"和"导读"，虽然是"核心"，但还不是最本质的内核。考察近现代百年语文教育史，教学须以学生为主体，许多人都主张过；教师要起主导作用，大多数人也都在实行，何以在上个世纪 80 年代，唯有钱梦龙能够独树一帜，先声夺人，创造出自成体系，又具有普适性开放性的教学经验模式，且提供那么多堪称经典的课例？这是否还需要我们继续追问——钱梦龙的经验内核，究竟是什么？

在《钱梦龙与导读艺术》一书里，钱老师回顾了自己在两位好老师的引导下，从一个"差生"转变成喜欢读书、不断提高语文成绩的"好学生"，从开始学用小学字典到翻烂了《词源》，从自吟熟背《唐诗三百首》，再到读《古文观止》《定盦文集》《随园诗话》，以至读林译小说，凭一本《诗韵合璧》迈进了学写旧体诗的门槛。从这一段自学经历，我们不能不注意到钱梦龙的"半生求索"中，就有他少年时代形成的"明显的自学倾向"。他说过："我自身的经历使我深感自主意识和自学能力对一个人的成长发展有多么重要。"我们知道，一个人的成长之路，往往会深刻影响人的一生选择。尤其是作为一名教师，他所赖以塑造学生的，大半就是他自身的模型，不管自觉不自觉，教，总是要"顽强地表现自己"。正如王尚文先生所说："教师所能教给学生的唯有自己。"就像我所体验和主张的"我即语文"，也是缘于自己半生的切身感悟，只是我少时苦无恩师指点，走了不少弯路，不是"求索"，而是磕磕碰碰的"摸索"罢了。

二

沿着钱梦龙的求索之路，再研读他的课例，我首先感觉，他的精彩而高效的导读教学，既体现那个年代一批语文名师教学经验的时代共性，又有着明显异于他人的鲜明特色。这个特色，并不是人们所乐道和欣赏的教学智慧和教学艺术，从根本上说，是更集中表现在以下三个方面——

其一，"导"自学生的"自读"。

王荣生对 20 世纪 80 年代开始的语文教学改革实验，曾有过这样的评价："许多优秀教师创立'教学模式'的路子……出发点也多是'我喜欢''我觉得'。"若果真如此，那么钱老师则绝对是个例外。钱老师说过："我十分重视教师'教读'之前学生的'自读'。""我更重视指导学生自己发现问题、提出问题，我的很多课都是建立在学生提问的基础上。"《钱梦龙与导读艺术》一书介绍他的三种基本课式，"自读式"就占了 6 页篇幅，而"教读"和"复读"则不到 3 页和 2 页，可见他对"自读"训练是格外重视的。16 篇课例中，布置学生先在课前自读的就有 11 篇，有一节则是整节课都用来自读。1981 年在浙江金华借班上鲁迅的《故乡》，让学生自读后写小纸片提问，少则五六题，多则十来题，全班竟提了六百多个问题。问题不在多与少，而在真与伪。钱老师说他尤其注意避免那些"诱使学生'入我彀中'"的"教学圈套式"的"伪问题"。从课例中我们会不时听到这样的问话——

> 请同学自己先说说看，看能不能自己提出疑问，自己解决疑问。
> 提出问题的时候，是不是想过答案？

甚至可以这样"商量"：

> 在决定这篇文章里哪些知识需要老师教之前，先请同学们讨论一下"什么知识可以不教"。

几乎在每一个课例中都能看到，学生自读之后的体会和问题，就成了他备课和教读的出发点，或引入，或设问，或启发，或点拨，或小结，师生以此为对话、互动的依据始终如一。哪怕有的学生暗自拿着教参回答，钱老师也不责备，反而赞扬这样做也是一种"主动"。像这样的"导"自学生自学的课，钱老师说他上得有些随便，"既没有环环相扣的严谨的结构，也不追求'鸦雀无声'的课堂纪律"。这当然不是说，他的课完全是自流的散漫的，钱老师非常重视对学生的预读做筛选、整理、提纯、归类。像教鲁迅的《故乡》，他把六百多个问题筛滤归为七类，逐一讨论解决；教《论雷峰塔的倒掉》，就挑选学生的问题卡片并编了号，让拿到号的学生按序号提问，这些序号就代表了教学环节，在每个节点钱老师都适时做出简明扼要的小结。如此贴紧学生自学的全生态的教学流程，和当年教师大多习惯把思想教育目标列一条，语文知识内容列一条，语文能力要求再列一条，或者今天刻板划一地把"三维目标"各自表述的教案模式，是大异其趣的。正由于对学生自学的高度重视，对学情的熟知与把握，钱老师的"导"才会做到适时而施，见机而动，师生之间达到了完美的契合，就像学生所总结的，"把难题解决了，课也读懂了"，"印象特别深"。这样始于自读，既导之以径，又示之以范，充分显示了钱氏导读法的独具特色。

其二，"导"入文本的言语形式。

钱老师说："我上课时最关心的问题是：学生是通过怎样的途径进入文本的？是通过浮光掠影的阅读，一知半解的猜测，还是通过对文本中词语、句子的理解、咀嚼和品味？"这就关系到阅读教学应该"教"什么，是教文本的言语内容，还是怎样进入文本的言语智慧？叶圣陶主张国文教学须"侧重言语形式的讨究"。侧重言语形式，不是轻视言语内容，而是避免滑过形式而直奔内容，因而也是为了能够更好地进入内容。但进入内容还不是终点，进入之后再返回形式，才算是抵达语文课程的终端：学习语言文字的运用。所以文本的言语形式，就成了教师导读的唯一往返途径。

于是，我们又会不时读到钱老师常做这样的提示——

〇你这个解释哪儿来的？
〇回答问题时一定要根据书本上说的，这样解决问题才能有根有据，有说服力。
〇能从这很普通的、往往被人忽略的词，看出它后面隐含的信息，书就该这么读。

这些提示当然也不见得有什么不寻常，但是能够时时提醒，处处指点，引领学生潜心于课文的字里行间，遵循着字不离词、词不离句、瞻前顾后、联系比较等等的规矩习惯，集中于语感的培养和词语语境意义的把握，切切实实培养学生感悟和运用语言文字的能力，绝不是偶一为之，更非一日之功。例如教《故乡》，引导学生对"故乡到底美不美"的探究；教《睡美人》，讨论如何理解"B角是个倔强和执着的人"；教《死海不死》，启发学生理解什么是文章趣味性；教《中国石拱桥》，就几个虚词的运用做比较解读；特别精彩的是对梁启超《少年中国说》最后一段的诗化语言的想象与领悟。上个世纪80年代所总结倡导的"因文悟道，因道学文"，钱老师以其课例提供的教学示范堪称典型，也多为广大教师所熟悉仿效。

其三，"导"向"领悟读书之法"。

教师既知应该侧重言语形式的讨究，那么他的"主导"最终应该导向哪里，也许还没有真正明白，或者说，还没有形成理念自觉。钱老师说："在我心目中，语文课就是教读课，'教读'就是教学生读书使之达到'不需要教'的最终目的。"因此他备课首先考虑的不是怎样"讲"文章，而是自己怎样"读"文章。所谓"教"，是着重介绍自己读文章的思路、方法和心得。因此阅读教学的目的不是"教懂文章"，而是"教会阅读"，是"使学生的自读体会浅者深之，误者正之，疑者解之，进而领悟读书之法"。从16篇课例中，我们会不时读到钱老师这样提醒和指导——

○回答问题要遵守一条规则，这规则是什么？（学生：言必有据。）据在哪里？（学生：在课文里。）这就说明我们学习课文要——（学生：瞻前顾后。）

○这样理解很好。说明我们看文章能前前后后照应起来看。

○读文章要"思前想后"，这是一种很重要的阅读方法。

○回答问题、说明理由的时候别忘了讲"因为……"。

○请进一步作整体的观察：句和句之间在因果关系的构成上有什么特点？

在如此这般的寻常话语背后，有着钱老师所一贯重视的语言思维训练。例如，当学生总是习惯非此即彼地看问题，问到杨二嫂是正面人物还是反面人物时，钱老师随即指出："我们还是换一种思想方法吧。是不是一定要讲好人还是坏人呢？"进而特别强调："想问题要步步深入地追问，这里既有阅读方法，也有思维方法。"又比如，学生在品析句子时，常以为找到某种修辞知识拿来套一套，套对就是了。钱老师则适时告诉学生："本来是十分生动的比喻，我们首先忙着去分析什么是本体，什么是喻体，还有什么味儿？难道除此以外就没有别的读法了吗？能不能换一种更有兴趣的读法。"他所谓的"有兴趣的读法"就是展开想象。"只要我们展开了想象，也就理解了比喻的内容，本体、喻体的问题自然就迎刃而解了。请展开想象，并且用尽可能生动的语言把你想象中的画面描绘出来。"这种读书方法也同样运用于教读文言文："宁可要对文章有一种准确、生动的感觉，而不要为了翻译而忽略这种直接的感受。"在我看来，这种强调用自己的话说出自己感知理解的"以言传言"，是一项非常重要的阅读训练。此外，他还反复要求学生记住并练习"在初步理解的基础上背诵，在背诵的过程中加深理解"的"背读法"。由于钱老师对"读法"的高度重视，因此只要学生肯动"天君"，哪怕只动那么一点点，他都敏感地抓住不放，给予积极鼓励。有一次他发现学生回答问题时偷看书，却表扬道："偷看的能力也是一种很重要的语文能力。因为偷看时要求眼光迅速从书上扫过，用最少的时间捕捉到自己迫切需要的文字信息，这种能力不是很有用吗？"当然他也及时指出"不能用这种能力来对付考试"。

始于学生"自读"提出问题，再继以启发学生思考如何一步步往前走："大家提了这么多问题，第一步走得很好。那么，第二步怎么走呢？"最终依然引导学生自己总结学习的收获："经过两堂课，同学们在学习方法上有些什么体会？"如此始终以指导读法、用法为指归，钱氏导读法的精髓正是体现在他所说的"把主动权交给学生"的教学过程中，以养成学生"自奋其力，自致其知"的读书习惯。今天，当我们在谈到"教什么"比"怎么教"更为重要时，一方面，把读书方法这个最重要的"什么"忽略了；另一方面，又把包含"过程与方法"的"怎么教"的作用贬低了，所剩下的只能是概念的传输与空洞的说教了。如果一节语文课学生在读法、写法等等方面无所收获，读再多的范文又有什么用呢？

学生主体在受教之前，通常是自发的，而不是自觉的。为了使学生从

"半自动阅读"向"全自动阅读"转化，钱老师一直在关注和引导着学生的"自动"。他的认真细致的教学态度是令人钦佩的。无论学生的发言，还是教师对其进行点拨、引导、扭转、纠正，钱老师总是耐心听取，择善而从，见机而动，绝不做虚情假意的赞美、夸大其词的表扬。每有发现学生解读正确或说出新见，无不欣然赞许："有道理，有说服力，我都被你说服了。""对，对！你比老师高明！"他也从不把自己的观点强加给学生，不宣示什么标准答案——他也许根本就没有"备案"。有一次，讨论闰土为什么把"我"叫"老爷"时，一个学生说是封建等级观念的毒害，话刚出口，钱老师就追问他是怎么知道的，是自己想出来的还是书上看到的，却忽然警觉不对："啊，我打断你的话了吗？对不起。"立马改口道："这个问题你怎么回答得这样好呢？"甚至还能听到这样的话："太好了！太好了！谢谢你的指正，我提这个问题是有些多余，现在我声明取消。"当然，他也从不随意接过学生的回答再来一番解说发挥，做出师必贤于弟子的姿态，倒是常常听到他也像学生中之一员似的说声"我同意"。以兵教兵，以兵教官，都是他最乐于采用的方法。

"逐渐去扶掖，终酬放手愿。"叶老多次提到"放手"。教师"主导"最难能的便是"时时不忘放手"。从钱老师的课例里，我们发现三十多年前师生的"对话"与"互动"已到达怎样的高水平，那显然不是为对话而对话，为互动而互动；其高妙的集中体现，则是"不忘放手"。教师步步相伴随行，从牵手、扶手到松手、放手，逐渐引导学生从自发主体发展为自觉主体，这一个过程，正需要钱老师那样的细心与耐心，一旦缺乏细心、耐心和信心，主导变为主宰，主体沦为玩偶，那是很容易的事。

研读钱老师的课例时，我对其课的主线分明、理路清晰、结构紧凑，绝不夭矫蟠曲、旁逸斜出，有很深刻的印象。这一点，也是和今天不少的观摩课例迥乎不同的。总的看来，那些课例都很注意体现新课改理念，从课的"饱和度"看，从教师对文本内涵的"发掘"看，从教学方式方法的"创意"看，乃至从教师的口语表达看，确有令人耳目一新之感。那么感觉不同的是什么呢？粗略想了想，大概上个世纪80年代，致力于语文教学改革的一批名师，无不特别注重45分钟的课堂效率。他们很讲究课的"瘦身"。记得浙江绍兴的一位教研员陈阿三，曾说过这样的话："那时对文本的解读停留在'一元'上，可为什么它比今天的多元解读更具有指向性和穿透力？这是值得思考的。"他认为："关键的一条，单纯。单纯的文本，单纯的思想，单纯的教法，单纯的课堂。"像钱老师这样，不着意于课的形式多样，而唯以切实有效是务，所追求的是教的内容"结实"而非"饱满"，是教的方法"有效"而不是"多样"，于是就形成了本色当行的常态性的课堂特征：单纯。从16篇课例，我们可以发现，由于特别注重读书方法习惯的教学价值，就不会着力在情感、态度、价值观上"注水""加料"。经过点拨与纠正，学生只要明白怎么读就可以了，没有必要再在读的内容上去深挖，其课的流程才能做到"行于所当行，止于所不可不止"，绝不放纵奔流，泛滥无归，真正做到了叶圣陶先生所说的"在这些场合给学生指点一下，只要三言两语，不要啰哩啰嗦，能使他们开窍就行"。

真实，扎实，朴实，这"三实"是我长期对语文教学实效高效的探索与追求，而钱梦龙老师的导读教学，恰是最完整也最完美地为这"三实"提供了经验的范本：由于导自学生的自学，所以"真实"；由于导入言语形式，所以"扎实"；由于导向"读书之法"，所以"朴实"。这些都无需再加以解说，从所有钱氏的课例中，我们都会获得极其深刻的印象的。

三

钱梦龙"导读法"问世已经三十余年，而针对其导读训练仍不时听到有批评的声音。其中一说，是认为"把教学变成训练"是陈旧的"启蒙理性"，是对教育本质的遮蔽。这种把训练看成与教学对立和不相容，虽然荒谬得可笑，可是一个时期以来，竟被我们课程改革的制定者视为理所当然，在试行的课程标准里极力加以回避，但凡涉及"训练"的地方，无不以"实践"二字替代之；直至2011版的义务教育语文课程标准，才在一个不太显眼的角落悄然出现"注重基本技能训练"一句话。可见对于语文课程来说，"训练"还是一个未了的话题，一个需要重新清理的概念。

钱老师不止一次解释说，训练，是教学过程中师生互动的基本形态，是学生"会学"与教师"善导"必然呈现的具体教学过程。主体→主导→主线，符合逻辑，顺理成章，是能够自圆自洽的。不过我的思维习惯常会跳出线性逻辑作立体想象，想象的结果是，钱老师所说的"以训练为主线"，仅是师生互动的"基本形态"，把训练仅仅作为教学行为的一种"形态"，一个"过程"，主要是针对一篇课文的教学过程而言。研读了钱老师的课例之后，我有一个突出感觉，即执教者首先必须具有训练的强烈意识和高度自觉，才可能把语文课堂变成实践的课堂。实践是语文课程的本质属性，实践的同义词即训练。因此，是否还应该把"训练"提升到课程理念的高度，以突显其统领全局的地位和作用？钱老师也曾明确指出："语文科的实践性强。……通过读写听说的实践提高语文素养，更不能须臾离开训练。排斥训练，无异于抽空语文教学的内容，使语文课程蜕变成一个徒有其表的'空壳'。……严重降低语文教学的质量。"他甚至极言"其实，教育本身就是训练。学生健全人格的塑造，良好品德和习惯的养成，知识的获得，能力的培养，智力的开发，等等，哪一项离得开训练？"如此表述，正是遵从着学习语言文字运用的实践本性和客观规律，给"训练"以最高的课程目标定位。倘作如是观，那么在钱老师那里，被置于"主体"和"主导"之后的"训练"，就不能仅视为教学选择的一种行为方式，一条由"双主"规定的"线"。主者，主旨也；线者，总路线也。我谈出这个看法，并不是要和钱老师商榷，是否应该改"三主"为"以训练为主旨，学生为主体，教师为主导"，不是的，我只是想解释和强调只有"训练"，才是语文教学"根本的立足点和出发点"。不妨倒过来想一想，在未施以教育，没有进入课程之前，是不存在"学生为主体、教师为主导"这件事的。有了教育与教学，也就是有了训练的需要，才有谁为训练主体和谁为训练主导的角色认定。训练，理所当然就成了课程存在的唯一前提。如果教师缺乏明确的训练意识，如果一节课没有训练的明确目标与具体内容，无论是"练"的主体——学生，还是"训"的主导——教师，实际上都成了虚设，所有的活动，都成了虚耗。

　　我之所以特别张扬"训练"的正统地位，还因为相当长的时间里，语文教师的训练意识已相当薄弱，语文课堂上几乎没有训练的痕迹，正如钱老师所指出，"忽视语文训练的不良后果现在已经很明显了"。我甚至认为，如今语文课最严重的问题，不是别的，而是训练的缺失。一方面，教师以讲代练的积习殊难改变；另一方面，学生被动的松弛的思维状态相当普遍。由于基本缺乏有效的语文训练，课堂教学不真、不实而且尚华，大大影响了教学效益与效率。语文杂志上经常刊出的被认为是可供观摩的课例，教师教后自述，虽然都有自己的教学目标（除了特别推崇"生成性"而宣称目标并不重要的之外），课上也都有师生、生生对话与互动的场景，但所谓对话，只有教师拿"我喜欢""我觉得"的话要学生"对"，而几乎不见学生有什么自己思考和发现的问题要和教师"对"；所谓互动，主动的只是教师，被动的还是学生。对话与互动如果不具有训练的内涵，就必然流于形式与装饰。正如钱老师所批评的："执教老师为了张扬'人文性'，增加教学内容的'文化含量'，……天马行空式的宏大叙事取代了实实在在的读写听说。……这种包装亮丽华而不实的课，目前正在作为某种'范式'而在各种公开课、评优课上不断展示着。"我们有不少的所谓优质课、观摩课，拿钱老师的课例一对比，的确给人冗散、臃肿、浮夸、琐碎、无聊的感觉，带着明显的自恋癖和表演欲。若从教学过程设计看，表面上像是少了根主线，往深里想，实则缺少一个训练的主脑、主见。至于多年前曾被激烈争论过的一节《愚公移山》的教学，那只是执教者有意"新翻杨柳枝"，其动机并不在文言文教学的改革，而是以求新求异的"另类"姿态，欲借"移山"作"话题"，重新评价传说人物的形象，以达到其解构、颠覆文本原生价值的目的，和钱老师的课无从比较，也无需比较，因为它跟语文训练根本就沾不上一点边。

四

由于钱老师的导读极富机智，精妙无比，人们总习惯从教学艺术技巧的角度来加以赞美。但也有人曾经用"方格之内的圆融"评价之，而其所谓的"方格"，指的是只能"迎合考试"的机械的字词句训练，而语文素质是"练"不出来的，"过分强调'练'只能让学生得到些生硬、呆板、缺乏气韵的东西，无法达至心领神会的创造境界"，而"真正的大家是有思想、有境界、有风格而无技巧的"。且形容之为"茶壶里起波涛"，茶壶者，狭小也。这又是从另一面对钱梦龙的教学艺术技巧予以否定，未必是不怀善意，却像是一个涉世未深的年轻人的稚说妄言。语文之"世"，岂是容易涉透？有人谓之"隔膜"，是有道理的。

我并不想讨论钱梦龙是不是具有这"三有"的真正大家，但说他的教学技巧是学生从他的训练中只能"得到些生硬、呆板、缺乏气韵的东西"，而钱老师的许多课例就摆在那儿，事实俱在，无须徒费口舌。我只想说，语文能力训练难道就不需要"方"与"格"吗？虽然钱老师也认为在应试体制下教语文是"带着镣铐的跳舞"，但他显然没有把所谓的"方格"全然等同于"镣铐"。在《三十年的坚守》一文中他解释道："一个高效的阅读流程，往往都由若干符合认知规律的步骤构成，每一步骤都有一定的操作要求和规格，于是就有了阅读的'格'。"而阅读能力的形成，在教师由"扶"到"放"，学生由"死"到"活"，就是必然要经历的从"入格"到"出格"的过程。"在方格之内"求"圆融"，是被他视为他语文教学企望达到的一种高境界，事实上他早已经达到了这样的高境界。在我看来，基础教育阶段的初中教学，尤其需要包括技巧、策略、方法、习惯、态度等基本要求的"方格"不可。讲求"方格"绝不是无关语文素质的"舍本求末"。钱老师明确指出："恰恰是正确的'训练'，使语文课程的工具性和人文性的完美统一成为可能。"王荣生有一段话也说得好，他认为技能策略"都不可避免地同时在练习着对待语言文字，对待人生社会的一种态度，一种认识方式。'技能''知识'，这些通常被指认为'工具性'的东西，在语文课程与教学中，不是也不可能是'单纯的工具'"。无论是这样还是那样的"人文"或"工具"，"都是经特定的价值观'筛选'的结果，因而也沾染着特定价值观的色泽，黏附着特定的价值观"。（《语文科课程论基础》，第86页）我们大多数教师，也许永远无法达到钱老师那样"方格"与"圆融"统一的高境界，但不能因为达不到就认为"方格"不需要。如果忽略了或舍弃了必要的"方格"训练，而让那位批评者所谓"更多地吸纳来自'非语文''非教育'的各种优秀文化的滋养"的非语文、伪语文的货色进入课堂，那倒是应该十分警惕的。

还有另一种意见认为，导读法的至善境界比较依仗教师的个人魅力，是无法在普通中学教师中大面积推广的。这种看法，很有它的代表性，也是至今人们仍然习惯用艺术的眼光去观赏钱梦龙，而不能侧重从科学的立场去剖析其成就的原因。钱老师曾说过这样一段感人的话："我这个人，要学历没学历，要资格没资格，要智慧没智慧，我靠的是什么？靠的就是这份对事业的执着，这份如痴如醉全身心的投入。"我曾经问过钱老师，对他培养的许多弟子，觉得在什么方面较难达到他的期望，钱老师认为是课堂的灵活应变能力。的确，如果不是长期在训练中积累经验，对于教学过程中无法预料的学情变化，教师是殊难应付的。钱老师自谓是个"资质平平的人"，"居然也渐渐变得聪明了一些，虽然说不上什么'教学智慧'，但至少在千变万化的学情面前不至于手足无措"，就缘于他能够一贯坚持实践而"助我生慧"。钱老师诚然有他独特的个人魅力，但他的成功绝不是只靠他的个人素质，而是由于他的长期践行、半生求索而果熟蒂落，用他的话说，就是"水到渠成的完满"；这除了有他个人自学修成的正果，而习而熟之，熟能生巧，更有他执着于导读训练所达至的炉火纯青。钱老师每次介绍自己专业成长时几乎都不忘强调"我是一名自学者"，"我根据自己学习国文的经验，选定了一种唯一可供选择的策略鼓励学生自己学"。训练自学，是他的大动作、大手笔，更是他的大关怀。如果否定他的"训练"，即等于抹杀他所主张和所做的一切；真诚仰慕他的个人魅力，则应该心向往之，而复学习之追随之：学习他的终生无悔的追求和坚守的立场，以及在实践中"咬定青山不放松"的一股"定力"，则作为普通教师，依然有望紧随他的足迹，借鉴他的经验，去实现语文教学至善尽美的境界。

　　岁月远去，已登耄耋之年的钱老师，很少再有可能回到课堂。但他的教学理念与实践对于今天依然空耗低效的语文教学，仍具有一种启蒙的价值。我无意将钱梦龙视为那个年代语文名师的唯一代表，他也只是"这一个"，然而却是不可多得的典型的"这一个"。特别是，面临今天课改潮流中时见"非语文""伪语文"的沉渣泛起，他的教育理念和教学实践，就不仅是"标杆"，而更是"警铎"。我主张重返钱梦龙，不是对他个人的迷恋，而是强调有必要做整体性的历史回望，回望钱梦龙那一代先行者的道路与创获；重返，就是要重新审视钱梦龙丰富经验的本质内核，重返他的"训练自学"的教学之道；重返，就要像钱老师那样用"语文"的方式教语文，回归真实、扎实、朴实的语文课堂。重返而后复前行，在传承的基础上，以守正创新的姿态，继续探索出一条实践型的务实高效的语文教学新路。

2015 年 6 月 1 日

〔注：本文引用钱梦龙的话，均出自《钱梦龙经典课例品读》（华东师范大学出版社）和《钱梦龙与导读艺术》（北京师范大学出版社），不一一注明。〕

"野生"的力量

不久前在福建省名师培养对象的一次研修会上，说了这样一句话：我是野生的。说这话既没有卑视了人才培养，也没有高看了自我奋斗。只不过说出一个事实，一个值得说说的客观现象。

我于1960年毕业于福建师院中文系。在"30后"的同学中，我年龄最小，走上福州一中讲台，还差二十多天才到21岁生日。那个年代，当教师的只知道坐稳板凳教书，夹紧尾巴做人，专业上一般都不会盯住什么目标去发展。学校有一支成熟的师资队伍，但从没听说有什么骨干教师或名师的培养工程。特别优秀的又红又专的教师受到表彰的倒有，主要是为了鼓励，还不是培养。刚毕业的青年教师头一年总是战战兢兢，学年结束，不被人事干部叫去办公室，通知你立马办手续去"支援农村山区"，方能松一口气准备过暑假。即便暂时站稳了脚跟，也万不可掉以轻心，若是不被学生认可，未让领导满意，教了几年被调离也是常事。但一方面既要刻苦认真地教书，另一方面也还要提防被目为只重业务不问政治或思想不求上进，成了"白专分子"。我则因不想加入共青团，虽然学生都说我书教得好，骨干或先进则绝对轮不到我。好在我也从来不把它放在心里，环境既然不会单独给你特别的惠顾与恩赐，就得老老实实承认优胜劣汰的定律。如果不甘落后，又不能仰仗"组织培养"，只能靠个人默默奋斗，给自己创造立足的条件，拿出教学实绩来证明自己。

于是自个奋斗，独立索取，就成了"野生"的第一个特点。那年头，教育厅王于耕厅长常到学校，告诫我们年轻人说：三年学艺，五年出师，七年放屁，十二年看能不能吹个牛皮。哪敢拿它当笑话啊！一直到教到了18年，才在省内的教育杂志上发了篇"豆腐块"文。学然后知不足，教然后知困。

学艺出师亦何尝容易？当年的语文教参多是肤浅老套，如果只死抱课本照"参"而教，上课是很容易对付的，然则距离教书匠恐怕也就只有一步之遥，而甘居平庸，就保持着这一步之遥的，似乎也大有人在。我的性格最不喜人云亦云，遂执意摆脱教参束缚，坚持独立钻研，努力教出自己的个性。这样，在教学资源普遍困乏的情况下，就只好靠自己多读书，泛涉猎，以增广见闻，积累语感，"传染语感于学生"（夏丏尊）。我的生活标准很低，但嗜书成癖，几乎每天晚饭后都要去南街一带逛书店。多年节衣缩食，购置的图书已占据了狭小宿舍的半壁江山。为了能买到一本刚出的新书，我可以在两节连课的课间十分钟，百米冲刺，跑到东街口的新华书店抢购。有一次跑到却没买到新出的《辞源》而懊丧不已，感动了一位姓高的店员，他便特地从福建师院的书店分售点调了一册卖给我，感恩之至，从此成了知交。半世纪过去，如今我的俯仰斋里越来越拥塞，有时也不免自问：老了还这么买书干嘛？说不出什么理由，只能解释是习惯了"物竞天择"，身上的野生基因依然顽健罢了。

这种"野生"的能量积蓄，到了上世纪80年代投身教学改革，便有了一次发力的机会。那时的"教改"既无课题，更无经费，也无团队。无功无利，全凭着自愿者的一腔热情。记得当年我和刘一承、高原、王卫星在一个备课组，三人拟好了粗放的改革方案，无需申报审批，连教研组长那里都不打个招呼，大家就分头去试验。我们经常为了一个教学上的看法，乃至课文的一个语句的解读，放了学还留在教研组争论不休。如果上的是上午第三四两节课，下完课我多半会先到刘一承家里，有时他正在炒菜，我就站在灶台边跟他讨论起来，等到他坐下来吃饭了，还得端张凳子跟他继续探讨。往事历历如昨，想想在没有任何外力推动和名利的驱使之下，当年那股渴求变革、锐意探索的动力究竟何来？不就是要趟过语文教学的那条浑水河么？自己不摸着石头过，谁会帮扶着你到达彼岸？那"岸"究竟在哪儿，能有今天的课改专家那样给你指个明明白白——而且，他们果真都已经指明白了么？

"野生"的第二个特点，是有很强的耐受力与抗挫力。我们那一代人所遭遇的包括十年"文革"在内的各项政治运动，身心备受的磨难与煎熬，是今天的年轻人所难以想象的。在随时可能成为运动的批判、批斗对象的沉重压力下，要想在专业上不至于荒废且还能有所长进，就先得避免陷于无所作为和悲观绝望。"文革"中我和我家庭所受到的迫害，足以使自己精神完全崩溃，但我挺住了。我适应了窒息的环境，抗拒了绝望心态，保持了内心的自由。我的抗挫力来自阅读鲁迅。鲁迅一生与绝望做抗争的"韧"的精神，使我本是羸弱的性格变得坚强。那年头，我完全可以像许多人安于做个"逍遥派"，但就像《过客》里写的那样，仿佛总有一个声音"常在前面催促我，叫唤我，使我息不下"。我曾请校友书法家林健先生书写了鲁迅引用裴多菲的一句话，张贴于陋室墙上："绝望之为虚妄，正与希望相同。"同时也自书了四句话"朝斯夕斯，念兹在兹，磨砺以须，及锋而试"，压在书桌玻璃下，天天肃然面对，矢志毋忘。即使在被流放闽北农村的两年里，我也仍然相信会有"及锋而试"的一天。当时我唯一带在身边的，是没有被抄没的一套《鲁迅全集》，我又一次通读并摘抄了近三千条语录，装订成一个小集子（见《我即语文·我有一本"书"叫〈鲁捃〉》），成了"磨砺以须"的自我见证。从大学时代屡挨批判，到"文革"被打成"牛鬼蛇神"，我有过痛苦和彷徨，但从未暴弃，尤堪自慰的，是从不曾丧失对从事语文教育的志趣与追求。1971年偶然得到重上讲台的机会，虽然白色恐怖仍遍布国中，文化教育界一片荒漠，身心犹存创伤和余悸，我还是成功使用了"钻网术"，选印了教材里没有也不允许有的一些文章，如《岳阳楼记》《桃花源记》《铸剑》等，偷偷教给学生。"野生"总是顽强的，又是独一无二的，因而也是不可复制的。如今的青年教师不再遭遇政治梦魇是他们整一代人的幸运，生活工作在升平之世，信息发达，资源富饶，环境优裕，他们的专业水平肯定是高过我们那个年代，可是勤勉向学，直面困难，接受挑战的心理承受力，是否会比我们年轻时更强韧些，似乎还不好下结论。

　　"野生"的力量还表现在能够独立坚持和长期坚守。这是由于长期的磨炼与抗争，生命的"根"扎得深，而不易被摧撼。谁都知道，语文历来是备受指责、屡遭批判、最受折腾的一门课程。稍有风吹草动，教师就坐不稳。其根源就因为我们一向是"被主张"，而不是"自主张"。实践出真知。天天执教于课堂的教师本应该最有话语权，而事实恰恰相反，真理似乎都被掌握在非实践者的手里，语文教师只有演绎专家理念、重复权威话语的份儿，很少能够真正发出自己的声音。如今的中青年教师常有专业研修培训的机会，是值得羡慕的，但在我看来，提倡自我研修才是当务之急，未修而训乃至不修而训，是不会有什么效果的。我们受训示、"被主张"的历史已经够长了，长期被剥夺或放弃了独立思考，心理认知难免烙上了奴化的痕迹。从专家那里或从老外那里"送"来的，固然有好东西，但还是要提倡"运用脑髓，放出眼光，自己来拿"。语文教学在上个世纪60年代，曾有过"文道关系"的讨论与争论，那时真是"道"高万丈。我心里想，分辨什么谁主谁次、孰高孰低恐怕是一个伪问题吧？到了"文革"开始搞大批判，我仍坚持"文"教好了，"道"就在其中的"谬论"，记得曾在教研组里和一位教师大打口水战，最后虽然难分胜负，但笃信"文与道紧密相依不可或离"，五十年来始终不曾动摇。今天我所力主的"语文既是教形式的，也是教内容的，但归根结底是教形式的"，正是这一核心理念的进一步强化与深化。读过《我即语文》和《如是我读》的教师发现，我的不囿于成见的思辨与存疑的精神是贯穿始终的。我的语文教育观，因其带有泥土性与草根性，移之非易，撼之亦难，也就保持了本色。时代在变化在进步，教师应与时俱进是肯定的，但在一味追求高速度与领先地位的国情背景下，见"洋"辄趋，唯"新"是竞，"新进"似乎成了衡量一切的标尺，是值得警惕的。严复说过："非新无以为进，非旧无以为守。"我最近在重读《学记》，读到其中的"学学半""强而弗抑""开而弗达""导而弗牵""不凌节而施"，以及批评"多其讯言"而"使人不由其诚""教人不尽其材"等等，我发现，当今最流行的课改理念，几乎都可从几千年前我们老祖宗那里找到更为经典的表述。当代中国教育如果数典忘祖，不重视本民族的"野生"优良基因的传承，而一任其杂交变异，那是很危险的，其乱象与险情早已引起人们的深深忧虑。因此，毛泽东在《改造我们的学习》中讲到的既要研究现状，又不能割断历史和"言必称希腊"，对于正在实施的课程改革和各级教育人才的培养，今天依然具有十分重要的现实指导意义。

值此第二十八个教师节，作《野生的力量》以述往期来，同"关注"焉。

2012年8月3日

〔注："关注"是《福建教育》本期特设的教师节专栏。〕

缘始北戴河

在"我与中语会"这个大题目之下,我只能记录一笔简略的流水账。

无论和同一辈人,还是和年轻的一辈相比,我与中语会的关系可能都不算特别深,只是开始得比较早。那是 1980 年暑期,我随福建语文界程立夫、虞绍年两位前辈,应邀出席全国中语会召集的部分省市语文教学座谈会,地点在避暑胜地北戴河。这是全国中语会成立之后第一次召集的座谈会,与会的有苏灵扬(周扬夫人)、吴伯箫、刘国正、刘国盈、陈哲文、于漪、章熊、钱梦龙、欧阳代娜等 46 位代表。座谈中,周扬曾经来过一次,做了简短发言,讲解放思想、不要迷信。代表发言无一定中心,颇有"盍各言其志"的味道,唯有章熊带来一叠学生作文,汇报了他倡导自由写作的初步成果,我至今还保留当时抄下的所有作文题目和一篇习作。此外大家发表的意见和设想,都零零星星,如同海边的浪花,并不喧哗。我早不记起自己在会上说了些什么,倒不是因为时间久了,而是真没有什么意见可说。此前两年在福建师大学报上虽然发过一篇《语文教学三题》,但见粗识浅,还不敢拿出来说。会余休息时间,倒是和同房间的马仲麟老师经常闲聊。马老师来自天津新华中学,彼此年龄相仿,感觉可以较亲近的随便交谈,所谈几乎都集中在"语感"的话题上。我们都认为语感应该作为语文能力训练的核心,只是落实起来比较困难。遗憾的是,与马老师别后三十多年,几乎不再通问;我是颇想念他的,曾托人捎去消息,竟一直没有回音。

北戴河座谈会之于我,最大的收获是认识了几位语文界名师,此前他们的声名并不彰显,但从 80 年代开始的全国性语文教改浪潮中,他们勇立潮头,劈波斩浪,成果便逐渐为语文界所瞩目。我从北戴河回来的秋季开始,由初一连续教到高三，进行了一轮以"培养兴趣，注重规范，掌握方法、训练习惯"为主线的教改尝试，力图摸索出一条"多快好省"提高语文教学质量的路子。十多年前"总路线、大跃进"的这句口号，还没有随"文革"的结束而被人忘记，为了尽快回应"吕叔湘之问"，大家都想能快一点、好一点地提高语文教学效率。像当时吉林师大附中的张翼健，就提出过"初中语文过关"的口号。我一方面凭着自身学语文的一点经验去摸索，另一方面关注着改革前沿的信息，特别是曾在北戴河座谈会上认识的几位，像钱梦龙老师的"导读法"，章熊的语言与思维教学以及作文训练设计，等等，都是我同备课小组经常讨论的内容。从众多前辈名师的"金矿"里学习、提炼，加入自己的创造、融铸，1988年获得一项由全国教育学会颁发的中小幼教学改革"金钥匙"奖，获奖的中学语文教师只有三位：钱梦龙、刘业伦和我。我知道我这个"奖"的含金量并不高，但如果没有在我起步之前，就接触到后来率先投入教学改革的几位先行者，我也许会在较长的路上摸索。刚起步走对了路子，路上一开始就有人伴行，是十分重要的。80年代投入教改后，我的第一篇经验汇报式的文章，就叫《刚刚迈开的步子》，连同作为"封面人物"，发表于后来成为中语会会刊的《语文教学通讯》。在当时，这是一件很光荣，也十分令人鼓舞的事。

  1982年，中语会第二届年会就在福州举行。会议在"加强基础、发展能力"之外特别强调"发展智力"。我送的论文是《浅谈语文教师的智力素养》（与程力夫合作），主要谈了语文教师的三个"必须"：必须具有广泛的智力兴趣（成为"杂家"），必须具有机敏的思维反应能力（富有"语感"），必须具备创造性的综合设计能力（重视"训练"）。作为会议的东道主，得有代表发言，当时福建中语会会长程力夫先生忙于会务，就让我上台。为了十五分钟的发言，我不眠了几天几夜。结果出言不慎，在对前辈经验的赞扬中不免带有微词，下来便听到福州几位听众的疵评。接着发言的是张翼健，和我的看法略同，措辞却颇为激烈，于是会后就有人把我和他并称为"少壮派"。这三个字本不带贬义，但在那时，竟成了我心中的一块"结"，似乎犯了什么大错。我对自己说，这可是全国中语会的年会啊，上千人的会场，众目睽睽而众耳尖尖，你说话怎么不多些检点？过了好些日子，又冷静想想，觉得自己的意见也不是毫无端由；人当"少壮"，自难括囊无咎，独立思考和敢于质疑，还是不能丢弃的。

还记得一件事，是会下曾跟来自四川的杨易丹先生有过短时间的观点切磋。他是一位语文教研员，可能读过我的文章，认为我所主张的"得法于课内，收益于课外"，有贬低课内教学之嫌，因为课内也应该有收益才是。我的解释是，课内的"学得"主要是为了"得法"，如果真能得法，自然也是最大的收益，而我独将"收益"二字给了课外，乃是刻意强调"习得"的重要性。我是一向特别重视学生课外自由读写的功效的，所以同时又有了另一句话："不能专致力于课本，无望毕其功于课堂。"这些意见到后来就孕育出了我的语文教学基本理念——得法养习，历练通文。三十多年过去了，关于"得法"与"收益"的这两句话传得相当广远，可见已被老师们所普遍接受，但是"收益"常被误传为"得益"，就又容易被理解成课内"不得益"了。一字之差，不可不辨。假如当年有足够时间同杨先生继续交流，对这两句话的阐释也许会更严谨透彻，可惜杨先生回川后不多久就病逝。据介绍他是一位很有思想的教研员，也是四川省评出的第一批特级教师。

在这届年会上，我还认识了江苏省的特级教师颜振遥。事有凑巧，他是托我复印一份材料才有了接触的。颜老师原在江苏，后来"西游"到四川西昌搞他的"语文自学辅导教学"试验，在全国已很有影响。为了借鉴他的经验，我曾请他到福州一中住下来，用一年时间，先后指导两位老师采用他自编的教材进行试验，取得很好的效果。他的教材富有特色又简明扼要，鲜明贯彻着他语文教学的"自学"理念。我的"得法养习，历练自学"的教学主张，可以说是在与他思想的默契中得到进一步巩固。颜老师为"语文自学辅导教学"耗尽了心血和体力，最后在成都积劳辞世。我深深地怀念这位因中语会而结识的前辈，他的执着的教改理念和不倦践行的精神，值得我一辈子学习。

中语会第三届年会是1983年在北京召开，我没有出席。从报道里读到叶圣陶先生在开幕式的讲话，其中说道："不能今年研究，明年研究，研究它二十年。太慢了！能不能快一点儿？语文教学到底是干什么的？"语气何等着急！一位九十高龄的老教育家，今天怎么还在追问一个常识性的问题？中国的语文界，我们这支最庞大的教师队伍，真弄明白了语文教学是干什么的吗？我想叶老心里应该是明白的。于是决心系统阅读他有关语文教学的文章，先是上下两册的《叶圣陶语文教学论集》，后来又通读了人民教育出版社的六卷本《叶圣陶语文教育论集》。同时又记起二十年前，叶老来福州视察时曾到过我们学校，并留下一幅题词："何以为教，贵穷本原；化为践履，左右逢源。"为了证实记忆无误，1986年出席第六届全国人大会议期间，请了在北戴河结识的章熊，陪同我到北京医院看望叶老，希望能得到他的回忆印证。毕竟时间久了一时记不起来，叶老便要我回去再写封信详细说说。过了大约两个星期，叶老嘱他孙女叶小沫写信来，说他眼力不济不能亲笔回信，特别交代以后引用他的话时请把"贵穷本原"改为"贵穷本然"。时隔二十多年这一字之易，却让我久久思索不已。本然？什么是语文教学本来的样子？这不也是如同"语文教学到底是干什么的"一样的追问吗？一代教育家终老萦怀、始终搁不下的心愿，我们有多少人认真思考过解答过？除此之外，叶老犹念念不忘的还有："语文课到底包含哪些具体的内容；要训练学生的到底有哪些项目，这些项目的先后次序该怎么样，反复和交叉又该怎么样；学生每个学期必须达到什么程度，毕业的时候必须掌握什么样的本领；诸如此类，现在都还不明确，因而对教学的要求也不明确，任教的教师只能各自以意为之。"这里的"哪些""怎么样""什么""什么样"等等，在上世纪语文教改搞得最红火的80年代，没有给出答案，到了新世纪更红更火的课程改革，给出了吗？仍然没有。正是在这样的追问之下，自己才真正开始对语文教学有了系统和全局的思考，在改革试验中才有了明确的目标和实践的路径。

也是这一年，我开始担任学校的行政领导工作，且有了较多的社会事务。1987年和1991年分别在广州和大连召开的中语会第四届、五届年会，都没有机会出席，甚至不记得曾被选为中语会理事。十年间没有为学会理过一件事，问心是有愧的。不过这两届大会我还是很关注的，特别是吕叔湘理事长先后的两次讲话。吕先生针对当时语文教改形势，认为对名师创造的教学法成果必须进行吸收转化。他强调语文教学是一门艺术，认为最要紧的是要把教学法用好用活。这当然很重要，但我私下却认为，眼下语文教改的当务之急，还远不是甚至根本不是教法创新和成果转化，语文教学普遍低效益有着复杂的历史根源和现实困扰。我后来曾在一篇文章中形容说，虽然一些优秀教师创造出了教学成果，但"只孤独地挂在自己的树上，大片语文园林，红瘦绿也瘦"。

四年后，我出席了在成都召开的第六届年会，送了一篇学习叶圣陶语文教育思想的心得，也是初步形成个人教学理念的论文《得法养习　历练通文》，旋被《课程·教材·教法》刊用，接着又由顾黄初先生收进了《20世纪后期中国语文教育论集》。成都年会的会议主题是"提高语文教学效率，为培养跨世纪人才服务"。吕叔湘先生的书面发言集中谈了语文师资水平的问题，认为这是提高语文教学效率的根本，对此我深有共鸣，但并没有准备在会上发言。可是后来听某名家又来纵谈他的语文大教义，我忽然坐不住了，便上台发了一通即席感言。大意是，中学的其他课程都已经走上各自的轨道，有了立交，上了高速，而语文却还是一辆牛车，徘徊在十字路口，没有红绿灯，也没有警察，或者有许多警察，……高谈阔论，于事何补？后来有人记起我来，便说是成都年会上发表"牛车观点"的那一位。我知道自己的冲动，是来自一向的"效率焦虑症"。在我看来，整个90年代的语文教学是带着镣铐在走着跳着，改革早已失去80年代的热情和力度。果不其然，世纪末终于爆发了一场全国性的对语文教学的"大批判"。到了1999年，在弥漫"误尽苍生是语文"的迷雾之下，第七届的天津年会，同时也是中语会成立20周年的大会上，人们第一次闻到了火药味。由于"大批判"针对"工具性"的杀伐之声颇感刺耳，我便给会议送了一篇《不要动摇语文的工具性》的论文，发出一点不调和音，竟未被收进年会的论文汇编，过后只在重庆出版的一本语文教研的书中，附在最末的"争鸣"栏目里，近于"立此存照"。后来有人研究我的教学思想，认为在当年风高浪急的情势下，此文敢于反潮流是很可贵的。事实上我是从不掺和任何的"跟潮"或"反潮"，我的习惯是冷眼静观，不凑热闹，只有到了实在不能已于言时，才不得不发出声音而已。

在这届年会上，我被选为常务理事——是张鸿苓理事长提的名。

很快到了21新世纪，全国性的课程改革大幕掀起。2003年，中语会第八届年会在武汉召开，主题是"走近新课程"。在新一届理事会上我被聘为学术委员会副主任。我跟同行开玩笑说，从中央到地方，我都跟"学术"粘连上了，因为在福建省语文学会和在福州一中，我的头衔也是学术委员会主任。语文从学科升为课程，研究从知识攀上学术，浮到了理论层面，尽管底层的状况并不乐观，但架势确比过去宏大壮阔。我向来有个看法，即认为语文教学和技能技术联系紧密，与学术好像关联不大。语文工具的本质属性就是实践性，实践的问题多半是"技"而不是"道"。可能是受"少谈些主义，多研究些问题"的"胡说"影响太深，面对语文教学的种种现象和问题，总习惯往"形而下"去想，这也许是一种"草根"偏见。第八届年会之后，正是到了退下讲台的年纪，坐在下头，对语文课改舞台上的一幕幕，便有了从容静观的机会。无论正视还是侧看，全局难掩细部；不管察人还是省己，客观多于主观；于是便看得更分明，头脑也更加清醒。经过一段时间的观察思考，对语文教学和课程改革所形成的见解，较为详尽地记录在一次访谈文章《语文教臆（下）》里。

2007年，是福州一中建校190年，在校庆系列活动中有一场关于我的语文教育思想研讨会，我只好仓促拼凑了一本书叫《我即语文》供"研讨"。全国中语会陈金明理事长发来祝贺电文，他从我对工具性与人文性辩证关系的阐述与实践，对传统教育经验的批判与张扬，对教师自身学与教的认识与躬行这三方面给予了肯定。曾多次来闽指导工作的中语会秘书长顾之川先生代表中语会出席大会，他结合读我书的观感，就如何看待工具性与人文性，如何对待我国的语文教育传统，以及做一个有担当的语文教师，做了精要的阐说。会上还有史绍典副理事长的发言、钱理群和顾黄初两位先生的讲话。于漪和钱梦龙两位前辈也发来了贺电。会议还收到数十篇的论文和文章，后来汇集成《他是一本书》。三位中语会领导和前辈专家的讲话和电文、同行的文章，固然多有溢美之辞，但也让我进而反观自己，明白我的认识和实践主要在哪些方面，对语文课程改革尚有借鉴的价值。在全国中语会团结引领的队伍中，我不过是自觉随行的一名老队员，我知道自己的步伐永远赶不上时代的需求，但就像当年北戴河归来写的第一篇文章《刚刚迈开的步子》里所说："应该十分谨慎自己的步子……真正可怕的，是在路上不能看到自己每一步坚实的脚印。"我想，现在我的脚印留下了，大家也看到了，无论深浅，都应该感恩珍惜，而尤其应当谨慎勖勉。

2007年，全国中语会属下的一个分机构以"语文泰斗长白行"之名，组织一批语文界的老先生到东北吉林讲学。会上我做了"务必消除语文泡沫"的简短发言，自然也是针对现状的有感而发。然而"泰斗"二字也颇让我感慨，在《我即语文》的"断想"里有一则写道："因为年龄关系吧，近来开始被人称做'泰斗'了。这可不是一个好名声。太陡，不是既上不去，也下不来吗？"长白山顶，我不是就登不上了吗？的确，人生事业最可忧虑的是不上不下的停滞状态，或难上难下的胶着状态；语文教学如今不就遇到这种状态了吗？

2009年，很快到了中语会"三十而立"之际。在纪念成立30周年的大会上，我同全国27位老教师以及语文教育工作者，被授予"终身成就奖"。我在发言中说，这个奖项受之有愧，一来我没有做出什么贡献，二来我还没有活到"终身"，还得继续努力有所成就才能名副其实。这不是一句轻松话，我的确感到人一辈子没能把想做的事做完，是不无遗憾的。在30周年纪念文集《春风化雨三十年》中收有我的《回望与寻思》一文，其中有这样的一段话："课程改革所期待的一个最根本的突破，就是学习方式的转变，语文教学百年低效的症结，不在'文'与'道'的倚轻倚重，你死我活，而正是以教师和教材为本位的授受方式殊难改变，学生的主体地位终成虚设；课堂上不少学生的活动，实质仍然是受动的，就是自发的，也很少能被引向自觉。既然必须落实学生为主体，那么语文课程要实施学习方式的转变，就应以指导'自学'为总目标，把自学能力训练贯彻整个过程，最终也仍要以自学习惯是否养成为检验标准。"这仍是我践行叶圣陶教育思想三十多年的一贯思想，既是我的"寻思"，也是我的"忧思"。追昔抚今，忧思难忘，而此身情注语文，心系课堂，犹难割舍。到了2010年，恰是我从教50周年，遂将退休之后听课研课和重新备课的点滴心得，以语文文本解读的个案形式，结集成《如是我读》一书出版，既作为自我纪念与策励，也算是给中语会交出一份"学术"作业吧。

2013年全国中语会在北京举行第十届年会，苏立康理事长命我在会上做个"中心"发言。出于理事会诚挚的委托与信赖，我难以婉辞，便取"守正融新 踏实前行"为题，谈了我多年来对中学语文教学的审思与守望，也是述说我旦旦所思、念念在兹的晚年心事。忝为新一届理事会的学术顾问，难免又有感触，为甲午年作贺岁小卡，写了两句话："瞻望心犹热，路遥惜力疲。"苏立康先生收到后来电慰我："怎么会呢？陈老师，你不可能力疲吧！"语重心长，令我感动。老去毕竟无法抗拒，尚可抗拒的是自己的迟暮感。我想，每日读读想想写写，还不至于无法坚持吧。于是在朋友的怂恿下，遂将多年来手写的读书零札付梓，取名《救忘录》，是为衰年做自我救赎的一种努力。

"竟年望守舌耕地，一世服劳孺子牛。"这是六年前岁交己丑，为自己古稀之年的两句抒感，也印在贺岁的年卡里，实际上也可作我此身的写照——无论喻牛喻马，一辈子都耕在地里，跑在路上；也不管是身健还是力疲，此心唯有为语文教学梦想痴求。语文教学之殇，由来既久；语文课改之路，遥无尽头。如今在中语会这支庞大的行进队伍里，正不断有改革的后继者和有为的青年人纷纷入列，成为一支新力军，我相信他们定能承先启后，踏实前行，只要保持一颗热的心、一副醒的脑、一双韧的腿，语文教学终归有希望。

"我与中语会"的流水账基本可以结束了。逝者如斯，溯流回眸，会感觉这一切是多么偶然。假如没有1980年之夏的北戴河座谈，无缘认识那么多前辈和朋友，我的教学改革不可能早早起步；假如没有中语会每一届年会发布的信息，我或许就无从了解语文界改革的风向与踪迹，尤其是不可能去系统地学习"三老"，从中汲取丰富的思想资源；假如不是作为这一支大队伍中的一员，没有机会在中语会的平台上发出声音，其声可能就汇不进改革的潮响。然而，这一切也未尝不是必然。身为一名语文教师，若不是始终怀着对母语的热爱和对语文教育的探究热情，我也大有可能对课堂之外的一切不闻不问，而独守一隅，安于现状，甘当一名教书匠以终老。因此我又想，若是把偶然和必然的都加起来呢，岂不就是一种"缘"吗？——缘始北戴河，缘续北戴河，历经三十多年与中语会一同经历、一路伴行的这一缘分，怎能不重温与纪念，怎能不守护和珍惜呢？

2015年6月29日写于福州

书写助我前行

关于教师成长的话题，我曾在多个场合讲过，像自己那一代教师，几乎都是"野生"的，实在没有多少故事可以演绎。没有故事，倒还有些经历和感想，姑且来说说。

近几年参与指导福建省名师培养工程，有一明显感觉，就是教师成长的诸多因素中，积累形成个人经验的总结与书写，是不可或缺的，可又是相当欠缺的。不少青年教师从教十几二十年，苦于进步不大，看不到成长的脚印；也有一些年轻人数年间就开始脱颖而出，其中一个明显优势，就是注重拿起笔来自我记录，自我叙事，自我总结。同样辛勤，差别之巨，多半缘此。书写，是自主、自觉与自助的一种修行。经常拿起笔来书写，是教师必须自觉养成的一种职业习惯，且须终生坚持，不厌不疲。

现在时兴的教师写作叫"教育叙事"，我觉得挺好。不过这种必须有"事"可"叙"的书写，也许比较适合德育和班级工作。我想说的，是随时记录观察思考的点滴心得，属于思悟型和即兴式的非正式书写，它的目的不在于发表与交流，而是经常保持自己和自己的对话，是个人有关一切——其中包括教育——的"省思"或"偶语"。就我自己的经历看，它对教师提升经验、形成教学思想的确好处不少，从中多少也能反映出个人成长的痕迹。

一

我中学时代兴趣语文，但成绩并不好，尤其是作文，几乎没拿过高分数。至今保留着读高二时的一册日记，词语贫乏，句子苍白，面目可憎到不敢翻出来再看。我的语文基础没有打好，就因为读的不多，写的更少，读和写都没有养成良好习惯。考上师范大学，没上过一节写作课，虽然年年搞运动，少不了口诛笔伐，但写批判做检查，都是被迫的书写。四载寒窗，完全缺失练笔的训练，遂造成我教育生涯中个人书写源头的枯竭。

　　1960年我被分配到福州第一中学任教，从那时开始到"文革"结束，除了其中"被革命"和"被流放"的五年，也算差不多有十年时间都在讲台上，可我却没有写过一个字的教学经验总结。之所以没有，是不用，也不配。那年代教书就是照本宣科，"教参"怎么讲就怎么教，还用总结什么吗？不用。所谓不配，那是因为你还年轻，有那么多前辈，无论他们说了写了，或不说不写，都还轮不到你。特别是，如果你掺乎说了写了，就有被视为冒个人主义苗头的危险。既然不配，也就不敢。说起那个年代，唯有集体记忆，若问个人，则是一片模糊、空白。

　　然而生命体不能没有吐纳。人的精神成长也不能只有吸纳，没有倾吐。读是吸纳，写是倾吐。"文革"十年，谁都知道以言获罪是何等可怕，却没有想到，自己竟在那噤口封笔的年月开始悄悄动起了笔墨。那是1971年，我被放逐到农村，跟知青一起吃住劳动。孑身带去的是劫灰中捡回的十卷《鲁迅全集》。劳乏困顿之余，只有靠鲁迅的书消饥解馋，聊慰孤寂。我在《我有一本"书"叫〈鲁捃〉》里介绍过怎样在天寒地冻的日子里，带着"炭婆子"暖手，逐卷摘抄编辑鲁迅语录的情景。不断的抄写，感觉就像是"亲手"写出来似的，鲁迅的许多精警要妙的语句不断深印在脑海里，渗透到血脉中。"在劫难中追随一个伟大灵魂的文字实录"，就这样深刻影响了我一辈子。两年后回校复课，课余除了还继续做《鲁捃》，便和远在广东乡下的一个学生经常通信，谈鲁迅，摅感怀。《致董琨》的十六封书信，真实记录了我与绝望抗争的一段心灵历程，同时也开始偷偷学写些如《忽然想到》《无花的蔷薇》式的杂感，当然需要极其小心。在收入《我即语文》的"闪念"时，有这样一段引言——

　　　　陈村说：在一个不承认自我的年代，你无法收藏思想。
　　　　这话说透顶了。
　　　　然而我还是偷偷收藏了一些，使用了包装，让不识真货的人没法揪住。深自窃喜。

大概就因为不被"承认自我",就偏觉得需要表现自我。可见书写,既是对压抑的反抗,同时也是一种自我认同、自我张扬的顽强表现。"那个时代"留下的数十则短小文字,是荒凉中的一点私藏,没有被查获,是值得庆幸的。它不仅保存了时代和个人的些微心灵印痕,更值得珍视的,是我这辈子零星书写,随时倾吐,从此历久成习,一直坚持到今天。

二

我开始正式的教学书写,是缘于1978年福建省语文学会第一次恢复活动。当时这个学会的成员几乎都是高校教师,我并不是会员,是被几位老教师推荐出席会议的,但参会必须送一篇论文。是时拨乱反正,脱去了精神枷锁,语文界空前焕发活力。我订阅了几份国内主要的语文杂志,每一期都仔细读过,也开始阅读叶圣陶和吕叔湘有关语文教育的论著,构思时自然地融入读鲁迅的一些心得,最后写了五千多字的《语文教学三题》交出去。这篇急就章式的长文,后来只发在福建师院的校刊上,没听到任何反应。三十年后再去看所谈的"三题":一、"语文教学法必须尚简,以简驭繁";二、"语文教材'无非是例子'";三、"作文'题材应听其十分自由选择'";发现对60年代教学的"一片模糊空白",还是有所省思和填补的。尽管论述不免肤浅,而强调语文学习须注重积累和实践,主张必须养成学生自学能力习惯,反对脱离生活的刻板的作文训练,都与今天课程改革的话题有着内在的沟通。这种沟通,是缘于一旦直面真实的问题,有了"教然后知困"的自觉,才会做出属于自己的追问与回应。过去之所以不"追问",是由于不需要"追问"。既然一切都"被主张",已完全闭目塞听,你还有什么能说可写!就是今天,不也同样?教不思则毁于"随","随"既久则生出"惰",习惯照"本"宣科、依"参"解文的惰性教学,遂造成语文教师日渐丧失独立思考和书写能力。我想,语文教学积重难返的原因,正不妨从教师的不书写和缺乏书写意识开始追索。

《语文教学三题》开启了我从"知困"到"追问"的思考之门。尽管它是那么仓促又粗浅，但我并没有"悔其少作"，后来收入书里时，在标题前面特别加上值得记住的年份，为"1978：语文教学三题"。

接下来是大兴"解放思想"的 80 年代。处在改革浪潮中的语文教学，种种尝试和实验一个接一个。在书桌上我立个小小玻璃框，写了两句话："当想早想，要做则做。"教改一开始，我就十分注意和学生一起想和做。首先需要"想"学生之所"想"。教改欲"改"学生也得先从教师"改"起。这一段时间，我开始试行"初中语文自学规程"的三年课改计划。指导学生预习，我自己先做示范；怎么写眉批边注，我做给学生参照；如何回答问题，我会提供几种样本；学生编手抄报，我便做一份张贴观摩；指导作文，我就"下水"去试试。几乎每一项训练都尽可能身体力行。我还装订了几本粗糙的本子，书以"知困小札"，随时记录"说"和"做"中发现的问题和感想。我想我是师范出身，师者，范也，示范的目的，也是为了亲自体会一下学生"学"的过程。这一系列的做法，后来被我总结成简单的两个字：体验。各种芜杂而琐碎的体验式的书写，蓄成了我原始积累的宝贵教学资源。

1980 年暑期我应邀出席全国中语会的北戴河座谈会，第二年在《语文教学通讯》上发表题为《刚刚迈开的步子》的文章，简述了试验起步的情况，不久又在同一刊物上发表文章，以《褒禅山记》为教例，谈"与'串译法'反一例"的文言文教法。1986 年学校指派我写一份教改总结论文送全国教育学会参加评选。可我一点都不知道教学论文的写作规范，只好用"一个以掌握方法、培养习惯为主线的教改尝试"为题，写了一份类似实验报告式的东西，连"实验"二字都不敢用上，就匆忙应付上交。讵料居然获得"全国中小幼教学改革'金钥匙'奖"，获奖的中学语文教师只有三位，并且光荣地和钱梦龙老师并列。但我心里明白，这个奖之所以还有点含金量，只是肯定了我教改的主线是切合实际的，所做实实在在，所言常识常理，没有用上一句流行的改革口号和舶来的时髦话语，不做包装和藻饰，很大程度是默然受到叶老文风的熏陶。孙绍振先生后来谈到我的书写，说过一句话："他的文风朴素、严谨。他自己对此所作出的总结是'具体切实''不尚空谈'。他的严谨是以'切实'的教学效果为务的。"虽不无溢美，但切实为务，不尚空谈，的确是我对教师书写所持的基本态度，也是自己努力想保持的一种书写风格。

1987年我评上了特级教师。外地某出版机构通过省里教研部门让我写一篇经验总结，准备收入他们正在编辑的论文集。其时我刚结束初中的第一轮试验，脑子里堆积的全是平时书写的碎片，我不会整合，也没有想到要整合，我提供出来的只是些经验的粗胚，其中糅杂了不少生涩的认识和见解，在回答《语文学习》杂志"著名语文教师研究追踪"时，我说："达则兼济天下，穷则独善其身。我现在'穷'得很，只能……积累每一堂课的经验碎屑，日久天长，铸我'金钥匙'。"拿不出可"济"人的东西，书写便难免陷入困境。勉强凑了三千多字，匆忙给了个"我还要准备一辈子"的标题，可谓牛唇不对马嘴。这篇文字结果没被采用，原在意料之中。后来我又做了几次修改，不再侧重讲述我做了些什么，而是集中谈了我的试验根据，即对所教的这门课的体验与认知。叶圣陶先生1963年曾给福州一中写过题词"何以为教，贵穷本然；化为践履，左右逢源"，这四句话一直让我思索不已，我想我理当对叶老的"本然"和"践履"做出自己的回答，尽可能从我的试验中能参透点语文学习的客观规律。于是，"语文是一门心灵的学科，行为的学科，身教（重于言传）的学科"，就归结成我最初对语文学科性质的基本看法。但我并没有进一步著文阐述，而是让它继续冷却；后来又将它归结为更简单的一句话："语文是一门重在心智体验和技能经验的学科。"宿稿的标题改为"按照学的规律教"。一个"心灵"，一个"行为"，一个"身教"，与今天课标所说的人文性与工具性的统一，以及倡导的"学生为主体，教师为主导"，不说在性质上是基本相同，自觉还更接近教与学的实践层面。一次书写遇挫的经历，也让我认识到当思考还不成熟，不到欲吐不快之时，只为书写而书写，这样的写，既困难又乏味。看看那些为赶评职称而写的东西往往面孔苍白，就足以证明。真正的书写，不可能从天而降，也不能为应命而作，一定须到了有一种"不能已于言"的，欲将经验上升为理性的自觉，有了发现自己和描述自己的强烈欲望，才会瓜熟蒂落，水到渠成。不可能随时都见"瓜熟"，不会天天都有"水到"，青青之不弃，涓涓之汇积，须靠平时细心耐心的"手工活"。因此通过日常的坚持书写来记录心得，整合经验，催熟见解，就显得十分必要。最近我在指导骨干教师的研修培训时，曾告诉他们这样四句话：在"质疑他者"中形成己见，在"反思自我"中修正认识，在"融合新知"中完善主张,在"书写经验"中凝练思想,最后"自我孵化"为个人语文教育理念。四个环节中的任何一环,既离不开思考的催生,更离不开文字的滋育,否则"孵化"是不可能的。

三

1983年,由于开始担负行政工作及兼有社会活动,我已没有精力再回头进行计划中的第二轮教改"重试",只带着这一届学生升到高中,搞了三年的"自学辅导教学"的零星改良。这样一直到了90年代,在愈演愈烈的应试教育形势下,全面的语文教改也逐渐降温,而"低温"状态倒有利于我沉入冷静的思考。1996年教育部基础教育司修订高中语文教学大纲,我应聘参加起草工作,在对十多年来的改革做一番整体回顾,并结合个人的实践认知,起草方案时我提出必须将语文文化素养和语文技能训练并提写入总纲。不久全国中语会第六届年会在成都召开,我想经过近20年的穷究和践履,对自己所理解的语文课程的基本性质任务、撰写论文理应有自家话语的描述和概括。最后想定了两句话,叫"得法养习 历练通文"。论文旋即被《课程·教材·教法》全文刊登,又多次在征文活动中获奖。直到顾黄初先生将它收入《二十世纪后期中国语文教育论集》,并介绍说"本文是作者有关语文教学改革经验的代表作之一,……力图阐述一种语文教学的'本然观'",我才明确意识到这两句作为我的语文教学观的表述是切当的。为了达意更准确,我后来又将"历练通文"改为"历练自学",因为我最服膺叶圣陶先生的"教,是为了达到不需要教"和"所贵乎教者,自力之锻炼"。语文课堂的训练与学得,都是指向课外的历练和习得;"通文",不过是历练自学的结果而已。

人的认识总是这样,一旦豁然廓清,融会贯通,脑子变得格外清醒,以至有了不能已于言的表达冲动,许多想法自会纷至沓来。1998年底,一位同仁朋友远道来访,要我全面介绍教学经历和认识过程,一下午畅快淋漓的对话,经过整理便是《语文教臆(上)》这篇访谈的记录。于是我又把80年代到90年代这一段过程称作是从"体验"到"体认"。可以说,这是我对语文教学方方面面触悟最多、思想最为活跃的时期,留下的大量随感式书写,几乎都收在《我即语文》中的"杂谈"和"断想"里。

接着就临到世纪末的那场对语文教育的大批判、大杀伐。各路兵马、各色人等都加入对语文的问罪之师。其中最强悍的一彪是高扬"人文性"大旗向着"工具性"猛烈冲杀。上世纪60年代语文界早成共识的"文道统一"又被翻了出来，再次闹成对立与分裂。我从来就怀疑，中国语文教育的积弱积弊，难道真的就缘于"人文"和"工具"始终扯不断的爱恨情仇吗？于是趁着中语会第七届天津年会的召开，我便送了一篇自知很不合时宜的文章，对语文之为"工具"的本然命意、特殊内涵予以廓清——

  语文之所以为工具，一则表明其功能效用，示其重要性；二则强调其操作应用，示其实践性；三则提醒其所用在人，示其主动性。总起来说，语文用于思维用于交际用于承载所以重要；必须在思维交际承载的一切活动中去学习掌握，故应多实践常历练；而几乎无时无处不在的语文，又须臾离不开"人"这一主体，所以语文课程的教与学都要密切联系思想，贴近生活，浸润情感，陶范行为。(《不要动摇语文的工具性》)

这便是我一向坚持语文工具性中天然包含着人文性的自主诠释，鲜明捍卫语文工具性的个人立场，反对人为搞二元对立。

我对那场"大批判"发出的不调和音，终被淹没在众声喧哗之中，这也是早在意料之中，但我也为理念的坚守，践行了自己曾经写下的承诺："不是风吹，就是浪打，语文教师，你坐稳了！"

尽管语文教育受到了无情的批判冲击，对新世纪新课程改革的启动，我还是寄予很大的希望。只要看看《语文教臆(上)》的最后一段对话，对"明天语文教学"的"四化"远景，曾是何等积极乐观！当然，我也没有忘记鲁迅说过的，需要"让更多的人都能摔掉因袭的重担"，才有望"从没有路的地方踩出一条新的路来"。

1999年我已到退休年纪，却又延退了六年。六年后复被学校返聘参与学术委员会的工作，于是对新时期的语文课程改革有了站在外围观察的机缘，心热而眼冷。从无数次的观课评课，从各种语文杂志所反映的课改动态和各种言论中，我发现中国式的教育改革确乎是一条艰难之路，简单地说，就是

"折腾"二字。一方面仍背负着沉重的历史包袱，另一方面又被种种洋教条、新概念教训得不知所措。其时不少教师、学生甚至家长来找我交谈，向我求询，话题总是不很轻松。我把交流的内容和共同关心的问题，仍采用"访谈"的形式，复整成二十段的对话，编到《我即语文》的《语文教臆（下）》里。说是交谈，其实仍不过是站在改革外围的一番自言自语，即我在"小引"里所说的，是"一种未经自身实践证明的'臆见'和'臆说'"，故不想公之于众。那时是2005年，旧历乙酉的鸡年。在岁末照例自书自画的小贺卡里，我写了两句题词："闻鸡懒起舞，晓梦犹清甜。"外面是何等闹嚷，而我犹独沉在自己的"语文梦"里，没跟着改革的节拍"起舞"。当然，今天回首看看当日的所思所道，多少还是被此后的课改情况所证实。钱理群先生为我的书所写的序言中，对其中谈话多有肯定和阐发。孙绍振先生在他写的序里，认为我的"义无反顾"是"中国语文界和欧美模式教学理论和方法的真正对话"。我真有点受宠若惊了。我的观察准确与否，立论有无不当偏颇则不敢说，但不说则已，说出来仍不过是和自己的对话，发出来的只能是自己的声音。现在各种声音开始多起来，是可喜的，不过只习惯听从一种声音的人似乎也还不少；若希望"走的人多了，也便成了路"，这路，恐怕依然很渺远。

四

前面说过，语文是一门身教比言传更重要的学科，我一直把身先垂范视为语文教师的一种修持，一种自律。语文教师不能只为教文而言说和书写，他应该以文践履所教之文，即用语文来表现语文。朱光潜先生在《咬文嚼字》中指出一般人读书写作的三种通病——懒，粗心，自满，常使我不敢懈怠。我多次说过，自己本不是一个思维清晰的人，非得写了出来，才明白想的是什么和想得怎么样，因此不得不通过书写来调动思考和整理思想。我不会使用自己还不理解、未能消化的一些新概念新术语，只普普通通、平平白白地写我的大实话，留心自己的口中笔下，尽可能做到准确、明白、妥帖、自然。评改作业作文或是板书，切当之外，还力求工整和美观。即使写一张便条，发一条短信，也会字斟句酌，几近洁癖。当年编《中学生语文报》，特别开辟了一个叫"阿晗信箱"的栏目，学习怎样用简练的文字回答学生读者的问题。

我喜读省净精粹的白话文，心仪要言不烦的说写风格。遇到写一篇几千上万字的长文，总不厌大修小改，往往弄得睡不好吃不香。

我从讲台退下来的十几年里，有三次书写的结集。一是从三十年各种拉杂文字中筛留辑成的《我即语文》。这书名似乎已成了我的"品牌"，但我并不重其"品"，而窃喜其"杂"。三十年间的言说书写，除了被抄没的一扎情书，几乎都已收罗，不曾私弃也没有掩饰。真实就是它的"品"。二是关于三十篇教学文本解读个案的《如是我读》，是从听课、研课、再备课中积累的心得，也包含对自己过去备课教课得失的反思。此书我不敢再请谁写序，但钱理群先生读了之后还是著文给予推介，令我十分感激。三是读书零札《救忘录》，这就完全是"私活"了，不过其内容和语文教学已经若即若离。年岁不饶人，"忘却的救主"天天守在身旁，我得天天"笔不释卷"才能防着他。

如今很多语文教师除了教案不再有别的书写，也不愿书写，原因很简单，一是现代信息技术高度发达，网络、手机、微信，随时召之即来，一切皆备于我，想、说、写似乎已经变得十分容易。二是不少人往往误解教师需要动笔墨时，不是申报职称须在CN刊物上发论文，就是到哪个征文赛事上去拿奖。一旦职称评过、奖项拿到，就再也不想写点什么了。语文教师书写欲望的日渐衰疲，其教学难免走向贫瘠与枯槁。根据我的经验，教好语文不可徒靠口头的能说会道，犹须警惕"讲肆悠悠饭煮沙"。提倡教师多读书很必要，但必须借助书写，才可以消化阅读，带动思考，做到"时时求思想情感和语言的精练与吻合"，培养"一字不肯放松的谨严"（朱光潜）。语文的外延极广，教师一旦有了书写习惯，内容自能无远弗届，形式也会不拘一格。诸如随时的断想、即兴的杂感、顺手的摘抄、零星的记录，让它及时落在纸上，以备他日省思、提炼、生发，哪怕片言只语，积以涓滴，皆可成流。就像"得法于课内，收益于课外"，"不能专致力于教材，勿望毕其功于课堂"，"以心契心，以文解文，以言传言"，"得法养习　历练通文"，课堂教学须力求"省约、集约、简约"，"教学语言：恰当，简洁，自然；亲切味，逻辑性，节奏感"等等，长长短短，或整或散，既有自己长期思考的沉淀，更有灵感的瞬间降临。有了思想原料或成品的及时收藏，当我面对种种复杂而纠结的问题时，往往会少了一些粗陋与躁急，多了一点精细和从容。

数十年步步走来，从"困惑"到"追问"，经过"体验"到"体认"再到"体现"，大体可以描述我的教学思想历程。"问"是起点，"体"是核心，"认"是关键，"现"是抵达；当然不是最后的抵达，其中每一步都有书写的贯穿，因此每一步都有抵达，而无终止。有人说，语文教师一生都在路途上，我觉得很有道理。

　　对语文教师来说，想每一步都能清晰地看到成长的脚印，是不可能的，但他是在前行还是徘徊、停滞，也许还是有迹可寻，这个迹，就是他书写的留痕。书写可以为他记录，为他做证，为他助行。鲁迅说过："删夷枝叶的人，决定得不到花果。"我看重枝叶甚于花果。我所说的书写，就是教师成长中不断地吸取养料，不时地抽枝展叶，枝繁叶茂，最后总会收得到花果的。

2016 年 2 月 27 日

说"求实"

"求实"二字，是近三十年来使用频率最高的词汇之一。机关、学校、部队、企业、机构、社区……任何团体单位一概可用而且无不在用，早成了当代最流行之俗语套话。假如它果真不俗套呢，那也正说明我们距离"实事求是"真是远哉遥遥了。

闽派语文把"求实"列为宗旨的首条，不怕被讥为平庸和流俗，为什么？就因为我们敢于承认，语文教育教学从来就虚多实少、花艳果瘪，耗费高而产出低，而且至今尚不明白究竟是为什么。求实，对语文教育来说，是一笔长达百年的历史积欠。

何谓语文？中国的百年语文，到底出了什么问题？语文究竟应该怎么学？为什么殚精竭虑、千方百计，教，老不满意，学，老出不了好成绩？每年高考语文的平均成绩都在百分上下，是否反映十二年的语文课程，就只能学到如此水平？诸如此类问题，如果有兴趣继续问下去，将会问个没完没了。也已经有过各种各样的回答，都一一经得起实践的检验么？恐怕未必。症结也许就在于：至今我们还摸不清它的客观规律，洞察不了它的实质。暗中摸索，逆规律而动，做了许多无用功，结果仍然少慢差费，而又众口哓哓，总以为真理在我，却交不出一张令人信服的答卷。这，就是百年语文教育史的缩写，当然也是当今语文教育现状的写真。

福建语文教育界同仁对此痛心疾首，既寄希望于依靠集思广益、群策群力，共同致力于语文教育质量的提高，那么要做的第一件事，就只能从探索规律、求真求实开始做起。

"求实"的内涵，首先是"探究实质"。也就是要正确认识和掌握语文教育教学的基本性质规律，彻底弄明了"语文"是什么，语文课程的特点是什么，它与别的基础课程有什么本质差别。用吕叔湘先生的话说，就是两个基本"认清"：认清教的是什么，认清学会语文的过程。颁行了近十年的语文新课程标准，似乎把什么都认识清楚了，只等着大家去实施。可是普遍实施的结果怎样？开宗明义的那一句定性的关键语"工具性与人文性的统一是语文课程的基本特点"，它的内涵是什么？我就曾经发问，这是强调本来就是"统一不可分割"，还是主张"必须将二者统一"？既然是"基本特点"，那么语文课的一切成败得失，是否和这一句话都有密切关联？语文课程实施过程出现的种种问题，学术理论界在此类问题上的种种分歧意见，是否也都跟这一断语的理解与阐释有关？

有人说，语文的基本性质是人文性，有人说是工具性，当彼此争论不休时，大多数人则根本不屑一顾，不管"性这性那"，他们对"性"不感兴趣，只说语文就是语文。是耶非耶？至少咱们得有个基本一致的看法。

闽派语文界能否廓清一切，独立而明确坚定地提出自己的观点，并用实践来回答：语文是什么？形成语文素养、提高语文课程质量的客观规律是什么？

"求实"的第二个内涵，是"追求实效"。语文性质不明，教学规律不清，必然导致烦而寡要，劳而少功。福建语文教育，在上个世纪中叶（"文革"前），曾经和其他学科一样取得可喜的成绩，高考的考分也相应比较高。世易时移，不可同日而语，但其中自有可总结承传的经验，那经验是什么？水流派衍，总不能不回顾源头，割断历史只谈今天。尤其需要探讨的，是如何科学鉴定语文教育教学的效能与实绩。一张试卷行么？一堂观摩展示课可靠么？一篇自我总结评价的文章信得过么？个别和少数典型虽然可资证明，而大面积的成绩效果岂能漠视？在追求实效中，特别需要关注的，是怎样才能减少无效劳动，消除虚耗与泡沫；怎样才能把学生学语文的积极性调动起来，使他们乐学善学。"得法养习，历练通文"是我个人对教文学语的总结，也不过是一家言罢了，能否普遍实行？须具备什么条件？会遇到什么阻力？像这样的，凡是一个原则的提出、一条经验的概括，都需要交给实践去证明或证伪，不能一个人说了算。

实质，规律，讲的是共性，是绝对的统一；实效，则不可能求一律，不可能标准划一。起点不同，学情各异，求实，就要从实际出发，区别同和异，不能用一个标准评价优劣，衡量得失。长期以来，尤其是新课标实施以来，从上而下，不论情况多么不同，都一样要求统一贯彻，大呼隆，一刀切，急于事功，被批评为搞"课改大跃进"。我们需要切实研究的，是寻找一个切合福建实际的语文课程评价体系和考核标准。包括前面提到的学习过程，语文训练的项目与程序，也就是叶圣陶先生生前一直念念不忘的"语文课到底包括哪些具体内容；要训练学生的到底有哪些项目，这些项目的先后次序应该怎么样，反复交叉又该怎么样；学生每个学期必须达到什么程度，毕业的时候必须掌握什么样的本领"，这些根本问题，在别的课程几乎早已经解决，而语文课程却还是个大空缺，这恐怕是咄咄怪事中尤其可怪者。所以最紧迫的任务，是研究出一个检测与评价语文教学实效的科学标准。

此外，目前最热烈关注的文本解读，有哪些基本的规律可循，有哪些有效的操作方法可施，怎样从文本的内容与形式统一入手，一元与多元并存，其关系该怎么看，怎么处理，都是和效率问题密切相关的实践问题。

最近一段时间，有学者提出语文课程亟待探讨的，是确定以"学的活动"为基点，根据文本的体式与学情，集中诊治教学内容不确定性的痼疾。但是我们仍然有不少教师，把注意力和精力放在"怎么教"上。那么"教什么"与"怎么教"究竟是怎样一种关系？它们之间也存在相互制约吗？这些都需要进行深入研究，得出我们自己的结论。

"求实"的第三个内涵，是"诉求实验"。长期以来，语文教学总是热衷于诉求观念理念的引领与更新，尤其是对国外教育思想理论的输入特别青睐，运用起概念术语来也洋气十足，而对通过组织教育教学实验，发现学与教的规律，探索符合国情、针对实际的改革路子，总是不感兴趣。上个世纪80年代曾有过若干实验，没过多久也就销声匿迹，不了了之。为何教研文章连篇累牍，层出不穷，依然拯救不了语文教育的百年沉疴？原因十分简单，就是满足于从理念到理念，而无须经过实践检验。现在学术界好讲"学理的审查"，学理再好也还是一个"理"，还是属于观念形态，为什么不多强调"实践的检验"？为什么不组织像模像样的科学实验，看看我们的课程标准究竟准不准，我们的改革究竟改出了多少实绩？闽派语文真要出成绩，就不能仅仅停留在提口号和搞演绎，进行有计划有组织的教学实验，将必然成为当下和未来的现实诉求。

"求实"落实到课堂教学，最需要回答的：一堂好课的标准是什么？评课的专家似乎各有各的取向，但我们要问的，是有没有一个基本的公认的指标，一个每天都得运用的评价标尺。

我曾经在回答《现代语文》杂志社的访问时，谈到"三实"的指标，或者说，是对一堂好的语文课的三个向度的考察：真实、扎实、朴实。这是我根据长期听课形成的看法，虽然还很笼统，但是据此展开讨论，有可能为评课构建出具体可操作的评价体系。

语文课首先要上得真实。阅读教学，对文本须有真切贴己的体验，有真知实得的交流。不是教师照搬教参的，学生紧跟教师的。作文须有真情实感的表达，有话可说，有自己的话说，贴近生活，贴紧心灵。教学形式，要根据教学目的与教学内容而选择使用，先要根据学生真正需要学什么，确定真正应该教什么和怎么教，然后再以学生实际学到了什么，来检验判断实际教了什么和教得怎么样。

语文课还要上得扎实。语文课程最容易流于口耳相授，以为我讲了你就听进去了，我教过了你就应当会了。课堂上经常看到的是"以讲带练"，忽视了学生"学"的实情，以至于发展到"以讲代练"，讲完分析完，就算完成了一节课，其实质就是"以教代学"，完全抹杀了学生为主体。没有切实具体的学习任务的布置，对学的活动不做严格要求，不通过扎扎实实的语言训练，甚至连课文提供的"思考与练习"都不认认真真地做，所谓培养语文能力和形成语文素养，只能是流于空谈，怎么可能有实效？像过去语文教学大纲曾规定的"字要规规矩矩地写，课文要仔仔细细地读，练习要踏踏实实地做，作文要认认真真地完成"，我认为，仍有必要作为语文训练的基本要求，务必在语文教学中切实得到贯彻落实。

语文课还要上得朴实。凡是以真实面目出现，有切实教学内容和扎实语文训练的课，就会给人自然朴实的印象。它专注于教得"到点"，学有"实得"，不追新逐异，不搞形式包装，不唯上，不哗众，不媚俗。朴实的教学，总是在真实与常态的教学过程中，一步一脚印地努力实现课程目标。

真实，是教学生命的精心摄护；扎实，是教学效能的根本保证；朴实，是教学风貌的自然展现。好的语文课，往往能够在不同程度上达到三者的和谐统一。

为贯彻"求实"的宗旨，在探求实质、追求实效、诉求实验三方面总结我们的历史经验，针对现实状况，提出具体任务；同时，在日常的教学活动中，积极倡导真实、扎实、朴实地上好一节的语文课，并在实践中有所发现和创造，是进一步深化语文课程改革，促进闽派语文建设的一项重要的也是长期的攻坚任务。

2010 年 1 月 22 日

回望与寻思

全国中语会成立的1979年，正逢我的不惑之年。——果真不惑吗？一年前吕叔湘先生疾呼的"咄咄怪事"，声犹在耳。已经教了十多年的语文，怎么会如此少慢差费？想来想去，确实很困惑。

大多数人把问题归结为十年"文革"的破坏，不是没有道理。但语文教学的空耗和低效，却并非从"文革"始，甚至也不是从新中国成立后才开始。读一读叶圣陶、朱自清等诸前辈论语文教育的文章，就知道百年语文，冰冻千尺，非一日之寒。

我们的语文教育，究竟"冻"在什么节骨眼上，弄得一路走来，步履艰难，跌跌撞撞？

三十年前，想不明白。当时只看到"劫"后满目疮痍，急于要给学生疗饥救伤，缺什么就补什么，目标明确，内容切实，看着学生似乎一天天在进步，心里就高兴，觉得教出成绩来了。那年北京的霍懋珍老师来福州，讲过一个真实的"笑话"，说是她让学生写长城，北京的孩子哪有不知道长城的呢？可是就有学生憋了半天，才陆续憋出了这样"四句话"的一篇作文——

"长城长。长呀么长。真他妈的长。盖了。"

在场的听了都笑，我却笑不出来。我的学生不是也曾把"蜀之鄙有二僧"翻成了"两个和尚跟虫一样卑鄙"吗？第一次恢复高考，广东卷有一题翻译《曹刿论战》的"夫战，勇气也。……"考生把它译作"老婆想和丈夫打架，就得靠勇气，一直要打到筋疲力尽才罢手"。我有个学生在中大读硕士，参加高考评卷，这样的例子抄了好几张寄给我，我都没当是笑话。十年"文革"，我灵魂和肉体的累累伤痕，紧紧连着我的学生知识的百孔千疮，我能笑出来吗？

　　1980年秋季，校长把我安排到初一，要求我尽快把学生语文的"双基"打扎实。刚好那年的暑期，我有机会出席全国中语会在北戴河召开的部分省市语文教学座谈会，不仅认识了于漪、钱梦龙、欧阳代娜、章熊等好几位语文教学改革的先行者，还见到了周扬、吴伯箫、张中行等大人物、大作家。短短的一周，北戴河的海风驱散了炎热，也把我脑子清空了一遍。听着几位名师的发言，好像他们并没有处心积虑给学生补苴罅漏，而是着眼于更大更长远的筹划。在《刚刚迈开的步子》一文中，我有这样一段回忆——

　　　　会上，从教书育人这样宏观而长远的考虑到课堂教学模式的具体设计，从思维和语言规律的深入探讨到体系改革的执着追求，有的已经总结出成果，有的正在边改边摸索，自然也有稳健派，他们非常珍视优良传统，注重教学实绩。所有这些，都使我顿开眼界，深受启发和鼓舞。白天来不及消化，到晚上一躺下便又翻出来一遍又一遍地"反刍"，直至宵半的海风把轻柔的涛声送到了枕边，我还分明听见自己兴奋搏动的心音……

　　周扬在座谈会上讲话，除了说语文教师的工作重要之外，特别希望大家不要迷信，要解放思想，畅所欲言。他的夫人苏灵扬（中语会副理事长）则主张要比去年上海年会"鸣而不争"更进一步，做到"又鸣又争"。其实在那个会上，没有谁的发言够得上"鸣"，更不用说"争"。是否因为刚从政治噩梦中醒来，闻"鸣"则惊？我不知道。就是迄今将近三十年了，语文界可曾鸣过争过？也许苏的话是对的，但不应该仅仅理解为是那个特定时期的一句"官话"。然而印象最深的，还是章熊在会下和我说过，叶圣陶先生曾对他发过这样的感慨：听语文课，常常觉得还不如学生自己去读一遍的好，嘴里虽然没有这么说，心里却是这样想。叶老是何等宽厚！但他的宽厚却掩不住他的忧虑，语文的"课堂效益"问题的确十分突出，但也比较复杂，对此该怎么个"鸣"？他的话，让我想得很多。改革刚刚起步，目标是明确的，就是要争取探出一条既快又好地提高语文教育质量的路子，可是，第一步从哪里开始?该是什么样的步子才踩得扎实?小缺小漏补一补是容易的,如果着眼于学生听说读写整体能力的提高,需要解决什么主要矛盾?头脑里一时想不清楚。

　　章熊在会上介绍他的作文试验,带来了一叠他学生写的小论文。他的那些高一的学生几乎全写的是议论文,题目五花八门,内容之新鲜,表达之新颖,不但见没见过,就是想也没想过。我连忙把52个题目全抄了下来,其中就有:还我晴空/论私心/细节的魅力/试论衡量事物的标准/略谈电影意思的几个突破/岳飞是谁杀害的/M·AP航空港的设想/今天,年轻人在想什么/京剧《四郎探母》该不该公演/当今的年轻人有哪些苦恼/自古雄才多磨难/浅谈雷达对抗/"走自己的路,让别人去说吧!"/文化教育与犯罪率的比例关系/音乐·生活·追求——谈贝多芬的几部交响曲给我的启发/天外有来客吗/减轻北京市噪声对居民楼污染的几种途径/性格的形成及其反作用/……还有一篇题为"从一些表面现象看两代人的隔阂"的近2000字的长文,我也全文抄录,至今还保留着。那些作文,今天我们有多少学生愿意写,而且能够写?从题材和内容看,它们给我的第一印象,就是学生的思想真正获得了解放。"文革"刚结束的那几年,最常从人们口里听到的就属"解放"两个字。语文教学,是否也要来个解放生产力?农民都解放到希望的田野上去了,语文还能像过去那样捆绑手脚,只在几册课本的范围内和教师耳提面命的框架下,消极被动地亦步亦趋吗?

　　回到学校,和初一备课组的两个教师研究教学计划时,大家都对"解放生产力"这个话题深感兴趣,而且意见一致:改革,必须首先给学生"松绑",从调动学生学语文的积极性开始。语文不像数理化,缺一级台阶,就得补上一级。语文的特点,甚至还应该说是优势,是可以自学,可以无师自通,只要能让学生自主乐学,"自奋其力",给予必要的鼓励、激发和引导,很快就可以生机焕发,促进学习效率的提高。从1980年开始,我领着备课组,总共三个人,集中全力以"培养兴趣、讲求规范、掌握方法、训练习惯"为主线,准备进行连续六年的"教改"试验。那些年,语文的地位已经很难为其他学科所动摇,学生学有兴趣,主动自觉而且有良好习惯。理科的教师反映,学生的阅读面广,视野开阔,思维活跃,不少是得益于语文的改革,说明它已在为学习其他课程服务了。我因此想起当年苏灵扬在北戴河说的一句话："语文教学能不能让路？是让路还是铺路？"今天，不少教师在埋怨语文已被别人挤到边缘，为什么会被"挤"呢？如果真处在边缘，恐怕还是由于自己积弱不振，很难都归咎于客观的吧。

我们当年用了许多办法来培养学生的学习兴趣，除了力主鼓励，更多是从学习的主观因素寻求内动力。什么是持久的内动力？就是学生必须从一门课程获得学习的成就感。语文不是一门知识课程，它本是人的生命行为，是一个人须臾不可分离的生存方式和生存条件。首先就要让学生认识语文是怎样同自己息息相关。阅读课文，是阅读者的一种理智的检阅和情感的体验；写作文，更是自我书写、自我表现的最适宜的方式。语文也可以说是"重新发现自我、超越自我"的一门课程。我后来所总结的"语文是一门心灵的学科，行为的学科，身教的学科"，正是那时和学生一起"实践—认识—实践"的朴素概括。于是，一旦通过语言和言语体验与体现了自我生命活动的过程，就会产生愉悦感和成就感。

但是，尤其重要的是必须把学生的主动性，往学习的正确规范和良好习惯的方向去引导。孙绍振教授在评说我的经验时，说了这样一段话：

> 学生主体性，仅仅是一个贫乏的概念，是没有内部矛盾的转化，是不运动的；只有很会教书又很善于归纳的人，才从数十年的生命体验中，抓住并持久地钻研青少年意志薄弱的矛盾，为学生的主体性灌注了层层深化、不断发展的内涵，从感情性的主体到意志的主体，从自发性的主体到自觉性的主体。就是主体达到自觉了，还要以可操作性的程序，从"各项语文训练中去培养"养成"持久的习惯"。

当年我们在进行改革的试验时，很难说已经有了这样的自觉，但也的确意识到学生学习积极性与持久性的问题。学习语文很容易产生情绪化，一阵情绪过后，旧态复萌，还得从头抓起。而能够巩固和强化学习动力的，唯一是形成习惯，虽非一日之功，而舍此莫由。

初中三年，我们侧重于阅读教学的"自学规程训练"，旨在习惯的养成；

高中三年，除了巩固初中的"养习"成果，侧重点转移到以作文教学为主的"自学辅导教学"。章熊当年的经验，对我影响很深。福州一中和北大附中，应同处一个水平。彼能为之，我岂不能亦为之？于是，我们参考了黎锦熙先生"日札优于作文"的意见，采取每周写一篇"日札"来训练议论的能力。高二那年，选择了不同程度学生写的作文编成《日札集锦》，其中的题目就有：嗑瓜子小议/真正成功者也是失败者/论"白"非"空"/两种"组织管理法"的联想/好老师的标准/神经衰弱病因考/躺着的人所领略不到的/谈孟子的"与民同乐"/《一代人》中的一句诗/我早就想说。个别学生也把自己写的"日札"编起来，并且也写了序。在学生为《集锦》所作的"序"中，表达了对作文的认识和评价——

"高二段太活跃了！"我常听到老师们带忧虑的神情说。"活跃"本是褒义，可一加上"太"就似乎不那么"褒"了。低年级的同学用好奇的目光看我们，高年级的同学用疑惑的目光看我们。所有这些都使我不能安处，我感到有权、有责出来辩白，只苦于拿不出足以使对方信服的材料，现在，我找到了。《日札集锦》是我们高二段同学思想的缩影，它向老师，向同龄人，向所有想了解我们的人展示了我们是不安现状的，是爱思考、要探索、有希望的一代。（林淼）

虽然我们每天擦肩而过，虽然我们彼此打闹，心灵和思想却有意无意地闭锁。心理学家说，中学生心理特点之一就是闭锁性。然而，在铺开的作文纸上，同龄人或多或少道出了郁积的心声，隐藏的思想。这一切，化成了铅字，便是《日札集锦》里那既有共性又富有个性的文章。在这里，我们得到了交流。……姚丹的功力略胜一筹。她的《我早就想说》触及了很敏感的男女生关系问题，她大胆承认了"异性相吸"并认为这是缺乏正常的友谊，大家免不了好奇心驱使所致。在她的挺有力度的语言配合下，这篇文章既充满激情又生动感人。（林进）

《集锦》向你展示了一条通向成功的途径，就是"读书—格物—作文"。这三者之间的合理结构是产生佳作的重要原因。……许多同学作文进步就是因为形成了"读书—格物—作文"的循环机制。……这个机制的形成使得读书与格物从各自局限中摆脱出来,起自然的产物就是触发,触发就是由一个事物感悟到其他事物。有了这个,作文就不是一件难事了。……这里收入的三十篇日札,你看不到"假、大、空"的东西,也找不到"两片相同的叶子"。因为它们都是发自内心,来自对生活的亲身体验,而且"思想也日渐成熟,目光也日趋敏锐,文章也日臻充实和完美"(《日札断想》)。同学们也渐渐从感性认识进入理性的思考。(李帆)

我之所以不惜篇幅,一再引用学生的话语,就是为了说明,在那个年月,我们的学生的确是体验到了"解放"的喜悦了。他们从作文里找到施展主体的机会,尝到了做"主人"的感觉。其实,这一种感觉,在初中的阅读课上就已经反复体验过了。那时,我们培养学生学习兴趣的主要方法,是让他们直接向课本"问话",即从诵读感悟进而思考发疑,每人都在一种叫作"预读课"上独立做好准备,然后在"议读课"展开讨论,最后在称作"范读课"上进行规范性的梳理和总结。特别是从学生的预习提问(问疑作业)中,我们总结了几种"思考发现"的方法,反过来再用以指导学生。"学"与"教"的不断良性循环,大大改变了课堂教学一言堂的面貌。整个过程,教师只是充当组织者和辅导者,这二者加起来便是主导者。"以教师为主导"这句话,当时有过短暂的争鸣,其实,"主"字在这里是当动词用,"导"才是中心词,有人认为一课不能二主,那是错会了"主导"的含义。著名特级教师颜振遥曾经致力于"语文自学辅导教学"多年,他主张用"辅导"这个概念,我很赞同他的观点,尤其敬佩他自编自学辅导教材,坚持不懈地深入课堂亲自做着"田间试验",于是特地请他到福州一中住下来,给两个教师志愿者当试验的指导,只有短短的一年,学生就养成了自读课文的探究习惯。启发引导学生自己先学,甚至也不妨制定出若干要求,拟出几个规矩来,使每个学生都懂得应该怎样"自奋其力""自致其知",我认为这应该作为义务教育阶段语文教学改革的一个主项。回想起三年"阅读自学规程"的课堂教学情景,和今天多数看到的课堂对话与互动一比较,是大相径庭的。对话,必须是双方、多方都有话可对,而且还必须是真正有准备的"对",而不是被教师临时叫起来的被动"应对"。一切好东西,只要变成纯粹的形式追求,就全无价值。课程改革所期待的一个最根本的突破，就是学习方式的转变。语文教学百年低效的症结，不在"文"与"道"的倚轻倚重、你死我活，而是由于以教师和教材为本位的授受方式的殊难改变，学生的主体地位终成虚设。课堂上不少学生的活动，实质仍然是受动的；就是自发的，也很少能被引向自觉。既然必须落实以学生为主体，那么语文课程要实施学习方式的转变，就应以指导"自学"为总目标，把自学能力训练贯彻到整个过程，最终也仍要以自学习惯是否养成为检验标准。想想三十年来，我所潜心积虑的，无非是贯彻叶圣陶先生"所贵乎教者，自力之锻炼"的宗旨。1963年叶老为福州一中写的十六字题词"何以为教，贵穷本然；化为践履，左右逢源"，让我永远思索不停、实践未已的，就是如何穷尽语文课程的"本然"，依照其本然去教去学——使学生自身的语文习惯，从不自觉到自觉，从不规范到规范，从课堂"学得"成功迁移到课外"习得"，"逐渐去扶翼，终酬放手愿"。我说过，如果再假我十年二十年的生命，我仍然还是要为这一目标去努力以赴。

　　80年代的"教改"试验，曾意外地获得一个"中小幼教学改革'金钥匙'奖"，我一直不敢太肯定自己，可是今天想想，确实还是值得回望的。这一段历史，在我的《语文教臆（上）》中已经有较详的介绍，这里就不细说了。

　　上世纪末的十年间，语文教学虽然没有停止过改革的步伐，但似乎乏善可陈。国家的素质教育开始向应试教育发起总攻，后来人们发现，应试教育也是国家的一支强劲的部队。城外战鼓喧天，杀声阵阵，城内却依然幡旗招展，我自岿然不动。明显的是应试教育始终占据强大的地盘，就是现在吧，连新课标这最为现代的新式武器，也好像并不在它的眼里，甚至"改革"还要看它的眼色办事呢。不是许多学校的选修课，就瞅着高考考什么就修什么吗？不是高考的作文一概"文体不限"，教师明知道学生是什么文体都不会，也懒得去教会吗？在这样的形势下，过来人发生点怀旧的感情，实在很难避免。

　　其实，应试是一个永远绕不开的话题。教和考，本来是正常教育过程中互为关联和适应的两大因素。而中语会成立后，语文界对"应试"也一直保持着既适应也批判的清醒态度，然而更多关注的是探讨语文教育的自身规律，以及如何按照母语规律改革教学，提高效益。国门开放，引进了不少国外的先进思想、经验和技术，可是在语文界，前二十年，更多的是教师自己的本土化的经验概括，其中并不乏创新的思想和有效的改革成果。殊不料在世纪末，却闯出了高举"人文教育"的一彪人马，对准了所谓"工具论"的虚拟敌大张挞伐，在一阵凌厉的声讨之下，自家的那些改革成果连同教师经验话语，似乎一夜之间就全然销声匿迹了。这又是令人感慨不已的。

  语文课程的效益低下，是个历史性、全局性的问题。课程改革是时代发展的必然，也是和吕叔湘先生当年的声音遥相呼应的。中国语文教育改革的最近三十年，也许仍有失误，但成绩是不容轻易抹杀的。在回望与寻思中，我想起毛泽东当年讲过要研究现状，不要割断历史，不要"言必称希腊"。这几句话，是值得今后的改革者深长思之的。

2002年1月1日

回归本然的语文课堂

(兼评福建省首届高中"本然语文"高级研修班公开课)

我先给大家说个微信上的一段对话。某公司招聘精英人才,问一个应聘的人:你是干什么行业的?他说:我是做有关IT通讯的服务。接着又问:你能不能具体说说是怎样的服务?他说:我是在人群密集的公共场所提供技术咨询和及时服务。招聘方继续问他:你能再说得具体一点吗?他就说:就是从事智能高端电子通讯设备表面高分子化合物的平面处理。可对方还是闹不明白,要求他最好能说得明白点。你们知道对方最后听到什么吗?

"我做的是手机贴膜。"

现在我们的语文,也许就是手机贴膜这么简单明白。但是我们把它弄成了像电子通讯设备表面高分子化合物平面处理,做得很高端,很智能,这样处理,那样处理,实际上就是手机贴膜罢了。我觉得这个段子跟今天我们的这个活动主题很切合。

为什么有人提倡"本然语文"?一个话题的产生,一个概念的提出,后面肯定是针对有个什么东西缺少了。少了这个东西,就有必要指出来。为什么搞生态农业?因为农业不生态。为什么搞和谐社会?因为社会不和谐。为什么提出中国梦?因为许多人没有梦;或者有梦却没有与中国发展联系起来,他只做个人的梦。为什么搞"本然语文"?看来我们的语文不"本然",忘了"本",违背了语文的本真。所以,我想,我们今天搞这个活动,不是来看三位老师的课上得怎么样,给他做个评价,来评点一下,而主要是通过这么一种活动,大家都回去想想,我们的语文课是不是失真了,模糊了。主要是这个意图。关于这一点,刚才老师们讲了很多。我觉得,目前的语文教学,特别是语文课堂,有几个问题必须讲。最重要的一个是承载过度,是个过度化的问题,什么目标、内容都要求它承载,太沉重了;第二个,花样甚多,花团锦簇;再有一个就是涂饰太厚,也就是装饰得太多了。所以有很多人——是圈外人,并不是圈内的——,都说语文已经不像语文,没有语文味了。

一个口号的提出,一个概念的提出,都是有针对性的。我们来看看这个针对的对不对,如果针对不正确,无的放矢,说明它没有意义。搞"本然语文",是什么意思呢?先前已经有过很多语文,有"生态语文""诗化语文""无痕语文",以及什么"语文"什么"语文"等等。那么提出"本然语文",它的前提究竟是什么,主张对不对?这就是我要讲的第一个看法。

第二个,就是叶老当年在福州一中的那幅题词。过去我已讲过多次,今天不重复这个过程。我只想举出一个事例,因为我是见证了这个事例的。我现在思考的是:叶圣陶在1963年为福州一中题词,早先它不叫"何以为教,贵穷本然",他写的是"贵穷本原","原来"的"原"。当时就这么写,我记得一清二楚。但是,过了二十年,——他是1963年写的,到1984年,我在北京开人大会的时候,去拜访他,提起这件事。后来他让他的孙女给我写信,特别交代如果要引用他那句话,请把"本原"改成"本然"。那么,我思考的是什么呢?就是叶老为什么要把"本原"改成"本然"?这是我也想让大家思考的第二个问题。

"本原"也很好啊。什么叫"本原"?查一下2002年版的《现代汉语词典》:"本原,哲学上指万物的最初根源或构成世界的最根本实体。"这应该是最接近事物本质的、最概括的、最恰当的一种解说。那叶老为什么要把它改掉,换成一个非常普通、十分表面化的"本然"呢?我多年来一直在思考这个问题。我觉得,在这里,他告诉我们必须把语文、语文教学看作是最平常、最普通、最实际的一件事,不要把语文搞得高深莫测,把事情搞得太复杂,丈二和尚摸不着头脑。

我这里再引用叶老的一句话:"国文教学并不是一件深奥难知的事情,只要不存成见,不忘学生实际,从学生为什么要学国文这一层仔细想想,就是不看什么课程标准,也自然会想出种种的实施方法来。"我请问大家,你们谁能把课程标准背下来？你们每学期上课前有没有把课程标准先看一遍？看来都没有。但是，我们每天又都在教。不用看课标，我们都知道怎么教。但是有两个条件：一个，不存成见。一个人头脑里会有很多成见，我们头脑里也有不少教语文的成见，动不动就认为在课堂上应该怎么怎么。比如说，课堂上要互动，要对话。我并不否认三位老师的对话、互动，但如果今天这三节课都是老师一个人在那边"动"，从头到尾在讲，难道就不可以吗？难道老师在动，学生脑子就不动吗？我们过去都是这样子。我年轻的时候，就是从头到尾讲下来的；当然偶尔会提问一下，学生有时也会举个手。都在互动啊，都在对话啊。那是潜在的对话、间接的对话啊。如果每节课都要你说我说，问问答答，这样才叫作课改的新精神，头脑存了这"成见"，那就很糟糕。更重要的是另外一句话，叫作"不忘学生实际"。今天我在这里不想全面展开解释什么叫"本然"，我只讲一点，王立根老师再三交代，要做减法，把不要教的减掉，只留一点要教的。也就是说，"本然语文"的语文课，一定要针对学生的期待和需求。学生希望你帮他解决什么问题，这就是你这堂课应该教的内容，它就是"本然"的，就是"本色"的。

  我们可以拿课堂教学和个别辅导做个比较。个别辅导有没有像课堂上那样教？绝对没有。因为会去找老师辅导的，都是带着问题去的，不是让你把这篇课文从头到尾再讲一遍，把某个知识点像上课那样再过一遍。没必要。他总是拿着课文或学习某个知识过程中不明白的地方来请教老师。你不会觉得那样的辅导最有效吗？上课得不到的东西，要个别辅导，为什么？有针对性。一定要针对学生的期待和需求去教，这就是"本然"，因为本来教学就是要解决学生的实际问题。所谓"学生主体"，就表现为学生学了以后发现有什么问题，需要你老师来教我。这就是我经常讲的，教与不教有什么不同。如果没有老师教，我的阅读只能停留在这样一个水平；我是希望老师帮我解决一些问题才来上课的。我们教师就要带着这个去准备。这就是我所比方的"买方市场式"的语文教学。要根据买方需要什么，我才供应什么。而现在我们的教学是"卖方市场"的教学，我卖什么，你就买什么；我没货，我就不教，不卖。教师变成专门做自己库存的供应商，学生只是被动接受，课堂非常沉闷。我们经常看到别的学科课堂上，学生有什么问题，下了课围着老师问。语文课几乎没有，上完课，学生就不知道该问什么，不会向老师再请教什么问题。总是没有疑问，没有想法。只有到了考试考完之后，才拿着卷子找老师：为什么这里扣了2分啊？到这时才问，平时从来不问。为什么？因为不是他在学啊。他的期待没有表现出来，他的需求没有反映给老师，你教的并不是他所要学的。

我们学校（福州一中）一直在抓一件事：预习。先了解学生已知什么，未知什么。有些看起来已知，其实是未知。我们的语文老师很辛苦，除了备课，还要看他们的预习作业，然后根据预习作业再备课。因为有的学生很认真，一中的学生学习的自觉性很强，有的写了三四页预习笔记交给老师。每个学生都养成了这种习惯。

这里其他不说，我只讲这一点：你备课的时候心中有没有学生的问题，有没有针对学生的期待。当然，有的老师说了，我怎么可能了解每一个学生的期待，怎么了解他希望我教什么。的确不可能。每一节课都这么做，甚至也会增加学生的负担。但是，这时候老师可以根据他的经验去推测。这种经验来自他平时与学生的交往，课堂的交往，课外的交往。在大量的交往中间，他会预测到学生可能存在什么实际问题。比如说，老师觉得一篇课文精彩的地方，学生一般也能发现它的精彩；老师觉得困难的地方，学生一定也会有困难。了解学生并不是一件很难的事情，但是要看看你有没有自己教学经验的积累。你教完一篇，拉倒；再教完一篇，拉倒；从来没有反思自己的教学，从来没有从学生的作业或试卷中去发现问题，没有经常了解学生的学习状况，那你就不可能进步了。我觉得语文教学发展到今天，最突出的问题就在这里。因为我听了很多课，发现很多课听起来都感觉"教"和"没教"没有两样。为什么呢？你所讲的这些东西，好像学生基本上都已经掌握了。要让这堂课教得有实效，不一定就是高效，就要解决这个问题。

什么叫教学目标？教学目标就是让学生在这堂课上学到了什么。

我们可以看，今天这几节课，你如果作为学生，你觉得在这三节课上学生究竟学到了什么。

王荣生教授介绍过美国课堂有一种课堂观察前的准备工作表和观察后的反思表。有十项内容，我们看看它关注点是什么：

(1) 对该班学生进行简要介绍（包括有特殊要求的学生）。

(2) 该课的教学目标，即学生在这堂课上将会学到什么？

(3) 为什么教学目标是适合这些学生的？

(4) 这些目标是怎样来支持学区课程以及内容标准的？

(5) 这些目标是怎样与更广泛的课程目标相联系的？

(6) 计划怎样调动学生参与到教学中，你怎样做，学生怎样做？

(7) 在这一领域，学生面对的主要困难是什么，你打算怎样去克服这些困难？

(8) 你上课需要哪些教学器具（列举）？

(9) 你打算怎样去评价学生？你用的评价程序是什么？

(10) 你对评价结果将如何处理？

我不想专门评点这几个老师的课，但在下面听课，听到老师讲到这里，感觉这个地方好，那个地方有问题，偶尔记下来。想想这篇课文，如果我来教的话，我会针对学生的什么实际问题。根据我的经验，这个班级如果是我熟悉的，我可以先看学生的预习笔记。

《小狗包弟》这篇课文，读起来不困难，但是要感受巴金的情感，会有距离。很多作品都这样，读起来没问题，不觉得哪个句子有困惑，但深入到字里行间，有时候就会产生问题。这个时候怎么办，学生要不反映上来怎么办，你就要替学生发现。这就是我刚才说的，老师要根据自己的经验来提出问题。所以，语文课设计问题非常重要。我听过很多课，发现老师提的问题都很"平庸"。《小狗包弟》要教什么？巴金为了一只小狗写了一篇这样的文章，这篇文章的意义远远超过他对小狗的一种怀念、一种歉意，而是写出心里的熬煎。在那个年代，恐怕很多人家里养的宠物都有这样的遭遇，唯独巴金为什么要这样想，巴金提到了一个什么样的高度来看这个问题？刚才王立根老师讲得好，读这篇文章，要站在巴金的内心世界去考察，不能站在巴金的身外去评价。课文里有一句话非常重要，如果学生忽略了，老师要提出来。这句话就是："我就这样可耻地开始了十年浩劫中逆来顺受的苦难生活。"小狗的死让巴金感到"可耻"，是"逆来顺受"。这就是个重点。因为"逆来顺受"是民族心理的痼疾，是中国人的精神创伤。

还有一句话可能是难点:"我自己终于也变成了包弟,没有死在解剖桌上,倒是我的幸运……"这句话很反常,照理应该这么说:我自己终于没有变成包弟是我的幸运。这话有两层意思在里面:"我变成了包弟",我该死,我该死在解剖桌上,但我没有死,是我的幸运。这是巴金的自我挣扎,是鲁迅说的"苟活"。还有一句话,这句话也很沉重:"除非我给自己过去十年的苦难生活作了总结,还清了心灵上的欠债。这绝不是容易的事。那么我今后的日子不会是好过吧。但是那十年我也活过来了。"这是怎样的一种"活"呀!所以,巴金自己对心灵的拷问,要学生完全理解不可能,但至少要让学生有感觉。

还有一句:"满园的创伤使我的心仿佛又给放在油锅里熬煎。""满园的创伤"并不是他造成的,正如小狗被解剖一样,这是时代的灾难,是时代造成的,我为什么会因此受煎熬?那么,这段描写与前面的"逆来顺受"有没有联系?这就值得学生去思考。因为学生读到这里也就到此为止,不会再去联系,去思考。备课的时候你自己想清楚了,也就接触到值得思考的问题。上课就是要激发学生对文字进行思考。我们经常涉及的问题都非常平面化,非常琐碎,不能激发学生反复去想。开头一段写艺术家的故事,很简单,学生都看得懂。可是这一段究竟让我们关注什么?老师虽然点到了,但还是应该明确这样的三重意思:人和狗的关系,狗和人的关系,人和人的关系。这样才会解决后面的问题:在那个时代,人还不如狗。还有,为什么多次提到"你的小狗怎样?"平淡之中郁积了作家心中多少痛苦!如果将汪曾祺的《虐猫》对照着读,就会启发学生很多思考。所以,今天我很赞同三位老师推荐的课外阅读,光读一篇课文是不够的,教这么一篇远远不能满足学生的需求,不能满足他的期待。这是我的教学习惯,我教一篇,一定要再陪上一篇两篇,印给他们看,或者告诉他们到哪里去找。

《小狗包弟》有没有必要全方位面面俱到地教?我觉得整体感知还是有必要的,但是,个别字句的揣摩、推敲、思辨,就须针对学生的需求。如果整体上都读不懂,那么这文章本来就不适合做教材。但是,学生的问题往往在个别字句上,你的课堂也许就解决几个个别字句。这就是本然,就只解决实际问题。这堂课如果我来教,我可能花十几二十分钟,我说,你们提问题,你们有哪些不懂，哪个词语哪个句子，哪里觉得理解了，却说不出说不好，说给我听，大家一起讨论。或者指定学生读相关的几篇文章，然后就其中某个问题谈谈读后的感想。布置学生读，交读书笔记，课堂上组织学生讨论，解决他们的问题。要让学生拿话来给老师"对"，而不是老师光拿话来给学生"对"。老师拿话来给学生对，太容易了，有话就对，没话就不对。如果学生能够从四面八方把问题集中起来，这堂课就会上得非常丰富。

应老师那堂课上得不错，内容比较恰当，也比较丰富。但如果用我刚才的标准，针对学生可能提出的问题，坐在课堂上，我会向应老师提问。我会提这样的几个问题：第一，为什么开头就来这么两句"夫天地者……，光阴者……"？写家庭小小聚会，说那大话干嘛？一般文章不会那样写。这两句非常有分量，这是李白的宇宙观，科学的宇宙观；没有这两句，下面写的家庭聚会就失去了前提。像课后的练习，什么"李白俯仰天地古今，……"恐怕没有学生会回答得上来。我有一点和应老师的看法不一样，我觉得这篇文章没有悲伤，也不低沉，倒是很高昂。也没有从悲伤转为开朗，中间没有转换，而是一开始就开朗。因为李白有着非常科学的宇宙观，如果把它写下来，可以讲一大段话。我建议大家在课堂上要字斟句酌，准备做严谨的表达。对这个开头，我可能会这么思考和表达——

>人的一生就是一个时间的概念，每个人都是在各自短暂的时空里出现、存在、度过、消逝，人与世界的关系就是过客与旅馆的关系。人生来去匆匆，如果有这么一个科学的宇宙观、明白的人生观，作为认识的前提，人就活得清醒，活得豁达，反而能拥有真正的自由，而不至于浑浑噩噩，醉生梦死。所以，全文没有流露半点消极感伤悲观的情绪。开头两句有一种恢豁的高昂的情调。

刚才应老师讲"人生浮梦"，"浮"字讲得很好。"浮"是飘浮不定，把握不住自己，那现在就要好好把握自己，享受人生，及时行乐。这是非常积极健康的生活情绪，这是大觉悟。

再说"阳春召我以烟景，大块假我以文章"。"召""假"，能不能换成别的词？"召"，像是招呼"我"停下匆匆的脚步。"假"，好像说，这大好春光只是暂时借给你，可不能让你永久享用，你走完自己的一生，就得还给它。难道不应该抓紧时间好好欣赏一下吗？一个"召"、一个"假"，让人感觉情意绵绵，语重心长。

"开琼筵以坐花，飞羽觞而醉月。"酒壶酒杯在"飞"，情绪也在飞。应老师讲得非常好。但仅仅是频频举杯，不足以表现"飞"的状态，所以最好想象为推杯换盏，觥筹交错。"琼"，玉部，有光彩。不光是佳肴丰盛，而且是品色多样。——这桌菜真美啊！"醉"，仅仅是月下醉饮吗？李白《月下独酌》写道："举杯邀明月。""醉月"应是"邀明月而共醉"，把月亮比作了有情人，这个境界不同凡响。那么"坐花"，学生也许马上可以联想了，仿佛是"与花坐在一起"。这就是应老师说的"鲜活"。这样，花跟月就不再是点缀夜宴的客体，而是共享天伦之乐的主体了。

"幽赏未已，高谈转清。"这里应该是写了两拨人。"独惭康乐"这话，我一直想，应老师能不能把"惭"字再讲清楚些。他虽然讲了，但请大家注意，不要忘了"独"字：我李白唯独只对康乐感到惭愧不如。可见这话既谦虚又自我。

这一课应该归纳成几点来解读李白的诗。

一是内容方面：爱惜时光，珍重亲情，享受自我。

二是短章小幅，内容丰富。可参考前人的评价，如《古文观止》。

还有一个地方，我还想提出来和各位一起研讨，我没能很好解答。应老师说"小场景，大气派"，你们都带回去想想，从两方面去想：1. 场景虽然小，但是……；2. "小场景"，需对"大……"。我听课的过程一直在想，却不尽如人意。

我们所讲的"回归本然"，就是要回到课堂上，解决学生普遍存在的一些问题；如果个别还有问题，就个别辅导。要把现在附加在语文的许多无厘头的东西剥离掉。我甚至觉得韩愈的那句话"师者，传道受业解惑也"，而语文课的"传道""受业"并不是最重要，因为课文已经在"传道"了，"解惑"才更重要。解了惑，道才能传得好；学生还有惑，你传什么道？"受业"，就是传授解惑的方法。打通了他，他没问题了，这个"道"就"水到渠成"了。

所以，我一直坚持一点：文讲好了，道在其中。我也一再主张：语文课是教形式的课，不是教内容的课；不是侧重在讲言语的内容。我们从语言文字进去，到了"道"，到了内容，但不能停留在内容，要从内容再回到形式。当然可以反复多次，但归根结底是回到形式，这才是完整的语文课。从语言文字入，又从思想内容出，学习怎么理解和运用语文这个工具，而不是为了学习语文所承载的东西。这才是语文课程的基本任务。

我今天只讲这几点。谢谢大家。

2014 年 10 月 31 日

（根据录像整理修改。）

回到态度与习惯

(与福建教育学院"语文名师培养对象"的读书交流)

  一切告诫与规则，无论如何反复叮咛，除非实行成了习惯，全是不中用的。

——〔英国〕约翰·洛克

一、"非关病酒，也不是悲秋"

  一直很想有人能告诉我：文本解读成为语文课改的中心话题，受到广泛的关注差不多有十年之久，而课堂教学究竟有什么明显变化？学生的阅读成绩，又有哪些明显的或渐进的提高？

  学术界倒是出了不少研究成果，无论是认识论的还是方法论的。要使之转化为实践操作，收到教学成效，不可能立竿见影，原也很正常。今天所谓的文本解读，过去叫课文分析；分析什么，怎么分析，分析的效果怎样，历来也都存在得失利弊，虽然只针对一篇或一类课文，没有上升到理论高度，毕竟有的放矢，具体而微，教师好懂，学生受用。现在我们之所以需要学术研究的引领，就是希望个别的经验能进一步有法可依，有规可循。但是我想，做任何一件事，要从个别到一般，变自发为自觉，由盲目到清醒，除了需要理论的开导，更要取决于做事人的态度和习惯。被孙绍振教授尖锐批评的所谓"不称职的教师"，说他们有一种办法是"蒙混过关"，这话说得很严重，但我认为，绝不是他们有意想"混"，乃是朱光潜先生所针砭的懒惰、粗心和自满，已经习以为常，近于麻木不仁。所以也不要只简单地诟病教师的素质低，教师也不要一味地悲叹时间不够负担重，"非关病酒，也不是悲秋"。就语文的文本解读来说，无论从教还是从学的角度，我觉得现在都要把目光转过来，去看看最起码也是最关键的态度和习惯的问题。说到不称职，不是说教师不敬业，可能指的是缺少求真求实求精的专业自觉。如果在文本解读上功夫下得不够，不重视独立钻研和教学反思，不注重以自身良好的读书习惯为学生示范，并有目的有步骤地落实到严格的训练中去，就必然会影响到学生的学习行为和学习效果。课改改来改去，改不出什么明显效益，也许根子就在这里。专家学者有再多再好的科研果实，就像我过去所说的，只能是"孤独地挂在树上"，可供鉴赏而不堪食用——不是没有营养，而是没有胃口。没胃口，总不免要去怪食物难消化。

这，会不会是我的主观臆测，杞人之忧？

二、"入境始与亲"

回想我中学时代学语文，最关心的是上课笔记是否记得周全，因为那时的考试就是力求答案要和笔记"对准"。一到了课外阅读，没有教师的笔记可供参考，只能自去摸索，哪怕是全然摸黑，也是付出了自己的心力。我开始读鲁迅就是这样，全是瞎猜。钱梦龙老师赞许我的文本解读是"'用自己的心'在'读'"。这本不值得一说，但"用心"和"用眼"毕竟不同。瞎猜，就是眼睛不管用了，只好用心。语文与其他课程最本质的不同之一，是拿文本做教材。文本是一个个编织完美的文字网络，一幅幅足供审智审美的语言画卷；其他学科的教材则是一个个抽象概括的认知对象，一张张严密编制的知识缩图。面对后一种对象，学习主体可以审视，但一般不可能也不必要进入。而形象可感的对象，主体如果只审视而不进入，所获必定肤浅。叶圣陶说过，文字是心的表现。他认为"'感'比较'知'深入一层，'知'是我与事物对立，从我'知'彼；'感'是我与事物融和，彼我不分"。解读文本，就要求与所读的对象"融和"。不能抱着我来"知"你，我来"分析"你，我来给你做"结论"的态度。学习语文最忌"知性分析"，知性不但不能"掌握美"（黑格尔），而且会大败学习的胃口。现在已不太习惯用"课文分析"这个说法，也许就因为"分析"容易导向"知性"。但"解读"就一定不会解得枯燥乏味吗？完全有可能。"知性解读"在语文课上大行其道，一直很难扭转。师生不能进入文本，仍然是个普遍现象。

过去十分强调要"吃透两头"，其中一头是教材。依我的经验，吃透，与其说需要反复钻研，不如说需要深切体验。"作者胸有境，入境始与亲"，文章情境（包括话题）如果进不去，达不到"仿佛若出吾之心，仿佛若出吾之口"的境界，就很难产生出自己的语感。所以有人问我，为什么我们读不出的意思和情味，你能读得出来？我说很简单，你大概还没有"进去"。课文熟，是"进去"的重要标志。当年教鲁迅的《风筝》《记念刘和珍君》等我最喜爱的那些课文，我都准备到了能够全文背诵的地步。备课时如果只是怀着好奇心与神秘感，就很难体验陶渊明说的那种"每有会意，便欣然忘食"的陶醉感，教起课来也不会感到有出自生命体验的鲜活与熟练。所以应该把"以心契心"视为"我与事物融和"的一种审美与审智的自觉。从负面说，课文不熟，就难免落入"套版反映"，就会拿现成话不断重复，就会常去翻书本看教案，就会老想着借助PPT。这样的课，给人的印象就如同贩卖二手货，或出手旧货，甚至还会掺假，是假货。

举些例子说。我在解读《背影》《老王》《羚羊木雕》《雨巷》这些文本时，每次总像是在和人物一起讲述或温习一段故事，都会有个人的相似经历和情感被唤起，产生融入到作品字里行间的深切体验。虽然是为备课而读，竟全然忘了是在备课。所谓教师首先要做一个"理想的读者"，大概就是指的这种原生态的阅读。读《老王》，我想到了"文革"环境的危恶与人际的冷酷。解读这篇散文的文章可谓多矣，虽然见仁见智，却难免隔膜，几乎都把作品当成小说来做人物形象分析，分析的结果是一种看法变化为几种说法。而我认为作者更注重表现的，不是语言"能指"的人物的善良与愧怍，而是时代的伤痕与创痛，是大伤痛反射到人物身上的痛苦与隔膜。被作者蕴蓄着的这一"所指"，必须通过细读细品才能读得出来。因此这篇作品的容量要大得多，具备了较大的多元解读空间，但这恰恰是这一代教师和学生"未能进入"的局限。

《雨巷》的孤独感和空虚感，也是我在反复诵读中的一次次无法回避的情感体验，它大约同我的大学生活有某种相关。我用"'丁香'的意象的还魂与重塑"为题，就带有抚今追昔之感。

前一段我在准备解读《雷雨》（节选）。这篇课文我没有教过。由于上个世纪 60 年代多次看过福建话剧团的演出，印象中周鲁相见这一幕，总是等着看"性格冲突"：悲愤的控诉，虚伪的掩饰，无情的拒绝，残酷的撕毁。这个印象和我后来听过的课和读过的课例，又多次重叠，仿佛已经成了唯一解读的模板。可是我在反复阅读全剧，并试着把这一幕的台词表演似的过了几遍，发现感受很不一样，读出的是一种悲剧的人情味，或人情的悲剧味。鲁侍萍为什么没有把一腔怨恨都投向周朴园，而是归之于"命"？她为何把自己的不幸遭遇说成是"报应"，而不是被侮辱与被损害？这难道就是因为她的觉悟低？曹禺说，他要表现的是"自然的法则"，是"天地间的'残忍'"，是"一种复杂而又原始的情绪"。因此他希望读者要以一种"哀静的心情"来观赏，我每一次读完这一幕，总是掩卷太息而久久低回不尽，大概也就是感到"沉静的悲哀"吧。如果这是一部社会剧，写的是阶级情仇，人物的对话就决然不是那样富有柔韧的张力，一开始就应该闻得出火药味来的，但真实的感觉绝不如此。从这一幕的人物对话中，我似乎也能隐约读出我父母婚姻悲剧的一些影子。

总之，我认为与文本对话，要达到"心与言谋，神与文通"的"以心契心"，既不关理念，也不靠方法，靠的就是读者态度的认真和严谨，唯有这样，也才有可能消化理念，领悟方法，积以时日，语感才有可能由模糊变得清晰锐敏起来。

三、"一字未宜忽"

说起学习借鉴，回顾自己走过的路，我觉得能够记住前辈或同辈一两句朴素而精辟的经验话语而努力践行之，就值得终身受用了。有些话虽然朴素，比起那些仓促构建的理论术语更贴近本然和揭示本源。如果我们在践行过程中又不断加入自己的探索与创造，那便成了个人专业发展的无限增长的财富。这会不会就是"草根"独具的活力？我想是的。像我经常提到的，叶圣陶的"教是为了达到不需要教"，"不要抽出而讲之"，朱光潜的"不能懒，不能粗心，不能受一时兴会所生的幻觉迷惑而轻易自满"，苏霍姆林斯基曾引用的"为了这节课，我准备了一辈子"，孙绍振的"多元是一元的层层深入"，余应源的"语文教学中，言语内容的理解是为实现言语内容的途径——言语形式服务的，'言'是主体，是根本，'意'是手段，而不是目的"，这些言说在我看来，都十分精辟，甚至堪称经典，在自己的教学和研究中都经常得到应用和印证。

叶老有一句人们耳熟能详的话叫"一字未宜忽，语语悟其神"。这既是态度，也是习惯，是阅读教学必须坚持历练的一个基本项目。我原来的语感也平平。早年备课也多半只注意那些有明显修辞色彩，或有突出强调作用的关键词语。但我似乎从童年开始，就对人们的说话怀着一种欣赏的兴味，初中又从鲁迅作品里感到一种文字魔力的吸引，只是还不懂得如何思考品味。真正开始知道需要下一番咬文嚼字的功夫，是在福州一中任教时，从几位老教师备课时的"神游字间，目透纸背"，上课时的从容而酣畅，自觉领悟颇深。后来读到叶圣陶的"甚解岂难致，细心会本文"，"一字未宜忽，语语悟其神"，又看了他和朱自清合作、各自为《精读指导举隅》所做的鲁迅《风波》和《药》的解读，方茅塞顿开，觅得津梁。于是所有的精读课文，我几乎都会通篇采用"句问点批"的方式，先"自己提出些问题来自己解答"（叶圣陶语），来训练语感，设置问疑。长期下来，揣摩语言，设问自答，已成了我读文听话、识鉴一切语文行为的习惯。这在《如是我读》中可找到不少例子。钱梦龙老师说我"尤能在被多少人解读过的'熟文'中读出新意与创见"，我想，这首先是因为从来不存在熟透、熟烂的"熟文"。文本的最终意义，是作者和读者共同创造的无止境的价值生成。解读是个不断发现的过程。"多元是一元的层层深入"，说明深入是无穷尽的。只要养成细心探究的习惯，那么读出新意与创见，完全是有可能的。

前不久在福建师大文学院听一个四年级学生试教陆蠡的《囚绿记》。我曾写过《〈囚绿记〉探究二题》，那是多年前一位年轻教师上完课后向我提出一个疑问，这个疑问我听课时没有意识到，当时我用复句分析的方法，帮她解疑了。这回听课，上课的是一位毕业试教的本科生，她的一个发现令我惊异，那就是文章的第5、6自然段，写到"我怀念着绿色把我的心等焦了"之后，作者连续写了19个以"我"开头的句子，极力表达"我"对绿的渴盼与欣喜。被她这么一点拨，我忽然发现有一种纯个人的自私的固执情感支配了全文，这会不会是"囚绿"内心情绪的似刻意又似无意的渲染？在解读中为什么竟没有被我发现？如果仅仅注意的是第10自然段后的内容，"囚绿"的主题必然将被冲淡、削弱，而最后的"释绿"就会因此而过分凸显。那就不是"囚绿记"而是"释绿记"了。这位尚未走上中学讲台的毕业生，对似乎并不起眼的19个"我"的发现，虽然还未能进一步做深入的解读，但对我的文本研读却有极大的启发，如果不听这节课，也许我就只能停留在原来的解读水平；虽然探究过了，而体验还是肤浅的。这也可以发现"看"与"读"的效果不同。在"看"文本的时候，那多个的"我"未必一定会进入视野，"读"的时候就会因其纷至沓来的语流声势，带着读者深入语境文脉而抵达文本的内蕴。可见阅读习惯，就是要在不断的揣摩品味中去熟练强化，求得语感更丰富、更敏锐、更细密。"文章不厌百回读"的道理也就在这里。

也许有人会问，像文中的"我"这样的普通代词，能算关键词吗？我认为说"关键词"而不说"重要词"，正说明"关键"不仅仅是"重要"。它当然是重要的，但它的重要，还体现在能扮演关联照应的角色。《囚绿记》抒写自我情绪十分强烈，就靠的这许多的"我"来贯穿和强调。如果少写了或省略了，意思虽在，效果就不同了。所以关键词不能孤立地看，意蕴深刻的是关键词，在全文中能够起着关照彼此、串通文脉的，也是。

最后，我想再谈谈习惯与方法的关系。在题为"得法养习　历练通文"的那篇文章里，我把"法"与"习"并提，是表明二者是分不开的。孙绍振教授所指出的"在方法上，习惯于从表面到表面的滑行，在作品与现实的统一中团团转"，就是既针对方法，又直指习惯。但我更注重的还是习惯。而习惯却难给它定义，无法概括抽象成法则。《现代汉语词典》解释"习惯"是"在长时间里逐渐养成的、一时不容易改变的行为"。从彼此的关系看，应该是有了一种行为习惯，到了需要和别人交流的时候，才会去想出或说出些有效的方法来，不可能是先准备好了一套方法，然后再去运用而形成习惯，改变行为。方法可以形诸文字，习惯就像佛家的"不立文字"。习惯养成到了熟练的地步，才有可能总结出方法和规则；当然，反过来说，一旦掌握了科学的学习方法，熟悉了原理规则，养成习惯也会更熟练更自觉。所谓"熟能生巧"的"巧"，既是方法技巧，也是能力智慧，都从"熟"中来。

　　文本解读的方法技巧是需要掌握，也是可以掌握的。但我们也注意到，今天在"课改"的名义下，语文课堂有运用所谓"科学理念""先进方法"来指导教学，却是根本背离阅读常态和认知规律的案例。据说前不久在南京师大举办的"两岸三地中学散文教学观摩研讨"活动，就有某教师上《想北平》，要求学生各自说出是用什么"知识、方法"去读一篇散文的荒谬做法。教师所举则有用修辞、语言、文章布局、叙事方式、抒情方式等等，其观点是，因为借助的知识不同，所以读出来的内容就不同，体验也不同，因此高下有别。其目标是让学生"通过合适的知识、方法""构建和这一篇散文的关系"。听课者没有看到学生在课堂上的阅读生态，不曾发现教师对他们的读书习惯和能力有何具体的启发引导，相反，学生却被教师用所谓"用什么去读"的莫名其妙的指挥棒玩弄得团团转，到头来什么也没有学到。刘菊春听后的感想是：学生"心中无知识"，能力如何提升？我看还不是提升不提升的问题，学生自己能够学的习惯和能力被糟蹋到毫无自信，则是更为可怕的后果！

　　说到这里，不能不涉及所谓"教教材"与"用教材教"的区别问题。"用教材教"，据说是为了要教出"课程内容"。那什么是语文课程内容？不就是"学习语言文字运用"的一系列方法、技能、态度、习惯吗？单就"读"和"写"来说，不就是叶圣陶先生所说的"怎样阅读才可以明白通晓，摄其精英；怎样写作才可以清楚畅达，表其情意"的"讲求方法"吗？不就是过去老师们都知道的不但要教学生"读得懂"更要"懂得读"吗？"教教材"与"用教材教"原本就是统一在一起的一件事，怎么会是彼此对立的呢？曾经有一位专家说什么要实现"从'教课文'到'教语文'的美丽的转身"，不教课文又何从教语文呢？如果教师在"教教材""教课文"的过程中，能够切实针对学生需求，认真落实课标要求，有效提高教学质量，难道不就是"教语文"的美丽现身吗？还有什么转身不转身的问题呢？可见，回归本然，回到常识，回到过去成功的经验，避免追新猎异，推倒重来，在我看来，是需要大家达成共识的时候了。

　　总之，无论检视自己解读文本的粗浅经验，还是针对当前语文阅读教学的现状，我主张语文教学现在必须回到学习态度和学习习惯这最根本的起点上来。就"得法养习"而言，不得法还不要紧，如果已养成了不良的习惯，问题就严重得多了。扭转学生语文学习的不良习惯，首先应该成为课改的一个重要项目，一个长期的集中的改革目标。要改，不管是针对态度还是习惯，都要制定出整套的方案，持之以恒地长期抓下去。关键是，教师先要从自己做起，以独立的认真的有效的文本解读，率先垂范，逐步引导学生知学勤学乐学，得法养习，历练通文。其事虽凡，而厥功至伟！

欢迎大家批评指正。谢谢！

2013 年 6 月 21 日

答桑哲问

桑哲（《现代语文》执行主编，以下简称"桑"）：语文作为一门课程，您是如何理解"语文"这个概念的？

陈日亮（以下简称"陈"）：虽然通常也用"语文"指称语文课程，而"语文课程"和"语文"本是两个不容混淆的概念，从来许多分歧论争，多半都源于二者的纠缠不休。语文，就是口头语言（言语）和书面语言（文字）。有人坚持把"文"解释为"文学"，好像这样就高出一等，"人文"也就得以彰显。可是"文学"是什么，不就是语言或言语（口头文学）的艺术吗？"文学"能离开语言文字吗？讲文学作品不是还得从语言入手吗？汪曾祺是最懂文学的了，他敢说"写小说就是写语言"。中小学语文教材，选进了不少"非文学"的文章，但绝不可能选"非语言文字"的文章。蜗牛角上争何事？少一些"语文是语言文字还是语言和文学"这样的争论，对语文的健康发展只有益处，没有害处。

"语文课程"又是什么？顾名思义，是学校里一程一程地有计划有步骤地教和学语文的功课。通常的说法，就是教学生如何正确理解和运用祖国语言文字，怎样正确听说读写的一门课。叶圣陶先生有他更明确的说法："怎样阅读才可以明白通晓，摄其精英，怎样写作才可以清楚畅达，表其情意。"可见"语文课程"和"语文"是既相同又不同。相同，是它们都涉及语言文字所表达的内容，也就是叶老所说的"精英"和"情意"；不同在于，没有进入"课程"的语文，人们可以只关注语文表达的内容；一旦进入课程，更关注的不是"什么"而是"怎样"，即语文内容是"如何表达"的，用句老话说，就是更关注"文以载道"的"载"。不能正确理解和掌握语言文字的"形式"，就无从正确理解掌握其表达的"内容",因此可以说:文道本统一,形式即内容。

前辈语文教育家和当今语文学者也都持同样的看法。

"国文是语文的学科,在教学的时候,内容方面固然不容忽视,而方法方面尤其应当注重。""必须把学习国文的目标侧重在形式的讨究。"——叶圣陶如是说。(见《国文教学的两个基本概念》《关于〈国文八百课〉》)

"不管是被选进语文教材里的这些文章,还是其他课程所使用的教材,它们客观上都有两种价值,一种是它们'所传播的信息'的价值,一种是'如何传播信息的信息'的价值。在其他课程里,人们学习教材,只学前者,不学后者;而在语文课程里,人们主要不是学习前者,而是学习后者。""不着眼于它的'如何传达'的智慧(即言语智慧),而着眼于它所传达的信息本身的智慧,这是我们语文教学最经常犯又最容易被人们所忽视的错误,也是语文教学最严重的错误。"——王荣生如是说。(见《新课标与"语文教学内容"》)

品味大闸蟹之鲜美,是语文;学会如何细吃和深品大闸蟹,是语文课程。前者品尝到了鲜美,好比"人文";后者学着品尝,好比"工具"。在一个"吃"的过程中懂得品尝而终于尝到了大闸蟹之美,是否就是课标所说的"工具和人文的统一"?

桑:在中小学语文教学中,您认为现在存在的主要问题是什么?

陈:现在和过去存在的问题都一样,都是语文教学长期的空耗低效。同样45分钟,别的学科学生学到了实实在在的知识,而语文课几乎没有多少有效信息,要么贫乏,要么空洞,要么冗余。课文本应该通过有效的教学,让学生理解得更全面更深透,可是由于"无效"或"低效",学生不但没能提高阅读能力,就连课文的精要精华精彩也没能学到。不但在"懂得读"方面没有得到多少提高,甚至连"读得懂"也没能达到。上不上课基本没有什么两样。

研究"怎么教"花了不少时间,尤其在那些公开的观摩课上,成为评课专家的主要看点。一篇课文究竟应该"教什么",什么是学生需要学能够学的教学内容,远未引起关注。

其次，是训练项目的长期"空置"。语文课程究竟需要多少必不可少（数量）和必须保证（质量）的练习，才能达到教学质量的一般要求？从来没有认真研究过、试验过，总是原则上说说，随意为之。教材中的"思考与练习"，对一篇课文的教学内容和教学训练，本应具有"规范"甚至是"法定"的作用，通常却被教师任意处置，更常见的是，答案被"教参""教师用书"所统一规定，所谓"多元解读"除了在课堂上热闹一阵，实际还是落空。课外的语文练习或语文实践，基本没有或是完全自流，即有，也多半是做做应试的演练而已。这分明是和其他学科无法相比的，却早已见怪不怪，习以为常，反倒去责怪别人挤占了语文的时间。

语文能力的考试测评，也早已成了"痼疾"。全国就一种中、高考统一招生的试卷模式，靠那样的卷子测试学生的语文能力，到底有多少信度，值得打个大问号。针对大一统的命题，应该大声发问：从来如此，便对么？语文课程标准，如果提供不了关于语文素养和语文能力的科学评价体系，从平时的考查到选拔的考试，全听任现行的考试指挥棒统辖全国中学生学语文，那么课程改革，怎么看都像是在自敲锣鼓自唱戏。教师真正关心、努力在探索的，是能否在那样的卷子上拿高分，是怎么和那硕大的棒子取得合拍一致。如果语文课标实际上管不了考试，那么被教师所漠然弃置，则是必然的历史命运，虽说大家表面上都还在认真学习着，培训着，像煞有介事似的。

桑：语文教学中我们应该如何看待知识和能力？"双基"还要不要？

陈："双基"不是要不要的问题，而是有没有——存在不存在的问题。语文"双基"的一个始终闹不清的问题，是"语文知识究竟是什么"。一门课程连什么是自己的"基本知识"都无法确定，还能叫课程吗？语文课程建设，居然没能提出关于什么是"语文知识"的概念，真是匪夷所思！过去所谓的语、修、逻、文，算"知识"吗？学了有用吗？用在哪里？效果怎样？现在有学者提出语文知识应该包括事实、概念、原理、技能、策略、态度，可以接受吗？其中每一项之"所指"和"能指"，都是些什么？如何呈现？如何施教？如何检验？是需要学理的审定，还是干脆模糊一些算了？把"语文知识"抛在一边，或者只把旧有的简装、改装一下，就看你考试考什么，我就教什么；当考试还在考比喻、拟人等几种修辞方法，我就复习再复习；语法不考，学生哪怕连什么词性句式全都稀里糊涂，我也用不着管。再说，语文知识和语文能力又是什么关系？什么叫"知识转化为能力"？又怎么转化？谁也说不清楚，从来就没有清楚过，套上一句话，叫作"可是没有他，别人也便这么过"。这就是目前的语文"双基"教学状况。现在又有"语文素养"的提法。"素养"是什么？是怎么个"养"起来的？它还需要通过课程知识和能力的传授和训练吗？……如此这般地不断问下去，将会没完没了。

没有对原有"语文知识体系"重新加以审视，就轻易抛弃是不可取的。着手新的知识建构，首先必须进行认真的调查研究，可是这么重要的事，语文界还根本没有引起重视。难道语文知识真的是可有可无吗？

桑：您认为如何培养学生的语文创新能力？

陈：不要侈谈什么"学生语文创新能力"。除了语文，有听说过英语创新能力、地理创新能力、化学创新能力、体育创新能力……的提法么？没有。不知从什么时候开始，就大讲起"语文创新"，是否意味着语文已经陈旧不堪？如今中学生的语文基础普遍不扎实，听说读写都没有过关，高校有怨言，社会不满意，锦没织好，花将焉添？课改以来，被冠以"语文创新"的都有哪些真货？恐怕很多教师都不清楚，也未必关心。"创新"当然是件好事，该创还是要创的。最该创的是什么？是根本改变学生消极应对和盲目跟进的被动学习状态，和养成经常积极主动问疑探讨的主体学习习惯。"创"这个"新"，也许需要语文教师几代人的努力。

桑：对于"新课程标准"您有什么看法？如果您认为还是不能令人满意，那问题在哪里？

陈：语文新课程标准，从文字内容看，很新很全面，尤其是一些当代的教育理念的引进和表述前所未有。但如同过去的教学大纲一样，必须在实践中经过检验，才能评价其优劣得失，现在还不好说。在我看来，目前课程标准不令人满意的，主要是面面俱到却大而无当的话多了些。它几乎可以适用于任何国家任何民族的母语教育，放之四海而皆准，就是缺少自己的民族特色，中国特色。学习掌握汉语母语，难道就没有什么特殊规律，自己的路子？国人学习听说读写，古往今来，都有哪些基本经验可以总结、传承，在课程标准中做出科学的提炼概括？另外，像上面说到的什么是中学生必须具备的

"语文基础知识",语文的技能训练还需不需要,它在语文课程中具有怎样的地位和作用,人文教育和语文训练又是怎样的"统一"关系,这些至关重要的内容,原是每一种语文教科书的编写者都要首先考虑,每一个语文教师每天上课几乎都要遇到的,他们的唯一依据就是课程标准。如果课标表述不明确,或者有意加以回避,这样的"课标"还有标准可言吗?

再说,不少语文教师还感觉困惑:"三维目标"和"三个目标"究竟有什么不同?困惑归困惑,也几乎所有教师都在教案里各按"三维"写上三条以应付检查,而实际上则根本不当它一回事。

课程标准的表述应尽可能简练。大可把文字压缩到一半,让教师容易记住。有些需要展开阐述的,不妨通过"细则"去补充。在我印象中,台湾的语文教学大纲宗旨鲜明,言简意赅,很值得我们参考。

桑:您对最近一段时间关于语文教育中人文精神的讨论持何态度?您认为应怎样更好地贯彻语文教育与人文精神教育的统一?

陈:关于语文教育中的人文精神的讨论(实际上仍然是工具性和人文性的纠缠),我看早应该休矣。有人说"语文工具性和人文性的统一"是个伪命题,我看不无道理。说人文精神与语文教育的统一,这个讲法本身就错。语文教育里就包含着人文精神。我早就说过,语文的工具性,正确的解释应该是语文技能和人文教养的统一。语文之所以和数学并称为工具学科,其本意只是强调它的重要性、基础性和实践性,谁也没有讲过它是排除排挤排斥思想性、文化性、人文性的。语文作为人们须臾不可分离的思维和表达工具,语言文字和思想内容彼此依存,不可分离,是二而一,一而二,我中有你,你中有我,一荣俱荣,一损俱损。二者原本就是一个统一体。如果在语文教学中真有人文精神失落的问题,那不是"语文工具"本身的错,而是使用"语文工具"的人的错。教师没有把文章作品的语言教好,撇开语言形式讲内容,不善于或不屑于咬文嚼字,把思想政治(过去)或人文精神(当今)"抽出来"大讲一通,这样的语文课,失落了多少没有生命的"人文"都并不可惜。

曾经听谁说过这样一段话,大意是:中学除语文的其他课程,都要靠语文"承载",但它们只需"穿过"语文直达所承载的内容,没有哪一个学科会把"如何承载""怎样穿过"作为它的教学内容,唯一把它作为内容的只有语文。语文课程的主要任务并不是学习它所承载的内容,而是学习它"如何承载"。学习了"如何承载"也就同时能够学好所承载的内容。这话说得透彻。我想,更本质地说,语文的工具性,正是由"学习如何承载"的这一基本任务所决定的。

如果还有人一定要讨论什么"语文教育和人文精神的统一",我倒建议改为探讨语文教学如何体现"语文形式和内容的统一"。我们可曾听说这一堂课的工具性如何如何,人文性又如何如何?没有。形式和内容的统一,这个话题更切合教学实际,更贴紧课文,贴近课堂,容易避虚就实,补偏救弊。"着重语文形式的讨究"早晚将成为一个热门的课题。

桑:您对现在的高考制度有哪些看法?对部分地方单独命题有什么看法?高考中的语文学科的考试,您认为如何进行更客观?对于现在的高考命题的结构,您认为是否合理?还有哪些不足和需要改进的地方?

陈:现在的高考制度,主要是体制保守和考试形式僵化。体制,事关国家政治经济和社会的整体改革,这里就不说了;而语文考试形式(办法)就只靠一张书面试卷,想全面测定学生的语文素养,戛戛乎其难矣哉!尤其是现有的试卷题型就那么几种,部分地方单独命题也没有出现什么改革的新题型,大家都生怕把语文教学"指挥"乱了,每年高考完的总结文章,经常听到的一句话叫"稳中有变",就可见稳定压倒一切。高考改革之所以步履维艰,更多是由于评价的标准缺失,改革的方向不明。测试考生的阅读能力,本来最应该考的是综合题,例如写一篇读后感,你要他"感"什么都可以自定,偏重内容或偏重形式都可以。当然这样一考,给评卷的客观公正带来的难题,也不好解决。

高考作文试题,给文体做适当限制是必要的。不能老是文体不限,我就不相信能用文言写作的考生,现代文就一定同样出彩,写不好甚至写不通,都大有可能,也许根本就拿不了高分。会写诗的也一样。如果给予诗歌写作太多的肯定和赞扬,甚至鼓励提倡,负面影响不可小看。现在中学生已经普遍不知道议论文为何物,为适应高校学习和工作的需要,如果在三五年内限定高考只考议论文,我看中学生的文风肯定将为之一变,那种华而不实、虚情假意、为文造情、拼贴杂凑的"伪写作"风气，有可能逐渐得以扭转。如果文体再不加限制，中学生作文整体水平低下和文风的畸形变态，将成为严重的教育问题而积重难返。就说最为基础的记叙能力，中学生也不见得都已经过关，一年两年内考个给材料组织成文，或缩写，或整合，或调理，等等，会是什么状况？为了突出矫治诸如主题不明、条理不清、空话连篇的作文流行病，一个时期的考试内容和要求完全可以有所侧重。如此，就涉及一个改革的话题，就是让高校自主独立命题。这一改革势在必行。迟早要这么改，早改不如迟改。

解决作文评分的"公平公正"更是个难题，需要大胆开始改革的试验。我主张取消 60 分制或 70 分制等，而改用等级制（A、B、C、D、E 五等），统分时可将等级按照权重折算分数，特别优秀的（A+）可以规定加分。严格控制每一等级的区分界，特别是高分和低分，而无须在一个等级中再细打细算。现在评作文卷，大多数都打"保险分""基本分"，都往中间靠，实际已在模糊采用"等级分"，与其你一个模糊，我一个模糊，倒不如对"模糊"来个基本统一。

语文试卷的题型要尽量减少，且以主观题为主，甚至全用主观题。越主观，也就可能越客观。现在所谓的"客观题"，大半是命题者的"主观"臆造。这样的"客观题"越多，实际信度越少。

桑：现在的文章和谈话中经常夹杂网络语言和字母语言，对此您有什么看法？

陈：适当夹杂一些无妨，主要看效果。为了猎奇和炫耀，当然不可取，也不难被看出来。网络语言只能在网上流行，个别"流"进纸质语和口头语，能被接收吸纳，说明它有生命力，没有什么不好，语言从来是在不断发展的。大浪淘沙，它只会往纯洁健康丰富的海洋奔流。有些出格，有些怪异，无须大惊小呼。

桑：您对中小学生搞专业文学创作（低龄化化写作，以前称 80 后现象）的现象持什么态度？

陈：听说过中小学生搞文学创作，但没听说搞"专业"创作。放弃学业，专门去写书，毕竟只是个别，不足为奇。但如果成为一种"现象"就值得分析。低龄化写作，也许应该看作是社会的进步。低龄为什么不可以写作？需要担心的是那种沉迷于写作，而耽误了青少年时期为全面发展打基础的时光。人生的变化难以预料，对"低龄写作"过早给予过高评价，尤其是夸张不实的商业性炒作，则应该警惕。我的态度是以平常心看待低龄写作，可以欣赏，但不提倡，可适当鼓励，但须谨慎评价。过分张扬和神化，不利于引导中小学生作文往朴实健康的道路发展。现在中小学生的作文，从大面积上看，正往成人化写作的歧路上走，没学好走路，竟先学跑步。内容虚浮，形式华彩，失却诚信，才是最值得忧虑的。

桑：对近几年大家关注的中学生在高考中写文言文作文的现象，您是如何看待的？

陈：高考作文用文言文写作，怎么看都是一种带有冒险的自炫。只因我们的考试政策给予太大的宽容，媒体巴不得多抓些看点，才真成了新闻。历来都有这样的出奇制胜者，纯属个人行为，其中固然偶有幸运成功者，更不乏失败丢分者，但敢拿文言甚至古汉字写作以求一搏的，毕竟只是极其少数，难以号召，不成气候，无须格外注意，更没有必要引发讨论。

桑：在高考命题中，作为作文题目的要求，您认为"诗歌除外"是不是合理？谈谈您个人的看法。

陈："诗歌除外"不但极其合理，连同对其他文体，即使特别限制，也不无道理。这就看你今年对全国或对某省某地的考生，是否有针对性地需要考核其某种文体写作水平。我就曾经想过，如果让我有绝对的命题权，比如我会宣布，在福建省，三年内将集中考查议论文。你说我只擅长写记叙文和诗歌，对不起，你也得会议论说理，因为你已经受过中学六年特别是高中三年的写作训练，我就是要让你全面发展。你现在正缺乏这能力，大学也正更加需要你具备这个能力，我考你没商量。多年来的高考作文"文体不限"，貌似广开才路，实际是给无体式无规范的伪文体写作大开方便之门，究竟是利大于弊，还是弊大于利，是到了应该认真反省总结的时候了。

桑：前些年，有些人提出淡化文言文教学和语法教学，您对这两种淡化持什么态度？原因是什么？

陈：一个国家越是现代化，他的传统文化（如果有传统文化的话）就越需要珍视保存与传承。我们对经典文言文的态度也应如是。现代文不在课本里也可以学，语文教材里的现代文之所以教学效益最低，跟它无须教、不可教有很大关系。语文教材中的古今比例，小学可以今多于古，初中古今相当，高中则应古多于今，着重学好文言诗文，让优秀传统文化深植于年轻的心灵，一辈子受用。一旦升到大学，或走进社会就业，再接触和继续学习古典文化的机会就很少了，而现代文则无时不和你相伴相随，有现成的学习环境和方便的学习渠道，也完全可以自学。这绝不是厚古薄今。现代人的写作不精练不纯粹不雅致，从汉语的优秀传统吸取养料太少，现代化似乎已经让我们的用语切断了汉语文化的血脉，中国人所喜闻乐见的中国作风中国气派，已经几乎见不到了。面临汉语和中文的危机，就薄一点"国际化的色彩"，"厚"一点民族化的蕴涵，不是也很有必要吗？

语法怎么能不学呢？一个受过中等教育的中国人，连母语的基本语法都不懂，他的语文素养恐怕是不健全的。学习语法，主要用于分析理解结构复杂的句子和纠正病句。基本语法修辞知识，应在七至九年级（初中）学完，课程的安排最好相对集中，避免过去那样分散穿插于各册而终致寡效。怎么教才管用可以通过试验。对中小学语文课程的语法教学，我一向坚持的三句话是：学比不学好，要学就学好，学了不要考。

普遍淡化、弃置语法的现状应尽快结束。

桑：对于多媒体教学，有些学校和教研机构，做了一些硬性规定，要求老师们必须应用多媒体进行教学，您认为，多媒体教学对语文课教学有哪些利弊？如何更合理、更有利于语文课的教学？

陈：一切都应以"是否必要"为依据。硬性规定采用多媒体，在刚开始推行信息技术用于课堂教学时，也许有其必要，一旦变成死命令，不顾是否适用，一律采用多媒体上课，弊病早已备受批评质疑，无须多说。语文课程寻求信息技术的帮助，有一个基本原则，就是不能取代和影响语言主媒体的充分利用，避免造成喧宾夺主，弄巧反拙。语言和言语直接诉诸读者听众的感染力、说服力，是其他媒体手段所难以企及的。辅助就是辅助，可用可不用则一定不用。即便是采用文字投影，其产生的视觉效果和情绪感应，往往还不如一支粉笔在黑板上的自由手书、即兴挥写。语文课堂教学的即时感、现场感、贴近感，应予珍视与护惜。

桑：对于外语教学，我们国家从娃娃抓起，一直抓到考研、考博、考职称，特别是大学生，有一半的学习时间用在了外语上，您对这种现象如何评价？外语教育是否会冲击到我们的母语教育？

陈：为了满足与国际交流和培养高素质人才的需求来看，外语从娃娃抓起，一路都要严格考试考级，自有其道理。而学生对母语没有感情，缺乏兴趣，即因感觉不到学习的效益，而移情于其他学科，固其宜矣。如果母语教育自身老是积弱不振，无力保持基础工具"承载一切、覆盖一切、穿透一切"的地位，事实早经证明，不只是要遭受"外语的冲击"，就是受"其他学科的冲击"也将无法幸免。但也必须指出，重视外语学习无可非议，而如果忽视母语学习，外语成绩亦必然会受影响，今天即使看不出来，将来也会发现。

桑：您认为现行的语文教材有哪些问题？您看到过哪些新版教材？您对这些满意吗？您认为现行教材的结构还有没有不合理之处？

陈：看过一些，印象是大同小异。只要是以文选为教材，就很难突破数十年乃至近百年的课本模式。选材标准，见仁见智，各有特色，差别不是太明显。一种教材适用与否，主要看辅读与练习是否能集中且较好地体现教材的"教学内容"，以及是否有可操作训练的价值；一个单元里能否做到彼此照应配合，几个单元之间能否建立一定联系而有序地推进。一本教材的"练习"应该是自成系统，形散神全。一篇篇单独随机地设计练习的套路，迟早要被突破。

理想的语文教材，需要分解为"教本"和"读本"。事实已经证明，长期使用的教读合一混用的教材，教学的效益效率都不可能高。不借助"读本"的习得，进而实现足量的优质的课外阅读配合，教材编得再好，能量也是有限。

2014 年 1 月 11 日

[本文发表于《现代语文》2009 年第 29 期（10 月中旬刊），原标题为"正确把握语文概念　提高语文教学效率——访特级教师陈日亮先生"。]

答吴炜旻问

【来往信函】

日亮老师：您好！

　　因为您身体不好，怕面谈影响您休息，故而采用"笔谈"这样一种形式，这样您可以依据自己的身体状况安排时间。但是因为机会难得，而所想访谈的内容又多，故而提纲拖延到今天。虽然只是一次采访，但其实我想把三个方面，或者说是三篇文章的内容都尽量容纳进去：一则是对您的新著《如是我读》和您的教育思想的进一步理解；二则是对您之所以成为"陈日亮"而不是别的老师的原因的探访，尤其是对您年轻时候福州一中教师群体之间的良好气氛的回顾，希望给现在的校园文化建设、教师交流提供一种参照；三是今年恰好是我刊60大庆，作为多年的老朋友，也想听听您跟我刊的"交往"。然而诸事琐碎，始终不能抽出一个完整的时间好好拟我的提纲，故而只能匆促提25个小问题，琐碎及不足之处，还望见谅。您的思想、您的成长，是很多人感兴趣的，我常常都跟老师们交流时说"陈日亮老师是不可复制的"，所以还是希望有些问题（尽管）我没有提出，但您在身体条件许可的情况下，能够多说一些。冒效鲁当年劝钱锺书及时把自己的言谈思考整理出来，说是"咳唾随风抛掷可惜也"，故而后来有了《谈艺录》这一巨著。小子无知，不敢自比叔子前辈，但却希望您能效仿钱老，为学人多留一些珍贵的思想和资料。

　　谢谢您。

吴炜旻

炜旻你好！

　　这一份"答卷"迟到了将近两年。当初是断断续续写一点，写了便放下，待续。电脑里的东西越积越多，泥沙混杂。老去记性日渐模糊，好些材料统统忘却存在哪里了。有一段想起好像得交卷了，已写的十几则，却怎么也找不到。最近偶然被搜了出来，补了几则，终于写全了。但我几乎已经没有精力从头看一遍，哪怕是订正下错字病句。现在就先发给你，权当发黄的旧材料视之吧。

　　我早想着手写一篇个人教学研究的回忆录。《语文学习》的"名师"专栏来约稿，前些日子已答应将来写了给他们。但还不知何时才能动笔，因为我得先整理过去教学与讲学的一大堆材料，最好得躲到一个僻静的去处，先把一颗浮躁的心沉下来。《如是我读》两年印刷了五次，颇受读者欢迎，据说已经接近畅销书的指标了。文本解读的文字我还会陆续写一些，有满意的会发给你。

　　《答问》如果有明显文字错讹，请代削正。谢谢。

陈日亮　4.17

【问答内容】

　　1. 您在《自序》中提及您在听课后"同年轻教师交换意见。我总是滔滔，他们总是默默"，这是否是一种比较有效的交流方式？您年轻的时候在与老辈教师开展类似教研活动时的场面、氛围和此类似吗？那时候是什么样的？如果有所不同，您认为其原因何在？

　　答：课后的及时交流自然是比较好的形式，但是否有效却很难说，关键是一定要平等。"我总是滔滔，他们总是默默"多少是不平等的表现。二是双方都要有所准备，有话可说，有话要说，有交流的欲望。年轻时与老教师交流有几种情况：一是备课时的讨论，那时备得很深入，交流便很充分也很自然；二是教后的彼此交流，尤其是向老教师讨教，很自觉也很经常。我记得当年凡是有文言文教学方面的问题，经常请教组里最权威的陈淇老师，他一时解答不了的，第二天总是写在纸条上给我，没有一次不是这样，这种认真负责而严谨的治学习惯也影响了我，让我也尽努力做到陈淇老师那样的有问必答，包括有外地教师发短信或邮件给我，我也会尽可能第一时间给予回复，同时把它视为一次学习研究的机会。这已经形成习惯了，和什么个人作风态度似乎没有什么关系。若说如今和过去有何不同，恐怕是跟整个浮躁的社会风气和教育的形式追求有关，现在的年轻教师群体中，好像还普遍存在韩愈所说的一种心理，认为"彼与彼年相若也，道相似也"。研究风气的淡薄消失，多少和懒、粗心、自满有直接关系，主要是自满。

2. 您的思维和写作习惯是"总是把脑子里想的东西写出来，才知道真正想的是什么，想清楚了没有"，这似乎和一些教师的习惯略微有些不同，他们是想好了才写，您认为这两者的不同根源何在？

答： 这只是个人的习惯不同。想好了才写当然是一种好习惯，有的人构思习惯好，能力强，文思敏捷，可能是先天的，后天可以培养，但是否一定能够养成则很难说。我的临时产生、瞬间捕捉（即顿悟）的能力较强，而演绎归纳、系统整理的理性思维能力偏弱，需要依靠写出来才能决定取舍梳理，所以每当写东西做发言，都很费时间。当然年深日久，也多少有些进步，因为自己毕竟已养成经常思考和动笔的习惯。我认为"想"应该成为听说读写的"主角"。

3. 您个人关注的重点似乎偏向于传统文化这一块，语言表达上也偏向于"中式"而不像时下一些学者充斥大量西方术语，这体现了您怎样的一种学术思考或者说旨趣？是否和您所受的教育，以及您的成长经历有关？

答： 这和自己所受的教育有关，和读书有关。从二者中养成的个人喜好，则是追求妥帖、简洁又有些变化，但并不求新异。我的个人阅读趣味，的确比较倾向于传统文化。单就语文而言，我觉得经过我国古代和近现代作家创造的汉语美质和韵味，当代作家有能力继承的很少很少，当下的文风和笔调我大多不喜欢。我仍然偏爱阅读传统的散文，读鲁迅、老舍、孙犁、梁实秋、朱光潜、汪曾祺等人，可能也会在笔下受些影响。西化的语言形式，翻译的文字，未能中国化，欠缺明晰和精练，大概总是和国学的功底有关。现在有几个作家的文字能让人读上几行便感觉得出来？没有三两个。我总觉得汉语的精神传统和形式美感，已经有垂绝之虞。但这是在我们的话题之外，不多说了。

4. 我个人感觉您的文本分析和孙绍振的比较还原法不同，孙教授更多是从研究者或者读者的角度对文本进行学理探讨，而您的分析更多地建立在自己的教学经验以及大量听评课的基础上，因而对一线教师而言似乎更亲切、更实用，从某种意义上说，一线教师学起您的方法似乎相对更方便一些，您觉得我的想法对吗？或者说，您认为一线教师在效仿您的文本解读法的时候，有哪些必要的条件需要具备，有哪些必要的事情需要去做？

答：你的想法是对的。由于修养差距，且各有异秉，不同是很正常的。但我认为这和高校与中学的教育对象不同，需求不同，似乎更有关系。有人说孙老师解读的特点是具有高度、宽度和深度，我的特点是严实和细密，就我自己说，这评价还远未达到，应该说成是我的追求也许更合适。因为中学的语文课堂，本来就应该实在一些，让学生学得认真仔细一些，打好基础，养成习惯才好。我大概从大学时代开始，就很重视"语言形式的阅读"，养成了咬文嚼字的习惯，这样也就很自然会带到课堂上来。至于一线教师能否仿效，则很难说。个人的经验总是难以复制的。一定要说，只能说点笼统的意见。一是多读书，要自己来选择值得回过头再想读的那些经典和精品。二是独立思考，阅读当培养比较和质疑的习惯，甚至还要有批判意识。三是坚持做读书笔记，抄、撮、记、批，日积月累，自然会形成敏锐的语感，提升品评鉴赏的水平。

5. 对文本的解读，过去我们十分重视，但"在当代的语文教学中，这个传统几乎已经中断……不少教师十分乐意并且习惯于直奔思想内容，视语言形式如不存在，至多只是在文本表面平滑熟烂地过一下"，您认为之所以出现这种情况的原因有哪些？

答：大概有两种原因：一是对文本语言形式缺乏审美感觉，语感薄弱；二是满足于他人的现成解释，尤其是概念性、通用性的知性概括，对如何生成、怎样概括的过程与方法，缺少追问与探究。这两点也许还出自对语文课程性质的误解，以为它和其他课程一样是传授知识的，而未能领会语文更是重在体验和体现，而非认知和理解。刘再复的一句话甚契我心，他说：我不是把《红楼梦》作为研究对象,而是作为生命体认对象即心灵感悟对象。这也就是我所主张的"以心契心"。如果只是滑过文本表面"直奔思想内容",那是很容易的,它不但给学生带来的是稀薄的死硬的知识,而且自身也会因满足而偷懒,使得语感日趋僵化老化,对教师自身专业成长是很不利的。

6. 现在的师范大学似乎并没有开设和文本分析有关的微观训练课程,学生成为基础教育领域的教师后也没有太多相关的培训,甚至也没有"十分重视对课文的钻研"的"老教师"带领和濡染,那么,现在的教师要怎样才能"培养丰富敏锐的语言感觉"从而提高自己的文本分析能力呢?除了克服懒、粗心、自满这三大敌之外,还有哪些要注意或坚持的?

答:我认为一个称职的语文教师,对自己应该有一种朴素而自觉的要求,就是善读善写,善于倾听和口说。这简单说起来,也就是对语言文字有敏锐和丰富的感觉。因为我们每一天的工作就是和语言打交道,如同数学教师每一天都跟数字打交道一样。首先得有这个职业意识,不要以为大学修完了汉语言文学的本科或硕士学位,语言修养就过关了,就足够教学生了。绝不是这样。不过,语感的历练,靠的是个人经常的读书积累,以及备课时的咬文嚼字。后者其实更重要,但必须有集体的自觉。我年轻时和老教师在一起,备课无非是逐字逐句的揣摩,会花许多时间在语言文字上下功夫,"懒、粗心、自满"也就自然而然得到克服。语文课的"集备"不断弱化,而且流于形式,不在"吃透课文"上集思广益,深入钻研,语文教师文本解读能力出现群体性退化,则是必然趋势。外部原因那是众所周知的,就是网络的发达给懒人提供了太大方便。再这么下去,恐怕网络就要把语文教师改造成"煎饼人"了。

7. 您时常回忆起自己年轻时跟着福州一中的老教师们备课、钻研的情景,能否给我们详细具体地谈一下?让我们感受一番它和现在的教研活动有何不同。

答:许多情景历历在目,但很难用言语再现。集体讨论前的个人准备,老教师一般都是静静安坐着,专注地或思考或笔记些什么,倒是很少个别交流。那时以教研组为办公单位,只要上班,天天都是教研时间。教研组里的空气总是很恬静,说话声也是低低的,几乎没有听到谈论什么社会新闻,更没有家长里短地闲聊。集体备课时的交流探讨，也从不见有大嗓门的激烈争论。这些其实今天也未必就做不到，问题还是心气浮躁，板凳坐不热，少了沉下来做学问的心思。教学就是一门学问，备课就是治学。教师没有这一见识，再加上多数学校是以年段为单位办公，各学科在一块，班主任的事务多，学生经常出入办公场所，我经常联想到一句话，叫做"群居终日，言不及义"。老教师们往日备课钻研的身影已渐行渐远，当年的情景也终将成了遥不可及的记忆了。

8. 1963年，您曾经帮助自己的学生董琨买到一套十卷本的《鲁迅全集》，从而影响到他后来的生活。当时您也只是一位青年教师，收入并不太高，却做出这样颇为"奢侈"的行为，除了师德、人品等抽象的因素外，当时还有什么样的想法？是出于对鲁迅的尊重，还是对爱书学生的爱惜，或者其他？

答：这跟道德人品都没有任何关系。至于"尊重鲁迅""爱惜学生"，似乎也不是直接的因素。实际上就是一种爱书人的癖性，有所好嗜则喜与人共，愿意同别人分享，即陶潜所谓"奇文共欣赏，疑义相与析"。当时我的工资四五十元，但无须主供家用，每月取一半给母亲和除了供伙食颇有剩余，唯有逛逛书店的物质精神消费。董琨非常好学，是我学生中难得的读书知己，帮他也能拥有一套我所喜欢的鲁迅著作，记得并没有经过什么特别考虑，是自然而然的两个读书人之间的事。他后来一直提起，我倒觉不好意思。其实在后来被我说是"多年师生成兄弟"的半个世纪交往中，也不知他从北京给我送了多少好书。我认为在读书的消费上，沾不上"奢侈"二字。好书无价，只要喜欢，我一般都不会太计较付出的。

9. 除了正式的备课、教研之外，您年轻的时候跟随老教师一起，是否还经常有一些非正式的探讨？您还记得那时候的情景吗？这对您日后和年轻教师相处，有着什么样的影响？

答：凡遇有关教学的话题，非正式的交流探讨乃是常事。因当时大家常在教研组里，接触的机会多。我们学校80年代初也还是如此，我记得谈教学业务的机会很多，有时甚至还探讨得十分深入。如今我同年轻教师见面，很自然也会问起教学与读书方面的事。可能就是习惯使然。

10. 王栋生老师曾经说您是"有独立意志的思想者"，因为您"不媚俗，不趋众，不盲从，不唯上，不唯书，只唯实"。类似的评价似乎用在学者身上的比较多，如陈寅恪给王国维写的墓铭，用在中学教师身上的似乎较少。您认为一位中学教师，尤其是中学语文教师，"不媚俗，不趋众，不盲从，不唯上，不唯书，只唯实"意味着什么？怎样才能做到这些？为了坚持这些操守，您是否付出了什么样的代价？

答：这么多的"不唯""只唯"都是好心人的套语。要说，我大概只是"唯己"（当然有时也并不"唯己"）。人家有好的，值得学习借鉴的，我也会注意吸取。做到这一点，我认为无须付出什么代价。就是时间花得多些，能说是代价么？鲁迅说过他把别人喝咖啡的时间都用在工作上，这个"代价"我以为是很轻微的。让我自己来说，还是姑且用"敏而好学"或"不自满自恃"来解释更好些。我很明白自己的弱点和不足，所以会特别注意养成学习思考和动笔积累的习惯。

11. 教师要有一桶水才能给学生一碗水这个观念现在已经深入人心，但您更进一步指出：在语文领域的这桶水，不仅是甚至不主要是指学养上量的积累，而是质的把握。这似乎和我们惯常的认知有所不同。您能否帮我们解释一下，这"一桶"和"一碗"的差异为何主要是在质而不是量上？这里的"质"和"量"的分野何在？两者关系又是如何的？或者说，普通教师如何才能做到"质的把握"？

答："一桶水"只是比喻，说的是教师要比学生知道得更多。这个"多"，不仅指的知识，还指"思想""识见"。古人说学问包括"才、学、识"，如果只是"学"的东西比别人多，你的"桶"的含金量还不够，你的"水"还不足以保鲜。在我看来，这一桶水，该是不断注入的源头活水。我见过一些教师，书读得也不少，课堂上传授知识，旁征博引，甚是了得，但能够指点迷津，促醒感悟，提升认识境界，让学生有豁然开朗感觉的却甚少。夏丏尊强调语文教师要"传染语感于学生"，而不说"传授语识于学生"，就是更注重"质"而不是"量"。叶圣陶先生也讲过"感"比"知"深入一层，因为那是达到了"彼我不分"的境界。所以，要达到"质的把握"，还是应该从熟读深思、从对语言的深层感悟和理解方面去历练养习，不断提高语文素养，才能让那"一桶水"真正管用。

12. 课改推行之后，一线教师最大的抱怨就是课时不够，对此您颇不以为然，认为教师"不必把大量时间都花在教学上，恰恰相反，要花在读书和写作上"，这句话怎么理解？从长远来看，读书和写作多的教师，其教学水平应该都会相应更高，但一则这读书、写作和教学水平高低之间没有必然关系（据说沈从文的教学能力就比较一般），二则读书、写作对教学能力的促进需要较长的时间，因此若从短期来看，把时间花在读书、写作上和花在教学上是否是两码事，并不冲突？

答： 怎能说是没有必然联系呢？沈从文是个特例，就像陈景润也是个特例一样。由于"读"和"写"的相互作用是长效应的，是潜移默化的，大多情况下必须积以时日，久久为功。不过有时也会有短期效果，关键在于我们是否有自觉的"语文意识"，是否善于随时借鉴吸收和经常练口练笔。例如，我总是经常结合教学将自己日常的读书心得告诉学生，表达收获的欣喜，我也会很自然地把体悟和学到的思想质料和语言材料运用于说和写。你注意一下我的文风，就会感觉我的书写是怎样得益于读书。随时积累吸收内化，又随时联系、化用、外烁，这也是语文教师的良好习惯。一旦养成习惯，就不会计较是一码事还是两码事，也不会感觉时间上有什么矛盾冲突。

13. 在您人生的不同阶段，您分别读了哪些类型的书？又是如何读的？和我们平时理解的"读书"有什么内涵或者形式上的不同？为什么很多教师抱怨书读了都记不住，而您似乎没有这方面的困惑？

答： 小学时无书可读，从不记得老师有过读书方面的指导，不知道读书有多么重要。中学开始读些童话故事，更多的是反复读《水浒》和《说岳全传》，全然是凭兴趣，除了说过教我语文的张振纲老师的一次朗读给了我意外的感触，使得我对鲁迅发生好奇之外，可以说都是由着个人的兴趣，没有自觉的目的。我的语文生命的初恋，乃是被鲁迅小说所吸引，今天想起来还觉得十分奇怪。几乎所有的中学生都怕周树人，无论教师怎么宣扬他如何伟大，总是让学生敬而远之，而我却恰恰相反，其中的缘由，也许只能有一种解释：老师不说教，自己有兴趣，自己去摸索，是不教而教的客观效果。高中阶段，"跟风"读苏联文学和革命文学，总不如读鲁迅的来劲。其实读鲁迅也是半懂不懂，但感觉就是不一样，可能是他那独特的文字，能够引发我琢磨的兴味。

我素来不喜一览无余的东西。文学杂志我只接触一种普及性的《文艺学习》，每期必看，很向往刘绍棠、康濯、王蒙、闻捷、郭小川这些青年作家和诗人，可能对后来选择读文科有直接影响。大学时代主要是"随课"阅读，优秀的现代文学作品几乎都读遍了。工作以后阅读的范围更宽，不再局限于文学，而是扩大到文化艺术、相声、京剧、舞蹈，甚至连中医药的书也看，涉猎面很广。对自己思维的开发最有益的，则是津津有味地读了不少关于阿Q文学典型和美学论战的文章。同时开始古汉语和古代文学的"补课"，因为大学时代太偏重现代文学了。一半是由于那些课程特枯燥，知性分析取代了审美鉴赏。到了中学需要备文言文，才发现母语家园是如此幽深而丰富。受到语文教研组几位精通古文的老教师的潜移默化，开始对古代诗文大感兴趣，买了全套《史记》和《聊斋志异》，尤其爱读散文小品，涉及尺牍、笑谭、文论、诗话、判牍等等，对我增加语汇接触面和增强语言形式感都起了不少作用。我认为古代文人墨客，已经把汉语运用到了极致，近现代作家里只要国学根底打得扎实的（就像王蒙说的"作家学者化"），他们的书面语言都很可观，妥帖、简练、有味，是其共同的特点，我比较欣赏的是这一脉的汉语作品，也担忧这一脉也许有一天会垂绝。学生学习当代作家的汉语表达习惯和书写风格，只要有心，靠课外阅读大抵就可以模仿，而传统的简朴精练、优雅精致的文品文风，看来只能在语文的经典名篇中去涵泳领略，所以我比较倾向于语文教材的选文，应该多选些文言文和现代名篇。外国作家的精品，也要严格把好译文的质量关。我的读书标准，自然会影响到我的教学。教师的"读"与"教"如果能够贯通一致，教的东西就会比较充实饱满，读的东西也就容易积淀。我长期养成做读书笔记摘录的习惯，并且经常同语文教学联系起来思考，就不存在"读了都记不住"的困惑，不但没有困惑，而且深感快乐。

14. 您曾经说过"己不知而不装，不亦良师乎"，从字面上理解，这句话似乎是提倡教师面对不知道的东西就坦白承认而不要不懂装懂，这好理解，但如果这样就"不亦良师乎"，那良师的标准是否就定得太低了？或者，您的意思是还要加上"教而时学之""有生自读书问"？或者说，您认为，什么样的教师，才可以真正算是"良师"？按此标准来看，您觉得自己是良师吗？

答：这是"良师"标准的底线。是诚信为师的起码要求。"吾爱吾师，吾更爱真理"，教师如果将自己伪装成真理，让学生相信自己就是真理的化身，那他为师的资格就很可疑。"良师"的标准很多，但我以为首要的一条，是"求真"，教师的知识学问可能不一定都正确，但他要努力求得正确，这努力本身也就是"真"的表现。"真实、扎实、朴实"始终是我对自己教风的期许与追求。我不敢说我就具备了良师的一切条件，但可以说我在坚持我的"底线"，在实践我的基本标准。我也因此觉得我已经积累了良师的基本实力和资本。

15. 您一直坚持的一个观点是"教什么比怎么教更重要"，以致许多教师颇为轻蔑地认为您连"教什么"都不知道，不知是否有人向您表达过类似的意思？我常常觉得虽然同样都是"教什么"，但"教什么比怎么教更重要"中的"教什么"和那些教师认为的"教什么"其本质上似乎有些不同的，您能否说说这不同何在？

答：我确实有很长一段时间也是连应该"教什么"都不知道。我以为教好了一篇课文，就不会再有"教什么"的问题。教什么，不就是教课文么？大概是到了上个世纪80年代搞"教改"时，我经过学习和反思，才提出"教什么"应该更注重教方法和习惯，所以才有了"得法养习""历练自学"等等的主张与实践。到了近十多年的"课改"，经过王荣生将语文教学主要是解决"教学内容"的问题提出来，事情就更明朗化了。一直到现在，仍然是个极其尖锐又不好解决的问题。此中由于关系到教师的素养，特别是教学文本解读能力的欠缺，不是能够短时间靠改革求得突破的。另外还有学习方式的转变也与此密切相关。所以我也很同意王荣生的一个看法，即"怎么教"实际也可以看作是"教什么"的问题。有的教师对"教什么"的认识可能还是停留在我过去的理解水平，以为教的教材不就是教学内容么，不知道彼此看法不同是否就在这里。但也必须指出，把"教教材"与"用教材教"绝对对立起来，认为作者传达给读者的文本内容并不重要，重要的是怎么去教，恐怕也是片面的，同样会造成教师对"教什么"和"怎么教"之间关系的误识。

16. 后来您又提出在考虑教什么之前要先考虑为什么教，否则也难以确定教什么。这里的"为什么教"，是"为了什么教"还是"因为什么教"？其对象，是针对"教学"这一宏观概念，还是一节一节具体的课、一个一个具体的文本？

答：我的"为什么教"，指的是为什么是教这个内容而不是那个内容，即有所比较鉴别而做出取舍的理由。如果做这样的理解，"为了什么而教"和"因为什么而教"，就没有什么不同。从宏观说，就是为了学生能学有实得。一节课的教学目标定位，就是要满足学生对学习"这一篇课文"的期待和需求，能够解决学生学习的疑难和问题。"教，是为了带来更好的学"这句话，已经把关系说得再简单明白不过了。

17. 您曾经用五个词来概述自己的语文教学经历：困惑、追问、体验、体认、体现。其各自的内涵是什么？几个词之间大概是一种什么样的关系？

答：因果关系。这五个词语不难解释。一是"困惑"。我的困惑，大的说，就是一个人语文能力和素养形成的机制究竟是什么？是不是有个"黑箱"还未被解开？小的说，是自己付出了努力，常常认为教得满不错的，为什么不能在学生学习成绩上反映出来？诸如此类的"为什么"还有许多。二、于是就有众多的"追问"。三是，我可以从学生中发现、研究、总结，但更多的是从自己身上体验"语文"。因中学时代我的语文成绩也不好，语言十分苍白，语汇极其贫乏，没有养成读写的良好习惯。后来进步了，尤其是语感有显著发展，说和写也有自己的一点优势。为什么？从反思自省中有所总结，就逐步体会认识到语文究竟是什么，语文能力的培养过程大抵有什么规律。是从"体验"中产生的"认识"，这便是四："体认"。

其实很多语文教师可能都有和我同样的认识，但他们未必是或多半不是从自己身上体验出来的，故而够不上亲切；尤其是，他们除了会告诉学生这样那样的道理，很少自己试试，他们不写或很少写，也少有出去和别人交流探讨的言说机会，故而往往认识未必深刻。这一点，我的条件和机缘比他们要好些。我至今还在做读书笔记，还在积累词语（随手记录未识的或新鲜的字词）。我坚持做思考的记录，或点滴的杂感，或成篇的文章，《我即语文》和《如是我读》都不是著作，而是日常书写的汇集。我要经常让我的语文生命有所"体现"，我才能看清楚语文是什么。这可以说是一种职业习惯，非常自觉的习惯。就像一个庄稼人，即使老了还是每天都要到地里转转，种点什么收点什么，总不让自己闲着，已经成了习惯，倒不是就为了吃的花的，而是自足自乐。语文教育家顾黄初说过："我们经常会看到这样的语文教师，他还在学校里做学生的时候，是会按照学校或教师的要求认真读书，认真完成作业的；一旦从学校毕业分配当语文教师了他就成了专门指导学生认真读书，认真作文的人，自己除了语文教科书和教学参考书以外，就不再读书，除了写教案也不再写文章。……离开了语文课堂，他的人生与语文再也无缘了。"这确是事实，也的确值得警惕。

18. 您常说语文教师要有四种修能：读书、阅世、说文、弄笔。这里的读书、阅世和弄笔都比较好理解，独有"说文"似乎容易误会，您指的是教师在课堂上引导学生进行文本解读的能力吗？

答：这里的"说文"主要是口头的言说，对应着笔头的书写，只是侧重说的内容是关于语文方面的。不但在课堂内外对学生指导、与学生交流的"说"，也包括在一切场合能够说上语文，说好语文，尤其能在校外的语文讲座和论坛上，就语文教学和研究发出自己的声音。

19. 您多次提到自己真正喜欢上语文是听张振纲老师读鲁迅的《故乡》，并且他朗读的样子和文章中故乡的样子至今难以忘怀，这让您感受到了经典的魅力。这似乎是《故乡》文本的魅力，因为您说"别的课文并不能引起我的兴趣"；又似乎是张老师朗读的魅力，因为您说"如果不通过声音的传送，似乎就不能直达读者的心灵"。这是否意味着，您之所以能够爱上语文，很大原因是在一个恰当的年龄段，遇到一位恰当的老师以一种恰当的教学方式给您展示了一个恰当的文本的优美？这里似乎有着某种巧合的成分？那么，以您多年的学生、教师经历，您认为要想让学生爱上语文，除了这种不以人的主观意志为转移的"巧遇"之外，还能有别的有效的办法吗？

答：可以像你这么说。我看过很多人回忆自己的中小学时代，都会感恩似的讲起某某语文老师，怎样激发和引领自己喜欢上语文，甚至使得自己走上文学创作的道路。大家熟悉的魏巍的那一篇《我的老师》就是最好的例子。机遇总是可遇不可求，带有很大的偶然性。可是，为什么同样上张老师的语文课，听他朗读《故乡》，我的别的同窗却未见有和我一样的感觉？我宁可相信不是他们开小差，而是他们不如我的"多情善感"。所以，一定要我回答让学生爱上语文，还能有别的什么有效办法，我认为教师一定要教得动情而入理，要让学生真正能进到文本中，感受、感悟作者的情感和思想，被感动，被说服。教师要带着学生"以心契心"。这样教的结果，说不定也只能影响一部分学生，但长久受教于这样的有性情有学问的教师，热爱语文，至少不讨厌语文的学生，总会多起来。"身教重于言传"也是这个道理。

20. 您对鲁迅的热爱由来已久，并且将自己读鲁所得整理成一本"书"叫《鲁挹》，这似乎和当前学生"一怕文言文，二怕周树人"的状态有别，也和语文教材"去鲁化"的趋势有别，能否从学生角度，谈谈您是怎么读鲁迅的？从教师角度，谈谈您是怎么教鲁迅的？您认为，您的爱上鲁迅是否有着特定的时代背景？当代学生还有必要读鲁迅吗？或者说，我们今天教、学鲁迅的目的何在？我们今天要教、学鲁迅什么？

答： 我说过，我喜欢读鲁迅，是受到他思想和文字——经典的魅力的吸引。"这魅力是从作家文字的深厚内涵和独特形式中散发出来的。"关于这一点，我在《我的语文流年》有过说明。现在我想补充说的是，最早是觉得新异，鲁迅确实是新异的，即使你还没有弄明白他说什么，已经被他新异独特的文字吸引了。后来，逐渐读懂了他的意思，也同时发现自己幼稚的思想得到了启蒙，对很多事物的觉解提高了，对比其他的作家，没有一个像鲁迅这样，能使自己如此彻底地觉悟，迅速地开窍。读书能够明显感觉益智移情，其乐无穷，其趣倍增，就会产生持久的阅读动力。这全然是自己的体验，和时代背景，和主流意识的评价没有任何关系。在这里，我还要强调一下，我的经验可能不仅是我个人的，而是属于所有年轻人的，只是做谁的"粉丝"各有不同罢了。我十分赞同钱理群教授的一个观点，他说："鲁迅是活在现实中国的，每一个愿意并正在思考和关注社会、人生、文学问题，具有中学文化程度的青年，都能够和他进行心灵的对话与交流。"而且更难能可贵的是，"他从不以真理的化身自居，更拒绝充当导师，他将真实的自我袒露在青年面前，和他们一起探讨与寻路，青年人可以向他倾诉一切，讨论、争辩一切，他是青年人的朋友"。我看就这两点，今天让中学生多读读鲁迅，走近鲁迅，从鲁迅的思想和文学资源中获取成长的智慧和力量，我相信可能会比现行的所有德育手段都有效得多。我敢说，我自己就是一个成功的例子。

21. 在备课方面，您认为语文教师必须"准确理解文本精华、总体预测学生水准、切实把握教学落差"，我们是否可以将"准确理解文本精华"理解为教学内容的把握，将"总体预测学生水准"理解为教学对象的把握？那么，"切实把握教学落差"又如何理解呢？您是如何总结出这三个要点的呢？您自己多年的教学生涯中的备课又经历了怎样的变化呢？结合丰富的听评课经历，您认为当前教师备课过程中比较突出的问题有哪些？

答："切实把握教学落差"，我认为是当前语文教学最值得探讨的课题。只要注意到"落差"，必然关系到两端，即"文本精华"和"学生水准"。一方面，教师要认准某一文本需要学生"明白通晓，摄其精英"（叶圣陶语）的"通晓"和"精英"是什么。同时，还要了解或估计学生通晓和摄取的过程，有什么困难和期待。一般说，学生的情况有趋同性，并不见得都那么复杂；而教师所真正把握住的文本精华，一般也会是学生关注的阅读点，正如钱梦龙老师说的，如果我觉得阅读有困难的，学生也必定会有困难。关键是，备课时是否两头都尽可能考虑到了，教学的重点难点是否有过充分的讨论而予以准确的定位，并设计出有明确针对性的思考练习题，落实到讲和练的环节，收到切实的效果。

22. 您认为"语文教学最需要的是经验，而不是理论"，这和钱梦龙等老师的观点乃至实践不谋而合，这是否和中国文化重视经验忽视理论提炼的传统有一定关系？按您这样的说法，是否意味着年轻教师只能干等着经验的积累，而不能通过理论的归纳促进自己的专业成长？

答：你问的这个问题，恰好前不久有个山西省的语文教师也向我提出来。我回复他的大意是："提高"原有特指，指的是离开自身经验的"拔高"，未到成熟的"抽长"。不难发现，有不少教师虽然经过几回培训，发过几篇文章，拿了几本证书，特别是晋升了级别，自己好像觉得是提高了，可实际教学上却未见留下切实的成长足迹。我说这句话，主要是针对现今的从上而下、由外至内的教师"被提高"现象发了点微词，强调的是专业和业务应该"自熟"（树上熟），而不要"催熟"（人工熟）。学习理论对于教师的重要性不言而喻，但如果主观的经验积累老是处在自发状态，就很难产生经验提升和理论归纳的自觉。语文教学的效益如此低下，而语文教师的教学反思意识却普遍欠缺，自我感觉似乎一向良好。有着这样的满足心态，理论于我何有哉？

23.关于语文课堂教学的定位方面，您认为应让读书代替讲授，把语文课上成"读书课"。您能否谈谈这里的"书"是什么书，"读"是谁读、怎么读？在当前中学生阅读的量、质普遍下降，阅读走向快餐化、漫画化的社会现实面前，这样的读书课如何开展才能调动学生的阅读兴趣，取得良好的阅读效果？

答：我一向认为语文教学效益低的一个重要原因，是学生课外阅读量少，面窄，质差。把语文课上成读书课，其要义是这样的语文课，主要必须能够激发学生的读书兴趣，养成学生课外读书的良好习惯。就是我过去曾经说过的，学习语文必须从单篇增加到多篇，从文章扩大到著作，从课内拓展到课外，从书本延伸到生活，从读书联系到做人，把语文同各个学科知识打通，和人生世界打通，使之更经常更有效地内化为语文素质，培养成语文能力。如果仅仅局限于课本和课堂，就文教文，只是单纯的知识传授、概念注入，离不开覆盖、防范和瞄准，无非是为了应试，就难免繁琐、枯燥、封闭、呆板，这都是"小语文""小课堂"的特征。当然，该指导学生读什么书，怎样将课内课外联系起来，扩大学生的阅读视野，让学生感觉来上语文课，就是来听教师的读书指导，来和同学交流读书心得，师生共同分享读书（也自然包括写作）的乐趣和收获，语文课堂就像是让人流连忘返的读书俱乐部，这是何等美妙的畅想。可是在现有的教育体制下，尤其受到语文教师自身素质的局限，由畅想到现实，也许真的是"路漫漫其修远兮"，就姑且看作是我个人的"语文梦"吧。可惜我现在已没有能力做个追梦者、求索者了，而上海复旦大学附中的黄玉峰老师，在这方面已经做了颇为成功的尝试，你可以读一读他的《教学生活得像个"人"》。

24.《如是我读》分析文本的选择多在课内，对课外文本的延展较少，出于什么样的考虑？您的文本解读更加注重具体单篇的分析，而缺乏类型文本的提炼，这是为什么？

答：之所以很少延展到课外，是因为：（1）主要是针对听课时的发现，有感而发。（2）我发现教师在文本内的解读，普遍缺乏深度。如果文本本身都未能读好教好，延展又何从说起？不少为拓展而拓展的课，总显得生硬，说不好听，是狗尾续貂。（3）我的习惯缘于我的理解，阅读课的拓展，最佳的选择是布置或介绍学生阅读作者同类或相近的文章作品，在参照比较中积累语感，加深印象，就像是数理化的课外作业，起到巩固与迁移的作用。至于在文本内部解读时做延伸拓展，一般没有必要。我上课很少引用资料（他人言），原因也在此。我的文本解读，本来就是一课一课的听课研课的记录，是留给自己的笔记式的文字，是与年轻教师交流的书面稿，根本没有想写出什么专著，总结出什么规律，包括探讨诸如类型文本的解读方法等等。当初责编采用书的副标题，"个案"后面有"研究"二字，被我删去了。我告诉他我只能提供个案，我没有研究的能力。事实也正是这样，一个在高校执教的我的学生，指出我的解读包括背景之类的"从课文说开去"有所不够。我坦承主要是由于自己学力不足。其次，也跟我"只取一瓢饮"，而非提供一篇课文的全面解读不无关系。

25.《福建教育》的记者薛丛盟、王亿钦等曾经采访过您，这些年来您也支持我刊不少优秀稿件；从我个人来说，前年您为唐碧云老师的课而写的评论也是我编辑的诸多稿件中少见的杰作。今年是《福建教育》创刊60年纪念，能否谈谈您跟《福建教育》的交往历程，您对《福建教育》的建议和意见？

答：我对《福建教育》办刊的方向和稿件的质量，印象一向很不错。主要是教育的服务意识鲜明，几乎没有什么假、大、空的东西。暂时还谈不上有什么好的意见和建议。祝愿刊物越办越好，更加配合课改，更加贴近教师，办出福建自己的特色。

2012年5月22日

答《东南快报》记者问

问：近日，前教育部发言人王旭明再度对语文课改"挑刺儿"。他认为当前的语文是"假语文"——"1990年代以后，素质教育开始被人们广泛谈论，'大语文教育'的概念，流行起来。为了摆脱硬质教育僵化刻板的脸孔，老师们开始寻找各种教学方式，多媒体课件、声光电技术进入课堂，而表演式讲课也成为一时时髦。"

陈老师也对语文课改有过专门的研究，您曾谈到，中国的教育改革，从一个极端跳到了另一个极端，有"矫枉过正"的现象。

陈老师对王旭明的这种"批判"怎么看待？能否向我们简要介绍一下语文课改大体的演进过程？您说的两个"极端"分别指什么？面对课改，我们应采取哪种态度和做法？

答：王旭明"挑刺"的文章我看了，基本同意他的看法。他所举的怪现状我也见多了，甚至已经见怪不怪。如果不用声光化电，上课不你说我说，热热闹闹，时闻掌声，反而认为不像语文课，尤其是在观摩课和竞赛课上。语文教师仿佛都变得弱智了。我认为这是当代中国急于变革、竞于创新的浮躁病广泛传播蔓延的结果，不仅仅是语文教育单独生病。但却非生病不可。听说前一段有所谓"真假语文"的讨论，也不过是讨论讨论而已，就像假货"山寨货"在市场上总是有人买卖一样，靠几个打假的"王海"是解决不了问题的。王旭明希望"有更大的行政权力，当更大的官，越大越好，将真语文推进下去"，无独有偶，我也曾设想，如果毛主席他老人家一天突然醒来，发现语文课竟然很假，听说王旭明要搞"真语文"，便发几句最高指示，全国闻风而动，"假语文"便无从遁形，岂不快哉！可是接着也就自笑，像当年"七三指示"那样的"一言而为天下法",是不会再有了。因此我理解王旭明的无奈,但绝对不赞成他依靠行政力量推进改革的幻想。十年课改之所以成效甚微,还带来不少新问题,就是太依靠行政权力、太听官话的结果。语文教育的健康推进,还是需要从广大教师的敬业乐业和提高专业素质方面去想办法。冰冻三尺非一日之寒,我们还是不应该悲观。我很同意陈丹青说过的一句话:"中国的事情,就让它发生。"发生了,总有引起疗救的注意,这也许又是我的太乐观吧。

我十年前说过,教育改革应当避免"钟摆现象":从一个极端跳到另一个极端。针对语文教学,指的就是从唯应试的语文训练这一端跳到纯知性的人文教育另一端。语文课程的工具性,本来就是指其承担着应用和化育的两大功能,二者是天然地统一在一起的。如今出现在语文课堂上的各种虚假的教学现象,既不能让学生很好地学会运用语文工具,也不能使他们获得人文教育的切实效果。语文课改,路程尚遥遥,十载不为功。我无法提供具体的办法和设想,只是希望今后的改革能少一些口号概念,多一些实际调研。我们可以兼容多方意见,也可以允许各种创新,但最重要的是闽派语文所首提的"求实"和"去蔽"。如今还有种种伪科学的观念在语文界游荡,不少中小学老师习惯跟着走,还提供种种课例给它做示范,比如王旭明所举的那些表演课,包括出现把学生吓跑的那个可怕的爆炸装置,说不定还会有人为其"创新"叫好。不去伪求真,语文教学将很难治愈百年的创伤。

问:陈老师,您对今年福建省的高考语文作文题如何评价?有学者称福建的作文题是普通的"心灵鸡汤",您认为呢?在全国诸多省份的作文题中,从您的角度来看,哪个或哪几个您认为出得最好,这种好体现在哪儿?

答:今年的高考作文,我的评价是"平平"二字,平平,就没有什么好评价了。一定要说,我认为命题者的"正面导向"既有道理,也不可取。不知你注意到没有,题目中出现"一提到……就……"和"而另一些人……却……",这样的表述,重心显然是倾斜到后者——栈道与桥梁,因此也就必然会把千军万马都往那道上赶,蔚为满坑满谷的写乐观、自信、进取、奋斗、突围、跨越等等人生立志篇的"空谷"奇观!如果是采取并列的说法,即"有人会想到悬崖峭壁,有人会想到栈道桥",没有必然的是非正反的价值判断，会不会更好些？是否可以让考生有更多的自由书写的空间，有更多的真话可说？如果我是今年的考生，我就会选择悬崖峭壁，因为我向往飞檐走壁、攀登绝顶的蝙蝠侠，我不希望成为舒适缓步的栈道客。因为人情总是好逸恶劳，贪图便利，所以还得看你是属于什么样的"另一种人"。想到悬崖峭壁的，未必总是畏惧者和怯弱者，他们为什么不可以是一批敢于面对的勇者，或巧于战胜的智者呢？我不知道命题者是出于无心还是苦心，这样一倾斜则大有可能使今年的作文失去些许真正的优卷，而多出了许多庸卷。我们一方面在批评现在的学生太缺乏批判性思维，另一方面又鼓励和驱使他们向"同一性"的便道上走，抑制扼杀了他们自主独立的思考，这种单向的绝对性的思维导向，在今年全国各省的高考作文命题中，亦不乏其例。总体上看，今年开放性的题目似乎要比以往多，而且明显出现提倡写议论文的大趋势，但由于平时作文的思维定势难以改变，学生能够真正发表属于自己想法看法的作文，一定不会多。就像前不久某报组织的中小学生作文竞赛，我出了一道给初中生写的题目叫"记一场天气变化"，结果发现写的几乎都是由晴天变为阴天，再到乌云密布，大雨滂沱，然后又复归天晴。真没辙，不知什么时候开始，十来岁孩子的脑筋早已经麻木僵化了！我于是发现我的命题也是太理想主义了。教师的语文水准决定了作文的命题水平。我没有办法也不够水平评价今年全国各地的作文命题，也不知道舆论所谓的"心灵鸡汤"究竟何指。但我还是比较欣赏上海的那道题目。既自由又不自由，无论过去、今天还是将来，是人人都要遇到和面对的现实。就说此刻我想回答你的问题，也就有可说与不可说、该说和如何说的"自由的困扰"。上海这个题目想和说的容积率都很大。四川"人只有站起后世界才属于他"这个题目，也有可自由思考的较宽的余地。什么才叫作"站起"？这是值得认真想明白和说清楚的，否则写起来也有可能空话套话连篇。现在有一种作文很走俏，就是没话可说时，就来一番大而空的抒情话语，既可敷衍成篇，又可吸引评卷老师的眼球。好在我们的老师审美不疲劳，都会给他些文采分。蜀地的这篇宏伟作文题，正适合做抒情美文。至于非常实用的像"老王生病""卖菜大娘大脑植入智能芯片"，虽然不至于抒滥情，恐怕也出不了太多的好卷子，平时学生拿这话题随便搞笑说说，倒有可能很出彩，但在试卷上岂敢乱来！至于"剧本修改谁说了算"和"裁判惹争议"这样的题，最好还是让老谋子和哪一个不是黑哨的来考考，我就不懂为什么一定要拿它来为难考生。不过食客好做，厨师难当，如果真请我试试给高考作文命题，那我也宁可去"面对空谷"了。

问：每年语文高考结束之后，媒体除了对比各省的高考语文作文题外，还会将国内的作文题与国外的高考语文作文题进行对比。以下是法国部分年份的高考作文题：

命题1："我是谁——这个问题能否以一个确切的答案来回答？"

命题2："能否说所有的权力都是伴随暴力的？"

命题3："什么是公众舆论能承受的真理？"

命题4："给予的目的在于获得"

命题5："能否将自由视为拒绝的权利？"

命题6："对现实的认识是否是科学知识的局限？"

还有诸如"所有信仰都与理性相悖吗？""我们是否有寻求真理的义务？""解释卢梭《爱弥儿》的一个节选段落"等等命题。

法国的这些考题给我的感觉是思辨性很强，甚至有很强的哲学意味。陈老师您怎么看？如果以法国为例与国内的作文题进行对比的话，您觉得有哪些区别？是否有值得借鉴之处？

答：国情不同，借鉴可以，移植不行。这里有几个原因。首先，西方国家例如法国，有很悠久的重理性思辨的文化传统，他们学校多半开设有哲学课，各学科教学都渗透了哲学和伦理的思想。其次，他们有自由言说的社会环境，他们的教师不会去刻意引导或限制学生应该说什么和不应该说什么。他们没有正能量、负效应之类的宣传说法，就是说了别人也不一定相信。再有，就是西方的作文概念，似与我们不同，我们的传统是"做文章"，是"天子重英豪，文章教尔曹"，讲求的是审题立意谋篇布局行文的一套，他们自然也会要求写一篇像样的文章，但作为考试，更看重的是思想观点而不是文字章法。一般能够自圆其说的，文字章法大概也不至于差到哪里去，这就是所谓"虽无规矩也自成方圆"。我们现在的作文教学一方面太重视立意要正确，要追求高度深度和创新，另一方面又要求开头须如何如何，中间和结尾又该怎样怎样的一套模式。如果拿"给予的目的在于获得"这道题考我们的学生，他们恐怕将不知如何下手。也许大多数都将否认"给予是为了获得",我们全社会不是都在提倡无私奉献吗?究竟怎么看待"给予"与"获得"的关系,又如何展开议论,所学的论点论据论证之类灵不灵,也很难说。再有,像权力与暴力、舆论与真理之类的言说,学生能不能有自己的话可说,也都值得怀疑。西方是考试适应教学,怎么学就怎么考;我们是教学应对考试,你考什么我准备什么。还有,我们已经习惯用给材料作文考学生,材料是由人选择提供的,不可避免含有既定思想甚至意识形态在其中,老师平时总是告诫学生须准确读懂材料的意图,不可离题跑题。像法国的那几道题,它不附带材料,光秃秃的题干,无枝叶干扰,不受任何制约,你可以直切话题作思考判断,平时训练有素,就可以像做问答题似的,无须顾头顾尾。我欣赏的是老外命题的直截了当,而比较我们的作文试题,就有点越出越啰嗦,几句话可以说明白的,偏要说上一大堆废话。汉语的明净简练到哪儿去啦?但近几年高考命题向重视理性与思辨的方向逐步转变,毕竟还是可喜的。鲁迅的"拿来主义"强调要自放眼光,自竖脊梁,我还是十分期待我们的学生、教师和家长,全社会的舆论,能够对高考语文提出积极建议,开展健康的评论。网上的议论和评比固然不无可取,但让老师们也包括命题者都试着"下水"写写高考作文,以亲知甘苦,则未尝不是有助于改进作文教学与考试的一种好办法。

2014 年 6 月 12 日

答石修银问

1. 陈老师，关于中学生写作目的的说法很多，有的说写作是生命的律动，是为了张扬生命的情感，有的说写作是表现自己的存在，有的说写作是表达交流的需要。您认为中学生的写作目的是什么？

答：你问的问题对象很明确：中学生写作。因为现在学界和语文界在讨论学生的写作问题时，都将成人写作和中小学生作文混为一谈。你所举的那三种"有的"，都有道理，并不互相矛盾。执其一而攻其二（其他两种或三种），没有学术论争的意义，而对于中学作文教学则非但无益而又害之。依我历来的看法，中小学作文教学的目标只需两个词概括：表现与表达。生命律动也好，表现自我也好，都是为了真实写出学生的思想情感，这就叫"表现"。但表现并不等于表达。想表现却表达不出来，表达不好，达不到与人交流的目的，其表现也就落了空，或者打了折扣。这本来就是作文教学中的一个常识性的问题：为什么写，写什么，怎么写，三者并举，统一共存。有时候需要侧重解决为什么写或写什么，有时候则需要把怎么写作为重点进行训练，因人因地因时而施，教学本该如此。有人曾经问过我，为什么学界和语文界都有一些喜欢说事惹事的"好事者"，我说至少是他们未必真懂中小学作文的学情和教情。所以一定不要把简单的事情搞得复杂化，把本是关联统一的一件事弄成互相对立；不要浪费时间掺和到人为的无谓论争中去。不妨化用朱自清先生的一句话：热闹是他们的，我什么也不跟进。

2. 我与您的接触中，常听到您引用叶圣陶的作文观点，您认为叶老哪些观点，对我们今天作文教学尤有指导意义？

答：叶圣陶的作文教学观点十分鲜明。在人民教育出版社出版的《叶圣陶教育文集》第三卷第三辑中，共有31篇集中具体阐述的文章，其他散见的还不少。叶老从不高谈阔论，总是切切实实地审思明辨，把道理讲清楚。我觉得他的许多观点都适用于今天的作文教学，而最重要的是这样三点：

一、"要写出诚实的、自己的话。"不说假话、空话、套话。这里实际已经涉及思想感情的问题，他曾指出："看学生作文，首先要看立意。如果立意有不妥之处，必须指明，并且通过教育工作切实地帮助。"

二、"在实际生活里养成精密观察跟仔细认识的习惯。""在实际生活里养成推理下判断都有条有理的习惯。"也就是平时就要养成准备写作的良好习惯。

三、"训练的目标在于像。""眼前有什么，心中有什么，把它写下来，没有走样。"既真实又扎实。在我看来，这就和前面讲的要求"表现"和学会"表达"，完全是一回事了。

今天我们的作文教学，不就是要集中解决这三个最基本的任务吗？你可以拿语文课程标准中有关作文教学的目标内容和要求建议对照看看，是否还需要有更高超更远大的方向任务的描述呢？有学者认为叶圣陶的作文教学仅仅是为应付生活，不够高尚，可是新课标在"全面提高学生的语文素养"中，不也提出要"具有适应实际生活需要的……写作能力"吗？不能对"生活"做狭隘低浅的理解，生活既包括物质需求，也包括精神追求。两者都要能够用写作能力去应付，难道不是这样吗？

3. 现在的材料作文，学生思考的背景材料当来自生活，要引导学生两耳当闻窗外事。今年高考，大部分省市命题的背景材料都是源自生活，以下是全国卷的基本内容：

卷2：请根据材料，从自己语文学习的体会出发，比较语文素养提升的三条途径（课堂有效教学、课外大量阅读、社会生活实践），阐述您的看法和理由。

卷3：……小羽在传统工艺的基础上推陈出新，研发出一种新式花茶并获得专利。可是大量假冒伪劣产品就充斥市场。……她将工艺流程公之于众，还牵头拟定了地方标准，由当地政府有关部门发布推行。……新式花茶产业规模越来越大，小羽……最终成为众望所归的致富带头人。

上海卷：人们对"评价他人的生活"这种现象的看法不尽相同，请写一篇文章，谈谈您对这种现象的思考。

可如此思考生活的命题，似乎也被大学一些老师否定。中山大学中文系教授、博士生导师谢有顺批评全国卷1道："全国卷，高中生了呀，还出如此简单的、毫无思考力的题目给他们作文，数百万的青年，在人生的关键时刻，共同探讨的不过是分数高低不是最重要的这种毫无思想光彩的话题，这个民族怎么会出思想家？怎么会有独立人格？这样肤浅的题目，就是拿来作中考题都显得太过简单了，何况高考！有一个老师说得好，古代的科举考试至少还引导考者去读四书五经，可今年作文题要引导学生读什么？我看什么也不用读，凭点小聪明足矣！"

您对2016年思考生活的作文题有什么看法？您如何看待谢有顺教授的观点？

答：我认为2016年全国卷1的高考作文题，还是能考出学生作文的不同水平的。这个题目虽不能说最好，但也还不能算"肤浅"。关于教育教学以分数判成绩论成败，以及采用种种奖惩的现象，直接关系到学生的成长，甚至涉及社会的正义和公平，并不是一件小事，尤其是"在人生关键的时刻"。古人说"此事虽小，可以喻大"，一个平常的小题目，为何不能做大文章？关键是学生有没有话可说，有，进而才看他说得好不好，说出什么样的水平。我设想如果自己来写这个题目，也许会用"我的分数观""论教育奖惩的优劣得失""从一个奖惩案例看中国教育之殇"等等，我想多少是会发出些思想的光彩的。可问题也许恰恰出在这里：估计今天的高考考生是难望有这样"思考力"和"表达力"的，不过也不能断言就绝对没有可能。如果真没有可能，则说明我们的教育，包括语文的阅读和写作教学，是严重脱离了学生的生活实际，已经失语于自己身上、身边的故事以至于麻木不仁。为了去谈"仰望星空，立足大地""一切都会过去，一切都不会过去""面对空谷"之类的高大尖的题目，或者关于当代"四书五经"的话题，学会说大话、空话、套话，用花里胡哨的语言，去糊弄评卷教师，吸引他们的眼球，倒真是可以不用读书，凭点小聪明就足矣。这就是我所考察的当今语文作文教学令人忧虑的现状。我多么希望我们的学生也能写法国那样"能否将自由视为拒绝的权利？"

"我们是否有寻求真理的义务？"之类的高考作文题，可是从我国已经"高中生了呀"的现实考虑，也许还只能委屈一点，只能出些"分数"啊、"批评"啊、"表扬"啊、"课堂效益"啊、"课外阅读"啊、"社会实践"啊这样简单肤浅的话题，看看能否从人人都有话说之中，挑出说得准确、有条理、有逻辑、有独立见解的卷子。我承认今年这道考题未必是最优的选题，但也不是绝对考不出学生的高水平。因此我认为对每年的中高考作文命题，让大家见仁见智，广泛听取意见是有益的，但如果说简单题目就写不出有思想的好文章，我则不敢苟同。鲁迅说过："想从一个题目限制了作家，其实是不能够的。"当年读他的《一件小事》，只是一件极其平常的交通事故，那一句"甚而至于要榨出皮袍下面藏着的'小'来"，那一段"这一大把铜元又是什么意思？奖他么？我还能裁判车夫么？……"，是怎样激起我的不一样的感受和思考啊！尽管文章是那么短小，可思想容量却是那样巨大。一个题目限制不了作家，不是同样也不能限制一个中学生吗？

4. 现在家长、社会、学校都很关注孩子课外阅读，但我们在教学中，发现阅读多的人作文并一定好，您认为此中原因是什么？您认为该如何引导孩子课外阅读？

答：这个现象不奇怪。书读得多变成书柜子或书呆子的，不是也不少见吗？阅读和作文是有密切联系的，读是吸收，写是倾吐。消化好不好是个关键。我在上世纪80年代曾给《小学生》杂志写过一篇短文，题目叫"用两只眼睛读书"。我说的"两只眼睛"，一只是要看出文章里写了什么，一只是要看出它是怎么写的，两只眼同时并用，阅读能力才会提高。很多人读书看文章，只看里面说了什么，不去琢磨它怎么说的方法技巧，我把它比作读书的"独眼龙"。语文教学就是要培养训练学生阅读文字具有明亮睿智的"双眼"。阅读时常常关注作者是怎么表达的，久而久之就会自然领悟出写作的道理。叶圣陶当年在答张自修的信里说："果能善读，自必深受所读书籍文篇之影响，不必有意摹仿，而思绪与技巧自能渐有提高。我谓阅读为写作之基础，其意在此。若谓阅读教学纯为作文教学服务，则偏而不全矣。"（1963.7.27）在答邹善一的信里也说："所谓阅读教学，本身自有其重要性，并非作文教学之辅。而善于阅读，虽不喋喋言作文，实大有利于学生作文能力之培养。"

(1963.5.8)我还讲过一句话叫"读写之间有座桥",搭起这个桥就靠两个字"悟"和"仿"。阅读需要读出其中表达的奥妙,即发现语言运用的技巧,发现了也就悟出了写作的道道,但还不够,进一步是模仿,就像小时候描红临摹一样。有一种偏见,认为模仿会扼杀学生的自主性,不利于他们的自由发展。其实,我们从小学话不都是模仿来的吗?现在的中小学作文课,我看就缺少模仿写作这一种练习,如果我们同意作文也是一种技能,凡技能都少不了最初的仿作。而所有的仿作,都不可能一直停留于依样画葫芦;它总会变化,就像我们小时候的习字,长大后不会老是写成描红簿上那样的字体。各各随着经历、性情、知识、习惯等的个性发展而发生变化,最终也就有可能出现创造。模仿→变化→创造,这是学语文的一般规律,学得好不好,就看你最后是停留在哪一站。所以家长需要选择能够促进孩子发展的书籍,让读的这些书从此岸将孩子送到彼岸。当然语文教师就更要有此见识,有此方法手段,阅读课上既要"悟"给学生听,作文课上还要"仿"给学生看。并且多介绍读写兼优的学生个案,由学生自己来现身说法,要比教师喋喋布道好得多。

5. 包祥道:"中国教育注重对知识的积累与灌输,注重对知识权威的尊重,注重对知识的掌握与继承。美国注重培养学生运用知识的能力,注重培养学生对知识对权威质疑、批判,注重对知识的拓展与创造。"而批判性思维的培养,今天,也引起了老师的关注。史金霞老师就提出阅读"四要"与"四不要"。"四要":(1)敢于提出自己的看法,(2)敢于提出自己的异见,(3)敢于坚持自己认为有根据的道理,(4)要敢于坚持自己个性的智慧。"四不要":(1)不依赖他人,(2)不迷信书本,(3)不迷信权威,(4)不迷信老师。

您认为该如何培养批判性思维?就批判性思维的培养,您对我们的中学语文课堂与能力测试有什么建议?

答:批判性思维的培养确实很重要,也很迫切,但不是说培养就能培养得起来,因为我们的学生从小早已非常习惯于"服从性思维"。有人说,应该用"接受性"来对应"批判性",而"接受"是中性的,思维本有被接受的必要,但却从根本上排斥"服从"。从"接受"到"批判"易,由"服从"到

"批判"则戛戛乎其难哉！我记得你曾经同我讨论过，无论在学生平时的作文中，还是出现在高考的作文里，批判性的思维似乎都带着几分危险。你看史金霞所说的那四个"敢于"，学生真的"敢"吗？平时的语文课上，教师说什么就是什么，学生总是服从、跟进，哪还会有什么"异见"？即使是疑问也很少见到他们提出来。"不迷信老师"，一个多好的许诺糖果啊！现在我想说，可否先不谈批判性思维，而提倡启发性思辨性的解读，倡导质疑和问难。最近我看到一则信息，讲到在美国学习的一个中国学生向老师抱怨："您从不告诉我们任何答案，却一直让我们这些学生利用大好的课堂时间去讨论。您觉得这种讨论有意义吗？"因为在美国的大多数中国学生无法适应课堂上充满讨论、辩论和自由提问式的教学，他们太习惯于复述别人的观点，很善于总结，但不善于分析、批评和提出自己的观点，缺少良好的表达和沟通的能力。所有这些正是他们在国内的中小学时的课上所养成的积习。所以要改变，就得从启发提问，引导讨论，自由发表不同的看法开始，倡导求同存异的互动生成的教学方式。我们今天的语文课基本上没有脱离一种落后的传统模式：授受式、训示式、指令式。我并不完全否认教师的讲授，但我认同一种说法，即"对话式讲授"。澳大利亚学者迈特卡夫和吉姆说过："当学生呼唤教师进行更正式的信息讲授的时候，该讲授本身就是展开对话的时刻。""对话"意味着心目中有学生，有尊重与满足学生主体的期待与需求。我过去提倡并实践"启发式讲授"，现在觉得"对话式讲授"这个提法更好。以上的看法不知是否可供你参考。

至于测试能力，自然也可以用学生是否养成提问的习惯作为一个基本评价指标。这个做法我在上世纪80年代教初中时曾试行过，你可以看看我的《我即语文》里有关介绍。制定语文能力测试项目并不难，需要注意的是：一、不要与现行的卷面考试挂钩；二、能力不是一天两天就能立竿见影的，必须先从语文习惯的检测开始，惯而熟之，熟能生巧，这是一个慢过程，不能急于事功；三、要从学校、班级的实际学情出发，来制定测试指标与评价方式，防止"一刀切"。

6. 2013年10月我前往台北中山女高访学。台北中山女高庄桂芬老师给我展示的课堂就是，老师拟题"远方"，然后学生八人一组讨论，并将"结果"由一人录入电脑，传到班级的大屏幕。然后大家讨论，继而矫正或学习。我感觉课堂理念与您的"作文展示，七嘴八舌，评议纠错"的倡导是一致的。您认为这样的课堂是最好的作文课堂吗？您认为我们目前作文教学存在的问题是什么？

答：你介绍的庄老师的那一节作文课，只是众多作文课中的一种模式。它的好处是可以集思广益，对学生拓展"审题"的多元思维会有所帮助。我们可以想象，如果上完这节课，学生回去写《远方》也许能较快找到思路。但一利必有一弊，如果有些学生本来就对这个题目无话可说，此时顺便从众人的"集思"里偷得一个意思敷衍成篇，也不是不可能。但毕竟利大于弊，因为"远方"是个有较大包容性的题目，相信大多数学生还是有自己的题材可写的。

我当年的做法，和庄老师略有不同，是先用一两篇作文交给学生讨论，希望能从个别中归纳出一般，既通过七嘴八舌修改了"这一篇"，又从众议里探讨了诸如审题、立意、谋篇、行文等的作文知识。我发现学生对讨论一篇具体的作文，要比组织谈论抽象的"拟题"更有兴趣。彼此的目的不同，很难判断哪一种更好，更无法对你所问的"最好的作文课堂"做出满意的回答。好的作文课的标准总不至于言人人殊，但衡量的最主要一点，是大多数学生是否因此都乐意去写，写了之后是否觉得有所提高，教师是否发现学生是在进步中。只能笼统这么说，卑之无甚高论也。

7. 很多老师感觉作文课很难上，有的干脆就不上，家长学生等颇有不满。中学语文老师要上好作文课，该从几个方面努力？您对我们这些晚辈语文教师有什么期待？

答：我说过我不可能对如何上好作文课提供具体切实的意见，我自己过去上的作文课自己也未必满意，同样也遇到不少困惑。如果说对语文教师有什么期待，倒是可以说几点供参考：

一是要喜欢读书。有了阅读的足够量的积累和质的滋养，一定会潜移默化成写作和教学的素养。

二是要保持经常写写东西的习惯。你教学生怎么写，而你自己是否也这么写呢？你写过几篇"下水"作文了吗？已故的语文教育家顾黄初说："我们经常会看到这样的语文教师,他还在学校里做学生的时候,是会按照学校或教师的要求认真读书,认真完成作业的;一旦从学校毕业分配当语文教师了他就成了专门指导学生认真读书,认真作文的人,而自己除了语文教科书和教学参考书以外,就不再读书,除了写教案也不再写文章。"他认为如果"一旦离开课堂,语文教师的人生与语文再也无缘了,……他可以勉强做到'称职',但永远也无法达到'优秀',更不用说'出类拔萃'"[见《顾黄初语文教育文集外集(上)》,第303页]。顾黄初先生的这一番话,是值得每个语文教师省思的。

我因此希望能看到这样一本书,就是把教师和学生一起写的作文,特别是同题作文,编成集子出版。那一定要比单出学生优秀作文汇编不仅更有指导作文教学的价值,而且也有助于提高语文教师的专业素养。这么简单而容易想到的事,为什么竟没有人去做呢?

三是希望看到有志者能组织开展作文教学的试验。给试验以话语权,让试验说话,由试验来回答。鲁迅说过,专门家的话多悖。听听固可,不听也无所谓,只有实践才能出真知。

当然我也知道,对以上几点的期待,恐怕仍然是远哉遥遥的吧?

8. 记得2015年福建省高考作文题公布后,您说道,如果我写作文,我会写面对空谷,想做一个攀援悬崖的蜘蛛侠。如此大胆想象,彰显自己对"空谷"有自己的情感与思考。这样的作文在高中,我们老师会给予高分,如2001年"诚信"话题,一考生写的《百元假钞的自述》,江苏省的《怀想天空——我是一头猪》。但在初中,这样的作文恐怕只能得低分。老师的理由,想象作文不是记叙中学生的生活,不是原生态的写作。据我观察,近几年初中都未推出一篇想象作文的佳作。您如何评价初中阅卷拒绝想象作文的看法?

答:你说到我会写我想做一个蝙蝠侠,这不是想象,是思考,是经过理性思考后的立意选择,只是具有想象的成分而已,并不是像《我是一头猪》似的被称作"想象作文"的东西。初中学生乃至小学生练习写写想象的作文,本是很好的作文训练,对开发少年人的想象力、创造力都有好处,为什么不可以在考试中让他们一展才智呢?问题也许出在命题的特殊要求,以及想象的内容是否扣住话题。中学生生活是否也包括他们的理想、想象呢,我看是应该包括的，只要出于自己的真实想象，而非搬套仿造，也就是原生态的，为何要拒绝呢？除了明确规定不允许写想象作文，否则只能具体文章具体分析。尤其是，对中小学生作文中的想象成分、想象色彩，应特别小心看待，需多给些宽容和鼓励。你说近几年初中难得见到想象作文的佳作，情况我不了解，原因究竟是考试的禁区，还是平时练习的限制，则需要让初中教师自己去分析了。

9. 陈老师，我们看一道2015年某市的中考作文：

> 人们都渴望自己的人生之歌曲调优美，悦耳动听，但不是每个人都能把自己的人生之歌唱得完美，甚至有人可能唱得不成曲调。但只要我们是在努力地按照正确的曲调去歌唱，即使是由于这样或那样的原因唱得不好，我们也无怨无悔！
>
> 请以"不成曲调也是歌"为题写一篇文章。

我认为，我们现在的中考作文都是命意作文。就此题，文章只能写"不成曲调也是歌"，不能写"不成曲调不是歌"，如果将要求改成请以"不成曲调也是歌（或不是歌）"或"不成曲调却是（情、歌……）"为题写一篇文章，文章就有立意的自选，此作文题就非限意作文了，学生思想解放了，文章亦就鲜活。但这样的非限意的命题，中考作文命题中难见，阅卷中更是对违背材料思想的作文给予打压。

值得欣慰的是，高中教师比初中教师更有专业的自信，更见广阔的胸襟。福建高考阅卷指导组长余岱宗教授提出，我们要引导考生与材料对话、商讨，而不是对材料观点诠释或证明。

为什么初中教师没有高中教师这样的胸襟呢？有初中老师说：初中生思想还不成熟，还不能引导孩子质疑材料、质疑常见的观点。对此您又如何看？

答：这个问题很难说是初高中教师专业自信的区别，只能是缘于作文教学和考试指导思想的迥异。初中的阅读和写作，旨在掌握基本知识和训练基本能力，检查则更多侧重于一元式的理解和表达，在考试范围和内容要求、表达方式等方面给予一定限制，也许有其道理。但自从实施课改以来，都强调以学生为主体，在义务教育语文课程标准的总体目标中，明确提出"能主动进行探究性学习，激发想象力和创造潜能"，如果在教学和考试中加以太多限制，就必然会挫伤学生的学习积极性，对学生的自主发展造成影响。不过你所举的例子，也许恰好表明初中的作文教学已经在试图引导学生对问题发表多元看法。因为照常说，亦即根据一元化的观点，不成曲调当然不是歌，现在"多元"一下，来个反说，启发学生多些角度发表看法，看看能否言之成理，不正是符合余教授所提倡的"质疑常见的观点"吗？如果改为"不成曲调也是歌（或不是歌）"为题，当然也可以，同样也是一种"命意"，即只能在"是"或"不是"中选择一种。在初中学生思想还不成熟的情况下，提供双向选择也许会更好些，不成曲调也是歌，毕竟不好圆说。所以这道题难度颇大，以我对初中生生活经验和阅读积累的观察，我认为并不适宜作为中考考题。你所谓的"非限意"的考题，不是不可以出给初中学生，而是必须让他们都有话可说，比如今年高考的那道看图说话，谢有顺先生说"拿来做中考题都显得太过简单了"，究竟简单不简单，还得根据考生的整体作文水平来衡量。以我看，恐怕还是并不"简单"哩，不信，试拿给初三的学生做做看。总而言之，一道语文试题包括作文题是否合适，不能就题论题，而必须结合某个地区、学校的语文教育水准，以及学生总体的平均成绩来讨论。今年之所以把一张看来"肤浅"的漫画出在全国课标卷1上，恐怕也是有的放矢的吧？

10. 徐华老师《初中作文教学现状分析与突围路径》（《中学语文教学》，2015年第2期），分析初中作文教学的整体现状：一是忽视写作规律、认知规律，过多讲授快餐式、碎片化的写作知识、写作技巧的现象，在课堂上频频发生；二是忽视学生的写作兴趣和课外阅读的积累，过多的指令性写作让学生的写作味同嚼蜡；三是忽视制定长期的系统的作文教学计划，过多的随意作文，让学生的写作训练形同虚设。

您如何看待徐华老师的说法？您认为该如何改变您认为的"初中作文教学现状"？

答：许久没有听初中的作文课了，不详知整体现状，不敢妄说。但徐华老师所分析的几种，看来是有代表性的。语文能力无论是阅读还是作文，都不可能一蹴而就，计日程功。快餐式、碎片化的灌输可能就是为适应立马成功——成语有"倚马可待"——的教学而施。我同意作文必须从兴趣培养开始，且贯穿始终，只有在学生不怕写、喜欢写、写得有兴味的状态下，教给写的方法才可能收效。以传授系统的写作知识技能为序的做法，教材尝试过，一些热心人士也曾筚路蓝缕，付出不少心力，可是都没有什么成绩可言，看来这个路子只能是一条辅路，而非正道。倒是有学生在教师的启发、鼓励和适时对路的引导下，很明显地进步了。这样的个案如果收集起来，加以研究，汇编成书，个中规律也许才能真正显现。我相信在众多的成功个案里，一定包括阅读转化为写作的生动例子。没有一个作文写得好的学生，是不喜欢读书的。叶圣陶说阅读是写作的基础，这个话可不是随便说说的，是可以从许多人包括你我的身上得到验证的。所以如果一定要制定长期的作文教学计划，是必须把阅读这一项设计在内的。

2016 年 9 月 5 日

语文课堂要转变为"买方市场"

（在第三届"语文报杯"语文课堂教学展评会上的发言）

教之于学就如同卖之于买。

——［美国］杜威

　　我想跟大家一起思考一个问题，就是听了课以后总有一些联想，这个联想不完全来自这一两天的课，更多的是来自我平时的听课。我平时在学校的任务，就是校长交给我的下班听课。我有很多感触，今天就想跟大家一起交流、思考。我就接着刚才伊老师的话题，他讲得非常好：语文教学教什么？文本究竟写了什么？它是怎么写的？

　　我想讲的第一点也就是语文究竟应该教什么。我想它应该包含三个内容，第一个就是文本里面有什么。第二个，它是怎样把"有什么""是什么"表达出来。第三个，学生学了以后，驻留在他们印象中的语文知识，以及学到的语文技能等等，即最后形成的语文素养是什么。我把这三个内容归纳为：一是"是什么"，二是"怎么样"，三是"学什么"。

　　听了很多课之后，我感觉老师们都很注重"是什么"，比如很多老师就用了"这篇文章的主题是什么""我今天讲的这个课主题是什么"开头。我们已经很久没用"主题"这个词了。我觉得"主题"这个提法挺好，表明老师们很重视它，尤其是重视文本所传达给读者的思想内容、思想情感和相关知识等等。第二个，老师们都很重视把自己对文本的理解教给学生，引导学生去接受老师所理解出来的东西。每节课40分钟，我感觉老师们都做了很充分的准备，甚至时间快到了，还是急着把没讲完的东西无论如何也要塞进课堂去。这两点给我印象最深。但是，我还想问一个问题：语文究竟是教"是什么"呢，还是更应该侧重怎么样来表达那"是什么"？换句话说，语文教学是注重内容，还是更应该注重形式？我觉得这是个大是大非的问题。到目前为止，我们还是比较侧重教课文所传达的信息，深怕这个信息没有传达给学生，或者没有传达好。但如何传达这个信息的信息，即如何通过语言形式去抵达内容，去把那个信息传达出来，我认为才是语文教学更需要侧重的教学内容。所以，从侧重教"是什么"到侧重教"怎么样"，语文教学的目标应该有一个大的扭转。

我们知道"三维"目标第一维就讲到"知识"，到现在为止什么是语文知识，语文界认识还比较混乱，但是我想越是混乱，我们越应该把它理解得简单一点。所谓语文知识，我觉得你要教给学生、让学生知道的东西就叫知识。笼而统之地说，知识就是一个文本让学生知道、认识的东西。而如何发现这个知识的方法、途径，并将它历练成习惯，这就不叫知识，而叫智慧。我们教给学生的，不单是知识，更主要是智慧。"三维"中的"过程与方法"教好了教会了，就出智慧。歌德说过："内容人人知道，意蕴需要下一番功夫才能找到，而形式对大多数人是个秘密。"注重语言形式的揣摩和探究，教会学生解语言的密码，这里面有智慧。所以我说，教什么，要有个教的内容和教的方式方法的大逆转。

叶圣陶先生有一句很经典的话："把国文教学目标侧重在言语形式的讨究。"这里，我把我的意思用刚听过的李白《将进酒》中的一句话改造一下。李白说："与君歌一曲，请君为我倾耳听。钟鼓馔玉不足贵，但愿长醉不愿醒。"我把它改造成这样一句："与君进一言，请君为我倾耳听。思想内容不足贵，唯有形式最堪珍。"不在语言形式上认真地研究一番，思想内容就出不来，至多是肤浅的感受、皮毛的理解。通过这次基本功展示，加上我平时的听课，我总结了一句话：语文是教形式的，也是教内容的，但归根结底是教形式的。或者简单地说，语文是教如何从形式抵达内容的一门课。这样，我们就把"三维"目标的第二维"方法和过程"很好完成了。只有完成好了这一"维",其他的知识与技能以及情感、态度、价值观才能真正得到落实,否则就全是架空的、无效的。

一个很严重的问题是,现在教语文好像都是在教内容,不教形式。给大家一个权威的说法,课标对语文课程性质的表述是:"语文是一门学习语言文字运用的综合性、实践性课程。"对课标性质的讨论将近一百年了,最后定位为这样一句话:学习语言文字运用,而不是学习语言文字内容。这是历史性的胜利。

这是我讲的第一点。

第二点,那怎么教呢?老师们的教学预设,都指向了课文需要让学生读懂读好的内容,这是很重要的。但是语文有一个不同于其他学科的特点,就是学生可以自学。我多次跟老师们讲,一篇课文你不教学生也能读懂。为什么还需要语文老师来教呢?因为学生受知识积累、人生阅历以及阅读习惯等等的限制,不可能完全读懂读好,他们需要老师来帮助。昨天听课的老师和上课教师对话时,有位老师说得好:学生到哪里去了?他的意思是,你考虑了学生没有?由于这次展示是借班上课,老师们要十分了解学情,两头都吃透,确实有困难。但我想解决这个问题有两种办法,一个办法是靠老师的经验去预设。钱梦龙老师就很善于预测。就像刚才伊老师讲的,钱老师有一个习惯,每次上课前他都要给学生发卡片,让他们提问题。我认为现在也可以学着这样做。我来自福州一中,我们学校有一个好传统,就是学生都要做预习作业,有的学生甚至一学期有一整本的预习笔记。当然,不可能每个学生都这样做,老师也没时间挨个去看,所以就要靠老师的教学经验,他会从学生的作业、试卷以及平时谈话中发现问题,老师就靠着这些发现去预设。第二个办法是靠问题去预测。今天当堂出一个两个问题,就能靠它预测出学生学习中的问题。所以,只要从学生立场出发来确定一篇课文"教什么",问题就可能变得非常简单。可是现在我们老师在"怎么教"的形式上花了很多时间,一定要做出一个很有亮点的设计才行,可谓煞费苦心,但实际没有这个必要。与其去这样做,不如启发学生在课堂上有所发现。刚才伊老师说他们第一组有一节课非常好,就是老师把学生的疑问归纳成几个问题来讨论。这个做法非常好,其实这也是传统的一种做法,但是现在这个传统已经失传了。

因此，需要从学生出发，教学要指向学生的未知和浅知。高明的老师能够洞察学生貌似已知而实则未知，能够使学生从已知中发现未知，这才是最值得提倡的教法。

我听了很多课，在课堂上老师对学生的回答从不评论，总是说"非常好""非常棒""非常聪明"，如果学生的回答都没问题，可见这堂课是失败的，因为它没有教学内容产生。老师是来帮着学生学的，首先要让学生出现困惑，产生问题。当然也可以让学生把他自己发现的问题提出来，大家讨论交流一下，老师还可以做一些补充、修改、提升。可是，这次展示的课有互动有共享，却很少看到哪节课学生说错了，老师如何帮助纠正他。老师至少也应该让学生说说，他是怎么发现文章的精彩，是怎么能够回答出这么好的答案的，这才是我们通常应该做的。作为教师，你到底了解学生知道了多少，什么是不需要教或不作为重点教的，学生心里的期待和困惑是什么，一定要搞清楚。这就是教学内容，就是教学重点和教学难点。我常常跟年轻教师说，教学重点和难点不能根据自己的主观设定。所谓预习的目的，不是让学生跟你走，而是你如何跟学生走。比如有一堂课，教的是钱锺书先生的《谈中国诗》，教得还不错。这篇文章有一定的难度，老师预先布置了预习，让学生初读之后在黑板上写出中国诗的特点。其实我觉得这没必要，为什么呢？你这个教学目的是什么？老师是想看看学生预习时认真不认真，能不能把这篇课文的知识点都找出来，这不是目的。你不如布置学生找找读这篇文章的困难在哪里。学生读这篇文章肯定有困难，因为连老师都有困难，学生怎么会没有？钱梦龙老师说过，你要了解学生的困难也容易，因为你所认为困难的地方，学生肯定也有。但是，在课堂中我很少听到有老师问学生在预习时有什么困难，有什么需要老师上课来帮助的。所以，教师的预设是想预见学生的困难与期待，是设想如何帮助他们排难解惑，不是预设要教给学生什么，而是预设要解决学生什么问题。杜威曾说过"教之于学就如同卖之于买"。我经常把语文教学比作要转变卖方市场为买方市场。如果教师是卖方，我只卖这个货其他别的就不卖，我就进这个货，别的我就不进了；如果是买方市场，学生需要什么货，你就得进什么货。所以语文教学说难也难，说不难也不难。难在哪里？难在我们始终不知道学生想学什么；但是也容易，反正学生也不知道老师要教什么，你教什么，我就学什么。语文课经常看到老师教什么，学生就跟进，这就不正常。

我举个例子，问：《永遇乐·京口北固亭怀古》的上阕写了什么？老师已经做了预设，上阕是对英雄的赞美和仰慕。你们说上阕真是对英雄的赞美和仰慕吗？"英雄无觅孙仲谋处"一句的"无觅"不见了。"寄奴曾住"的地方，如今是"斜阳草树，寻常巷陌"，也没有了。这个地方应该是抒发感慨，而不是赞美和仰慕。再举个很好的例子，据说当年有小学生去采访马未都："请问马爷爷，您是如何走上收藏道路的？"马未都面对这些小朋友，该怎样讲啊？他的回答很幽默："我是用一双脚走上去的。"小朋友们于是齐声说："哦，谢谢马爷爷。"便赶紧埋头记下来："是用一双脚走上去的。"从这个故事我们可以发现几个问题：一是小朋友的提问一定是大人教他的，不是他们自己想出来的；二是在我们语文课上，从来都是老师说什么就是什么，从来没有看到孩子对老师所讲的有什么自己的看法。我听到不少课都是学生希望听到的老师不讲，不需要讲的，学生都知道的，偏偏大讲特讲，讲得很多，这是个很严重的问题。而且教师讲课有个程式化，总想弄些花花哨哨的东西。每课开头是否都要有个精彩导入？我看统统没有这个必要。语文课要做减法，要摒弃花哨的教法。好好挤一挤水分和泡沫，多教些干货。

从学生出发，老师会遇到很多挑战。比如"一种相思，两处闲愁"是什么意思？什么叫"闲愁"，我自己也还弄不明白，说不清楚，你给学生说明白了吗？李白说"钟鼓馔玉不足贵"，既然看破功名，认为"不足贵"，为什么还喝酒浇愁，大醉一场呢？我看李白他其实是挺热衷于功名富贵的。结果，老师都给预设了，说什么李白这里写的是多么自由多么豪放。其实这首诗抒发的恰是李白的满腔不平之气，学生可能也会有这个感觉，可是给你一预设，一说出来，他们也就信了。

第三点，教师缺乏语言敏感，也是个大问题。任何职业都要有自己的敏感。语文老师看家本领就是有对语言的敏锐感觉。比如，一位老师解读史铁生的《合欢树》，说母爱无处不在，"睁开眼睛，看见风正在树林里吹过"一句是暗示母亲在九泉之下回应着他。这里分明是写作者得到了一种安慰，从迷糊和痛苦中醒过来，顿时感觉轻松，是借景抒情，跟母亲没啥关系啊。再

143

比如李清照的《一剪梅》，写"雁字回时，月满西楼"。最令人感动的不是雁，也不是月，更不是西楼，而是那个"满"字。整座楼都洒满了月光，那肯定不是新月，而是圆月，不是月亮刚升上来，而已经是月在中天，可见等那"雁回"等得多么久。由天上月的"满"又会联想到世上人的"圆"，这里有多少相思在其中啊！所以我常给年轻老师讲，备课时先要想好三句话：一、这篇文章为何需要学，学与不学有什么不同？二、这篇文章为何需要教，教与不教有什么不同？三、这篇文章为什么需要这样教，这样教与那样教有什么不同？想好了再去备课，才会找到真正要教的内容，也才能够教好。

　　超过给我的时间了，我就讲这些。谢谢！

（2015年11月20日据录音整理。）

学生主体是靠"教"引领出来的

(在福建泉港庄学培名师工作室"送教下乡"研讨会上的讲话)

各位老师：大家下午好！

非常高兴能够到泉港跟老师们做一次交流，对我来说这是一个思考的机会，因为平时在家里，不可能有专门思考的时间，一旦到了课堂，头脑就活跃起来了。面对着许多具体的问题，就会想，就会产生思辨。今天想讲几个问题：

一、备课，还应该备在课堂上

刚才庄校长问我，晚上几点睡觉？早上几点起床？我说，我在家里每天早晨基本就做两件事。一件是坐上七点钟的校车，到学校听课。一周一般有三天上午，听一两节课，听完我就有的"想"了。第二件是起来做家务。所谓家务，就是买菜，我会很早就活跃在市场上，早市七点半就收摊，得提早出发。基本上是两不误：一是听课，二是买菜。我的生活就这么简单。

那下午呢？下午读书、思考、写作，特别是思考上午听的课。我的《如是我读》就是这么写出来的。如果我不去听课，根本就不会有这本书。你叫我坐下来，拿一篇文章来解读，这毫无意义，不可能有念头产生。干嘛要坐下来解读？除非是语文书刊交给我的任务。我一旦听完课就有很多想法。这老师教得好，他的解读非常好，我感觉自己有收获。或者说某个老师解读还不到位，那么，我怎么想呢？我如何跟他交流？于是下午就拿起笔来，或者敲起键盘，就把对上午课的思考写下来。有的写成片段，有的就整成一篇文章。原先是写成片段，传过去就完了；后来，我觉得光是一个片段不能解决问题，还得要做全篇的赏析、解读来把握它。所以，后来就写成一篇篇文章，才有了《如是我读》这本书。这本书不是一般的教案，更不是教参，可以说是我听课的思考录。我这样讲的目的呢，是希望能够明白，老师们实际备课，也应该备在课堂上，这是最好的备课。

我不知道你们有没有时间互相之间多听些课。我坚持一个观点：多听人家一节课，可以少备一节课。什么意思呢？少这么45分钟时间坐在那里备课，你把这45分钟的备课时间拿去听人家的课，你一边听着，一边备着，这是最好的备课。你不去听人家的课，你思想不会被激活，你不会产生问题；不会产生问题，你就不能进入分析；不能进入分析，你就不能提高，不能积累、积淀、升华。绝对不可能！然后还要说，我没有东西可写，我写不出来，就是因为你没有积淀啊！有了积淀你就能写了。特别是经过跟别人的交流、交锋，文章就从这里面出来了。

写文章如果老是说我怎么样怎么样，我认为如何如何，是写不好的。如果你有一个对象，觉得某某老师或某某人，他这篇文章这样解读，我并不同意，我认为他的解读不行，这个时候拿起笔来写，就非常容易写了，因为你有了商量、补充、纠正的对象，有了挑战的对手，你拿起笔来写，就容易下手。每听一节课，就是一个很好的备课。这是我的一个感受。

二、对郭焱娥和钟宝明老师两节课的评价

我今天听这两节课，觉得很有收获。两位老师都上得很好。因为陆游《诉衷情》这首词并不长，也不难理解，用一节课时间，基本上完成了教学任务，让学生知道陆游在这首词里所表达的爱国主义思想感情——准确说，应该讲爱国的思想感情，不要讲爱国主义。爱国主义是我们现在给的定义，爱国不是主义，主义是一个政党一个政治团体提出的主张，可是人人都要爱国，爱国是不需要主义的。就讲爱国的情感，而且，这个爱国情感不是空洞的抒发，他是生发出来的，正确地说，他是感发出来的。

现在讲诗词，喜欢用这么一个词，叫"感发"。有一个叫叶嘉莹的大学者，希望大家有空去看她的书，这个学者已经九十多岁了，她现在旅居加拿

大，她毕生研究古代诗词教学，是顾随先生的女弟子。叶嘉莹认为诗歌创作得有感兴、感发，一定要有感发才有诗歌创作，我们自己读的时候也要有所感发，才有办法进入诗词，才能够去启发学生。所以，我们的目的是通过诗人的感发，去感发我们自己进而感发我们的学生，所以"感发"二字非常重要。

今天这两节课，学生就受到很多感发，为什么呢？因为老师把所有的感发都教出来了。诗人有感而发，不是凭空的抒发感情。钟老师这堂课非常重视诗词教学中的"诵读"。把诵读环节做得很好，学生读，他自己也读。还有一个，非常重视诗歌的联想、想象，读一两句，就让学生想象一下，当年陆游在沙场上是什么情景？后来对着貂裘，看着貂裘又是怎样的心情？我觉得这个设计非常好。诗歌不能引起学生的想象，只停留在字面上的理解，知道说些什么，写些什么，这就不是诗歌了，可能是散文了；就是散文也应该有想象，但诗歌更注重想象。所以，这节课使我印象特别深刻的就是诵读和想象。

还有，两位老师都共同做到了对关键词的品析。诗是非常精练的艺术，它这个精练就是字数少，容量不小。在字数很少的这样一个篇幅里面，又非常注意炼字，炼字炼在哪里？就炼在关键词！两位老师都非常注意这一点。比如"觅封侯"的"觅"，"梦断"的"断"，"尘暗"的"暗"，"泪空流"的"空"等，这些关键词，让我教的话，我也是会抓住这几个词语。郭老师的课呢，她除了注重关键词的品析之外，还比较注意整首词的情感变化，这说的就是"语脉"，这"语脉"很重要，我们不要以为一首诗很短，一首词也很短，它里面就没有脉络。散文是有脉络的，诗也同样有脉络，词也有脉络，或者叫意脉，从感情上来说就是意脉，表现在文字上，就叫语脉，这点郭老师做得非常好。她从"觅"到"断"到"暗"到"空"，这一连串下来，情感有变化，指出这一点非常好。

两位老师的课，亮点就在这样一些地方，很好。从教学方法上说，钟老师比较重视引领，他讲的比较多，虽然和学生有互动，但相对而言，老师还是讲得多了些。但大家不要用多和少来评价他。为什么呢？因为课改以来，老师被边缘化了，老师不敢讲了，不敢导了，而我觉得钟老师在"导"上面是下了功夫的。你看他自己一直在讲，而且讲得很从容，语言也很简练，固然整个调子太平了一点，没有一定的抑扬顿挫，所以节奏还得要加强一点，但他重视通过自己的讲来引领，领着学生进入文本，这非常重要。现在很多老师不敢领，也不会领了，好像认为领得多了，学生就没主体了。实际上，学生的主体是被教师的"教"引领出来的。学生的主体究竟有没有？有。那是自发的主体，经过你引领之后，就变成了自觉的主体，所以也可以说主体不是现成就有的。主体是在课堂上呈现出来，生成生长起来的。我们现在一讲就讲学生是主体，既然已经是主体，那还要教师的教干什么？正因为那是不成熟的主体，或者说是不自觉的主体，所以一定要靠老师去引领，去启发。

郭老师她不是重在引领，她更重在启发。我把启发与引领分开来说，引领中间肯定有启发，启发本身也就是一种引领，本来无须分开来说，但我感觉郭老师的启发在课堂上呈现得比较多一点。你看，学生很快就和她呼应，很快就把老师要讲的都说了出来，这说明学生被老师启发一下，很快就明白了，没有花太多时间。所以我觉得这两个教学方法都不错。当然，从教学语言上来说，钟老师语言更规范一点，也更讲究一点，而郭老师呢，刚才她自己也说了，语言方面表达得比较粗了点，散了点，也可以说是比较生活化了一点。

语言有两种，一种叫生活化语言，一种叫教学化语言，两个都要。生活化语言比较亲切，因为老是用教学化语言，学生就会感觉你是在教训我，所以没有生活化语言就不够亲切。但如果没有教学化语言，学生接受起来会感觉碎片化，比较散漫，不规整、规范。两种语言的配合还是很有讲究的，哪些地方用亲切的、自然的、生活化的语言，什么地方开始要"训导"学生，要用教学化语言，也需要备课。我所主张的三"以"读法中有一个就叫"以言传言"。另外两个是"以心契心"（读时心要进去，你的心要跟作者相契合）和"以文解文"（在文章里把文章读懂，不要到文章外找资料，不要依靠教参，就靠在文章里拿这里的文字去解读那里的文字，互相联系配合着解读）。"以言传言"是要求用准确的、规范的、有条理的、完整的一段话来把你要说的话表达出来。这个"以言传言"，现在很多老师都不重视，无论讲什么，讲完就算了。刚才郭老师讲自己有点"飘"，可能也就是指在语言方面有点散，有点碎，不够规整。那么规整应该体现在哪里呢？首先就要出现在教案里面。

我平时听了课常会问老师，你这节课要驻留在学生印象中的是哪几句话？它在你的教案里面有没有啊？一些老师常被我问住了，他教案里面没有啊。我说教案里要有几个关键的语句，关键的段落，必须让学生听完带回去，这些话要用红线把它标示出来，或者专门用红笔写出来。这些话在1班上是这样，在2班上也是这样，整个备课组都统一用这些话。比如"关河梦断何处"这一句好在哪里，集体备课时可能有不同的意见，好，不一样的提出来，把最好的解读选出来，写进去，到哪一班讲都是这些话；这样一旦考试的时候就有标准了。所以语言要规范，自己要先过一遍，翻译一下，解说一下，看看规整了没有。这一点今天两位老师也许还没有意识到，回去可以再做一做，因为很重要。

现在不大讲"三维"目标，讲的是核心素养，其中第一个就叫"语言建构和运用"。所谓建构就是要形成一个完整的规范的语言印象，形象一点讲，就是积累的东西要打包，如果你积累的东西全部散在那里，就不可能形成语文素养；形成语文素养除了大量积累，还要构建成自己的语言"常模"。数学有"常模"，语文也有"常模"，学这篇课文建立一个"常模"，学那篇课文又建立一个"常模"，读陆游这首词建立一个，辛弃疾那首词建立一个，这些"常模"——综合建构起来，就形成素养。所以我觉得教师做这个"传言"的工作很重要，一定要重视。

三、对郭焱娥和钟宝明老师两节课"提升"的建议

这首词的教学，如果还需要提高的话，我在想，我如果是学生，我还会提一些什么问题呢？如果教师发现学生提的问题我还没想到，我的准备还不周全，那么就产生我常讲的教学"落差"，就是你的教学内容与学生的认知之间产生了"落差"。如果没有"落差"，就是你不教学生也能懂，你不解读他也大体能领会，像这样的教学就没有什么内容。我经常听课，听完觉得这堂课没教出什么东西来，教和不教没什么不同，学与不学没什么两样。你教的东西从哪来的呢？一个是你读出来的，你比编者读出更多的东西出来。不要以为书上注解注了，实际上有些话并没有注好，你就应该读得比注解的更好。

第二是从学生那里来。学生读不到这点,而你读到了;学生虽然读到了,但表达不准确,而你的表达比学生准确。可能还有学生的困难、学生的问题,没有表露出来,而你忽略了,如果一旦表露出来,你是否能够面对呢?

我举一个例子,刚才郭老师做了一个解读示范,她说陆游"觅封侯",是去寻求功名利禄吗?这不对吧。但这个问题最好让学生来解答,为什么用"觅封侯"呢?"封侯"是功名,为什么是功名呢?这样就把班超的故事给引出来了,哦,这里是用典,这里"封侯"不是去做官,而是建功立业。可以让学生提,你也可以做个示范,那剩下来的就让大家来提了。我在听课的时候就在想,为什么叫"匹马戍梁州"呢?刚才跟钟老师交谈了,我的看法跟他一样。"匹马"是什么意思呢?去戍边本应该不止一匹马,而应该是万马奔赴疆场去建功立业,为什么是"匹马"呢?如果学生这样问你,你应该怎么解答?就我一个人,就我一匹马,只身独往奔驰去"戍梁州"。"匹马"表明什么呢?"匹马"这个词真不可忽略啊。

如果你不站在学生角度,不让学生提,学生不提,也不会提,你说"匹马"就是骑着一匹马去上战场,恐怕不是这样简单吧。这是一方面。还有"关河梦断何处"这句话,两个老师都还没有讲到位。"梦断"就是梦醒了吗?为什么要问"何处"?我如果是学生,我会问,难道他自己竟不知道是何处吗?这里陆游的梦到底是什么,你应该让学生说说。其实这里的"关河梦"就是上前线为国家效力、建功立业,可是这个梦没了,消失了。这个"何处"其实也就是"何时",是不知道时间竟过得这么快,那么"何处"也就是"何处觅"的意思。到哪里再去找这样的梦呢?何处才能再找到那样的梦啊!随着时光的流逝,我的梦没有了!胡云翼在《宋词选》里对"梦断"是这么解释的:边塞从军的生活像梦一般地消失了。"何处"是不知何处、无踪迹可寻的意思,是找不到那样的梦了。我的理解跟他的解释很相近,"梦断"是抒写陆游的一种失望的心理。他很想重温那个梦,重新开始远赴从军去建功立业的梦,可是何处才能续那个梦呢?陆游很清楚梦断在哪里,只是不清楚哪里才能再找到这个梦。

"尘暗"这个词语两位老师都讲得很好。钟老师把"尘暗"跟"尘封"做比较,很好。"尘封"就是貂裘被岁月的尘灰给封住了,封住了就看不到了,而"尘暗"则看得到，被灰尘染上了一层暗淡的颜色。钟老师这个地方我听不大清楚，可能他讲到了，后来听郭老师讲得非常清楚，讲的是什么心情呢？是"暗"的心情。这里的景语不就是情语吗？钟老师讲到这里只讲一个"惆怅"，没把"暗"字讲出来。"暗"是一种色彩，旧貂裘的色彩就是词人的心理色彩。其实钟老师在讲到那个《雁门太守行》中"甲光向日金鳞开"时，通过对比已经发现了，只是没有更明确点出"暗"的意味。

同样讲"觅"也是一样。"觅封侯"你首先不要一下子就跳到"表达诗人的什么样的思想感情"上去，你得先说说这个词是什么意思。"觅"首先是"寻找"的意思，可是学生马上就说是表现快乐的激动的心情，因为你一下子就指示他要讲思想讲感情，他就只能讲快乐讲激动了。可是"觅"怎么就意味着快乐激动呢？李清照的"寻寻觅觅"的"觅"是表现快乐激动么？不是的。所以"觅"首先是寻找，寻找什么呢？这里郭老师解说是"渴望"，就讲得好。"觅"是"渴望"，是"追求"，你一定要解读出渴望与追求，才能够与后面的"封侯""建功立业"对应起来。因为有了渴望追求，所以一直很振奋，很激动，甚至感到很愉快，豪情满怀。所谓文本解读，就是先从字面找到最准确的意义，然后再进入第二层，看它的意蕴是什么，最后找到与之相称的思想和情感。学生还在积累语言阶段，首先字面上的意义要弄清楚，然后再慢慢联系、拓展、延伸，找到情感的落脚点。"胡未灭，鬓先秋"，"秋"字也要适当点一点，为什么鬓不是"先冬"？秋天在北方有了霜，秋霜，这个秋除了写自然景物以外，更多的用来形容我们的鬓发染上了霜，白了，这就非常形象，有意蕴。

再来讲讲"泪空流"。从字面上看，"泪空流"是泪白白地流，两个老师都是这样讲的。我觉得这里"泪空流"还不是"白流"，它还有第二种意思，我们很快就能联想到岳飞的《满江红》里的"空悲切"。"空悲切"不是说悲切是空的，而是空有悲切的意思。"泪空流"是空有流泪，没有别的，光是在那里流泪，没有别的办法，而不是泪在空流。这句话后面马上接着的一句是"此生谁料"，两位老师还都没注意到，实际上，这首词偏偏是这句话很重要。"此生谁料"说的是，我这辈子哪里能想到，会落到如今这个境况！什么境况啊？一辈子心都在天山，可老了之后人却在沧洲。这是非常失望的，或者说是陷入了绝望，你们看，我当年那么年轻的时候就想万里觅封侯，想建功立业，可是直到最后只是空有一颗心在天山，人却终老沧洲，此生我怎么料想到会是这个结果呢？陆游晚年写这首词时已是七十多岁，这是对自己一辈子的总结啊！如果指导学生朗读，想想这个地方要用什么感情来读呢？"泪空流"正是要跟这一句紧紧连在一起去感受。这个地方，老师没点出来，没读出来，学生就更不可能读出来了。

我这次特地带了本《宋词选》来，提前做些备课。真巧，在《宋词选》里有一首陆游的词叫《夜游宫》。词的标题叫"记梦"，就记他的一场梦。刚好我们这首词也讲到梦，陆游这首词所记的梦，是寄给谁的呢，是寄给一个叫师伯浑的人，他是一个隐者，隐士。陆游把他的一腔心事，就寄托在这个梦上面，然后写下来寄给师伯浑。陆游写这首词的时候人在福州，词的第一句是"雪晓清笳乱起"，雪天拂晓的时候，清亮的角声此起彼落，梦的是当年军旅的生活。"梦游处，不知何地"，梦里我不知来到了哪里，竟有这边关的风情。地方不要紧，但有个情景不能忘，就是"铁骑无声望似水"，骠勇的战马寂寂无声，看着像急流滚滚向前挺进，这些都是他梦里见到的。这里如果请钟老师让学生想象的话，学生就会很好地想象。"想关河"，你看，这节课里也有写关河的啊。"雁门西，青海际"，关河在哪里，在雁门之西，在青海边界，这都好说。接下来，梦醒了，"睡觉寒灯里，漏声断，月斜窗纸"，醒来是在寒灯晃动的残夜里，睁开眼睛，灯光使他梦醒了，漏声停止了，月亮斜映着窗纸，天就快亮了。后面两句就跟这首词联系更紧了，"自许封侯在万里"，我自己还有万里外建功封侯的自信。"有谁知，鬓虽残，心未死！"但现在有谁能理解我的衷情啊？时间虽然无情地摧残了我的双鬓，但我那报国的雄心绝不会死去！你把这两句跟刚才陆游的词一比较，"有谁知"与"此生难料"，还有"鬓虽残，心未死"，这样一比，情感就不会那么消沉了，就很积极了。因此我就想到，这节课，要不要花这么多时间来解读？可不可以节省三分之一的时间，把《夜游宫·记梦寄师伯浑》这首词，甚至再加一首词也可以，引入课堂，一节课教两首词，两首词紧密配合，那文化的积累、情感的积累就丰富得多了。可能有些老师会说，这样我就教不完啊，内容很饱满啊！那是因为你讲太多了，你解读太多了。那叫过分阐释。一两句话能讲清楚，就可以说是讲完了，不要讲那么多。最近我就一直在想语文课的"教与不教"问题——什么教？什么不教？

四、对语文教学的三个建议

我大胆提出三个观点：第一点是学生知道的不教。学生不懂的，或知道不深入的要教。"匹马戍梁州"，"戍"是驻守的意思，不用教，"匹马"要教。"梦断何处"，"梦断"似乎不用教，但"何处"得指点，否则"梦断"就教不准了。这样用"减法"教，减掉了很多不必要的内容。当然你要知道哪些是学生明白的，哪些是学生不明白的，这靠什么了解呢？要让学生预习，做了预习，老师多了一项备课，就是检查学生的预习作业。

第二点就是写作方法不教，只教阅读方法，教学生怎么读。比如刚才两个老师都注意到这首词好像有些矛盾，为什么是"觅封侯"呀，旧貂裘应该是"尘封"才对呀，为什么是"尘暗"呢？"暗"难道一定比"封"好吗？这是发现文章缝罅的读书方法，是朱熹说的。缝罅也就是缝隙的意思，文章里是有缝隙的，你要给它看出来，你要看出矛盾、差异、对立、不协调，这些往往是作者故意忽略掉的地方。怎么发现呢，按照孙绍振教授的说法，就是还原到生活里面去，生活里面不是这个样子的，可是到了作品里，到了写文章时，就看不见了，通过一比较，问题就出来了。比如发现"梦断何处"中的"何处"的另一个意思，就是个例子。写作方法在诗词教学中不是不可以讲，只不过不要讲太多。教写作方法是作文课的任务。要少讲些写作方法，多讲些篇的连贯，这是叶圣陶老先生说的。刚才讲的"语脉"其实就是要注意连贯，意脉、语脉、文脉就是讲连贯。刚才郭老师注意到了这个"连贯"，发现作者的感情有变化，有起伏，有高昂的，有低沉的，这很好。

第三点，教语言形式，不教思想内容。这是我非常大胆的想法。"不教思想内容"是什么意思？思想内容作者已经教给读者了，他已经写出来了，你还能教得比作者更好么？关键是，思想内容都在语言形式里面，教好了语言形式，思想内容就都出来了。比如我们把"尘暗旧貂裘"教好了，陆游当时的失落失望的心情不就出来了吗？思想内容方面不要过多去解读。我觉得今天这两位老师解读得比较多了些。所以叶老讲了一句话，他说："在这些场合给学生指点一下,只要三言两语,不要啰里啰嗦,能使他们开窍就行。"教师没有必要点了"窍"再把"窍"挖深挖大。学生能开窍,教学就成功了。

时间关系,就讲这么多,供大家参考,谢谢大家!

2016 年 12 月 29 日

语文阅读教学的"教"与"不教"

(与厦门实验中学语文组教师交流)

各位老师大家好！很高兴来到这里跟大家交流。这个题目是我第一次讲。多年来听课和研究课例，很突出的一个印象就是阅读课的效益低。一篇课文的"教"与"不教"究竟有什么区别，什么该教什么不该教，这是语文界都应该关心的问题。语文课的效益低是个非常突出的问题。不要说关系到学生语文素养的提升，而且直接影响学生中考高考的成绩。语文课长期在低效状态下徘徊，导致了学生厌学，也造成教师教学的倦怠。这一点你们年轻教师可能还不会觉得，各位都是80后90后，我是30后，距离太大了。所以担心我讲的跟你们感觉有很大差距——你们也许要多少年后才可能发现这个问题。所以今天的"对话"我姑妄讲之，你们就姑妄听之。现在讲三个问题——

一、阅读教学的痼疾

根据我平时听课和阅读过的不下二十个课例，满意者无二三。普遍问题是：

1. 肤浅感知，知性归纳（即归纳为知性的几句话，表现了什么，说明了什么，如表现了善良、机智、诚信等等），空洞赞美，主旨或基调把握失真。

2. 完全以文章作品鉴赏取代学习课文解读。（教材中有很多经典篇目，当然也可以上成鉴赏课，但语文课主要是学会解读，鉴赏也须先学会解读。不会解读，哪能鉴赏？）教学目标和内容，脱离学生实际需求。

3. 生搬背景材料，多余地添加与拓展。

4. 教学流程无序、松散，思维训练量严重不足。（理科的课的思维量大，而我们的语文课学生却可听可不听，上课与不上课没有区别。）

5. 虚假无效的对话。"所问肤浅，所答弱智，热热闹闹，空空洞洞。"（这四句是引用孙绍振教授的话。不过还好，今天两节课没有出现这种情况，没有热热闹闹，空空洞洞。）

现在先来看两个教例：

第一例：安徒生的《皇帝的新装》。是一个省级赛课案例。教师的板书是这样的：

安徒生《皇帝的新装》
板书：骗子是：阴险狡猾　骗术高明
　　　皇帝是：愚蠢　爱慕虚荣　昏庸
　　　大臣是：没有主见　自私自利　　→　虚伪腐朽
　　　百姓是：自欺欺人　口是心非　　　　的众生相
　　　孩子是：诚实天真　实事求是

横线上写的是教师"引导"学生填的。听说某地有学生提出要向骗子学习，因"骗术高明"，骗的是皇帝。皇帝怎么会爱慕虚荣？他所拥有的都是"实荣"啊！他又昏在哪里？庸在何处？说统治者"昏庸"，一般是用在什么场合？还有大臣、百姓等等，都恰当吗？而且所有这些归纳，都是知性的，也几乎都是有问题的。这些显然不是从文本出发，不是从这篇童话中读出来的。教师把这篇童话整体归纳为"揭露虚伪腐朽的众生相"。请问，这是安徒生真的写作目的吗？童话的特点是什么？它能等同于小说吗？

更值得注意的，是教师为何竟对下面的话视而不见？这些课文提示和课文练习都明明写在教材中的呀！

【课文提示】如果注意到上自皇帝下至百姓，几乎人人都违心地说假话这一现象，我们的思考也许会深入一些。

【课文练习】在根本不存在的"新装"面前，从皇帝到百姓都不敢说自己看不见它，这是为什么？

这提示和练习都编得非常好，可老师偏偏不把它当回事，我后来查阅有关资料，发现网络上就有现成教案，这位老师只是直接抄过来用罢了。这个例子虽然极个别存在，但却非常典型，我至少亲眼见过三遍。

可见存在一个普遍而严重的问题，是教师欠缺独立解读文本和设计教学的能力。主要有三点比较突出：

一是看不到"学情"。学生学习课文有什么需求，什么地方读懂了，什么地方不懂，或者懂得不准确不全面，需要老师帮助解决，很多教师看不到学生的这些问题。二是离不开"教参"。第三，抓不住"重点"。如果看到了学情中的问题，而且课文的要妙也是自己读出来的，重点就容易抓住。第四是拟不好"问题"。在座的老师都很年轻，读大学时候缺少文本解读的训练，你们老师讲的都是作家、作品、风格、文学史等等，都是这些宏大而空泛的东西，到了需要"细剥"作品时就显得无能为力。

第二例：杨绛《老王》。这是王荣生教授简单记录下来的观课案例：

作者激情导入→齐读目标→看作者照→速读课文→思考问题，然后抛出一连串的问题。问：1. 作者怀着怎样的感受写？哪个词？→问：2. 思考写了哪三件事？最深刻的是哪件？→品读"老王"，找人物语言、肖像、动作的描写，一遍遍找：你找找，我找找，他找找；东找找，西找找，都找到了，合起来就是对课文的理解了。→问：3. 最打动人的描写在哪里？找到了。（"不要钱。"）→让学生表演"直僵僵"的动作。→问：4. 为什么"愧怍"？（因为杨绛认为对老王关怀还不够。）→问：5. 如果我们碰到不幸的人该怎么办？学生联系实际，开始胡讲一通，全是与文本毫无瓜葛的套话。除了三个学生说：要善良一点，要关心帮助他人，关心不一定要用钱来衡量。教师最后的总结语是：愿我们都有一颗善良的心。

这些跟作者表达的感情有关系吗？这叫什么课呢？王荣生先生说这叫

"扫课"。一篇文章就这么"扫"一遍，就完成教学了。都这样"扫"，语文课还要老师教吗？

当前我们的课是什么样的课呢？王荣生讲了这么几句话：

第一，让学生找一遍再找一遍。老师们以为学生找到那个地方，会说课文中那个词，就是理解了。第二，学生找到了那个词，说几句话；不管说什么，就是好的。第三，最后总是激情号召语。希望学生能够占有课文中表达的好思想：善良的心灵，要有勇气等等。不管这个号召有用没用，总之，要号召。

阅读真的是我们发一个指令让学生去找到那个地方吗？学生找到那个地方就真的理解了吗？不同的学生散乱地找不同的地方，真的就表示全班同学对课文理解了吗？文学作品到底是怎么一回事？阅读教学徘徊在低层次、低水平"扫读"的这种状况，必须改变。

记得有个老师上完《沁园春·雪》，他的"结束语"是这样的："那刻骨铭心的诗词我们永远不会忘记，伟大的毛主席我们不能忘记，伟大的无产阶级革命战士我们更不能忘记。多少次，那些战士们为了祖国的独立和富强，他们勇往直前。今天让我们踏着历史的足迹，走进《沁园春·雪》，去重温那段历史，去感受那段前无古人的伟大业绩。"这不分明是政治课、历史课吗？教《沁园春·雪》最后落在这几句话里，这节课就算是白上了。你们可能不会这样，但是我确实发现很多语文课最后的结语都落在这情感、态度、价值观上。只要找语文刊物上的教例看看教师最后所总结的是什么，就知道这节课究竟是不是语文课，其中的语文含量有多少。

二、语文课程的性质

我把阅读文本分为两种：读者文本与教学文本。我们现在做的，就是要探究语文教学文本的特殊性在哪里。一般文章的阅读即读者文本的阅读，它的对象是一般读者，其目的是用来传播信息，几乎谁都可以看懂的。但当它进入教材后就变成语文教学文本，面对的是特殊的读者——学生，任务是语文阅读，即不是用来传播信息，是用来教会阅读。

读者文本与教学文本之同中有异
（文章阅读）　　（语文阅读）
面对一般读者　　面对特殊读者
↓　　　　　　　↓
用于传播信息　　用于教会阅读

正因为如此，语文课程的性质目标才被界定为"一门学习语言文字运用的综合性、实践性课程"，而不是学习语言文字内容的一门课程。教材中《沁园春·雪》这首词，毛泽东是怎么运用他的诗的语言和诗词创作艺术把他的思想情感表达出来，这是我们语文教学需要侧重探究的。如果侧重的是学习语言文字内容，那是指向情感、态度、价值观；如果侧重学习语言文字运用，则是指向理解和表达的方法、途径、技能、习惯，也就是语言言语形式，或者换句话说，主要是指向语感。语文课如果只学课文内容，学到了情感、态度、价值观就可以了，这就和一般读者读文章作品没什么区别了。

为了更清楚地理解这一点，且再听几位语文专家的解说。

浙江师大的王尚文教授说："语文之外的其他学科所教所学的是教材的言语内容，对于其他学科教材的言语，懂得它们'说什么'就可以了，而对于语文学科来说，明白它'说什么'固然重要，但却是为了理解它'怎么说'。"

今天上午徐俏老师上的霍金《宇宙的未来》，就是从"科学家说给你听的语言"入手，指导学生领悟霍金是怎么说的，而不是霍金说的什么。说什么都已经说在课文里了，你能比霍金说得更好吗？你越说也许就越感困惑。你的任务只是帮助学生去理解他是怎么说的。这样教就很正确。

另一个是江西师大的余应源教授，我认为他讲得最好。他说："就语文教学以外的学科而言，言语形式层面的穿透是为了把握言语内容（意）。就语文教学而言，则是为了获得实现言语内容的途径（言）。透过言语形式理解言语内容，进而凭借对言语内容的把握，品味言语形式的妙处，获得言语形式运用规律、技巧及言语本身，才是语文教学的现实目的。可见语文教学中，言语内容的理解是为实现言语内容的途径——言语形式服务的。'言'是主体，是根本，'意'是手段，而不是目的。"他的观点颠覆了我们原来的看法，我们一向认为是内容决定形式，不对了，恰恰是内容在为形式服务，换句话说，课文阅读是要读出文章内容是怎么表现出来的。为什么所读的内容反而变成手段而不是目的，为什么言语表现形式才是主体是根本？这个道理大家要重新好好思考、领会。

我国第一个语文教学论博士、上海师大的王荣生教授说："不管是被选进语文教材里的这些文章，还是其他课程所使用的教材，它们客观上都有两种价值，一种是它们'所传播的信息'的价值，一种是'如何传播信息的信息'的价值。在其他课程里，人们学习教材，只学前者，不学后者；而在语文课程里，人们主要不是学习前者，而是学习后者。不着眼于它的'如何传达的智慧'（即言语智慧）而着眼于它所传达的信息本身的智慧，这是我们语文教学最经常犯又最容易被人们所忽视的错误，也是语文教学最严重的错误。"

大家不妨回想一下自己所写的教案和在课堂上所教的，说不定就犯了这种错误。平时我们都可能没有意识到这种教言语内容还是教言语智慧的问题。

我在《如是我读》一书里也曾指出，语文课程以文本作为教材，必然要教文本里的"是什么"，但要教出和教好那"是什么"，就必须教学生从"怎么样"去读出那"是什么"。"是什么"即人文，"怎么样"即工具。"人文"与"工具"是一而二、二而一地相互依存，故课标谓之"统一"。

再看看作家与学者又是怎么说的。吕叔湘说，从语言出发，再回到语言；福建著名学者、作家南帆说，沉入词语；谭学纯说，穿行在多重话语之间；王尧说，在汉语中出生入死；汪曾祺说，写小说就是写语言；德国施特劳斯说，在字里行间阅读；哲学家海德格尔说，徜徉在语言之途。大家看，他们都强调读和写的关键在于语言。可是我们语文课上的语言文字教学却非常薄弱，几乎很少在语言文字中去仔细推敲、揣摩的。即使有，也是简单地带一带，或从表面滑过而已。

顺便再举一例。前不久我听了一节课是《奥斯维辛没有什么新闻》。课文中写到在集中营的毒气室和焚尸炉的废墟上，一朵雏菊正在怒放。这句话学生几乎都能读出是暗示"生命是消灭不了的"。但我觉得还不到位，还应该把它放在上下语境中来准确理解。文章原话是:"……这样一个事实使他们终生难忘:在德国人撤退时炸毁的布热金卡毒气室和焚尸炉废墟上,雏菊花在怒放。"为什么要提到"这样一个事实"呢?"事实"指的是什么呢?可不要忽略了后面的"德寇炸毁了"这"炸毁"二字。也就是说,德寇以为只要把毒气室和焚尸炉炸毁了,就会掩盖他们的罪恶,就会抹掉人们心中的记忆。"炸毁"二字非常重要,不但鲜花所隐喻的生命是毒不死、焚不灭的,而且人们对法西斯的残暴罪行的记忆更是毁灭不了的。这样解读,就和题目"没有什么新闻"所包含的意义产生了关联。可见咬文嚼字,就是要我们沉入词语之中,在语言文字中多次往返穿行。

三、阅读教学的"三教"与"三不教"

福建语文学会原会长、特级教师王立根老师主张"用减法教",正是提示我今天所讲的这个主题"阅读课教什么和不教什么"。现在我各讲三点"教"和"不教",同大家交流。

(一)教学生未知的或貌似已知而其实未知的,不教已知的和浅现的。

如何知道学生已知、未知或浅知的呢?有两种办法,一是通过对话或测试。比如今天上午的两篇课文《种树郭橐驼传》和《宇宙的未来》,问问大家读下来有哪些未知的。也可以拿文章一两段或一两句话让学生解释一下它的意思,就能知道一篇课文的基本"学情"。再一个是靠教师的推测。我们如果读起来有困难,恐怕学生一般也会有。了解学情非常重要,一篇课文如果你不了解学生需要你帮助他做什么,这堂课便成了全是"我认为""我要这样"的主观设计,学生可能就很茫然。所谓"不教浅现的",就是意思已经十分明白的,比如杨绛写老王做的那几件事,文章里写得清清楚楚,为什么还要到处去"找"?浅现不是浅显,浅现是已经在文字上呈现出来,摆在那里了,一般读者都能看到。再说《故宫博物院》,写建筑群的分布和参观的顺序,作者已经说得很清楚了,这是明摆着的"事实",是不需要教的,只要识记就行。当然,当你发现有些学生没有预习,不知道文章都写了些什么的时候,也可以提问一下的,但这毕竟是面向少数,不需要花时间去向全班提问。那么需要教的是什么呢?就要集中在文章是怎么体现故宫的宏伟和壮丽等特点的。可以选择太和殿作为重点，让学生发现作者按这样的顺序说明是什么道理，等等，这就是教技能和方法了。据介绍，美国有些州在课前会制作一种叫课堂正式观察前的准备工作表，每个老师必须把工作表完成后才开始上课。教师有十项准备的内容，我这里只讲这几项：一是教师必须对该班学生进行简要的介绍，让听课的人了解这些学生的相关情况。二是更重要的，需要说清楚该课的教学目标，即学生在这堂课上将会学到什么，学生上完课后获得的学习经验是什么。而我们的教学目标常常是"我的教学目标"而不是"学生的目标"，学生是否能达到目标，教师往往是不考虑的。我们今天这两节课，学生究竟学到了什么？学到的东西是不是学生真正需要的？为什么这些目标是适合这些学生的呢？这是需要对照一下的。此外，还有怎样调动全班学生参与到课堂之中来，还有反思教学目标是否都达到了，以及如何测试学生是否已经达到目标，等等。国外的教学真的做得非常仔细，可是我们却没有，大多数是凭主观设计，学生到底有没有学到教师并不知道，等到考试的时候才来发现问题，考试和教学的关系变得稀里糊涂，语文课的低效率就低在这里：教与学脱离。

关于这个问题，孙绍振教授的批评是很尖锐的，他说："自然科学或者外语教师的权威建立在使学生从不懂到懂，从未知到已知，而语文教师，却没有这么便宜。他们面对的不是惶惑的未知者，而是自以为是的'已知者'。如果不能从已知中揭示未知——指出他们感觉和理解上的盲点，将已知化为未知，再雄辩地揭示深刻的奥秘，让他们恍然大悟，就可能辜负了教师这个光荣的称号……数理化英语教师的解释，往往是现成的，全世界公认的，而语文教师，却需要用自己的生命去作独特的领悟、探索和发现。不能胜任这样任务的人，有一种办法，就是蒙混，把人家的已知当作未知，视其未知如不存在，反复在文本以外打游击，将人所共知的、现成的、无需理解力的、没有生命的知识反复唠叨，甚至人为地制造难点，自我迷惑，愚弄学生。"我经常观察学生听课的现象，我坐在教室后面，发现有的学生听着听着就伏在桌子上，脖子就变短了，有次甚至发现一个学生没了脖子，趴在桌子上休息去了，只能看见他的两肩。过去拥有"教参"是老师的专利，学生没有，现在学生都有了，老师讲的都是"教参"里的东西，学生听课还有什么劲呢？

（二）教文本的语言形式，不教思想内容。

这是我斗胆提出来的，现在语文界恐怕都没人敢这样说的。你们也许会问，思想内容怎么能不教呢？我的问题是：既然作者已经写出了思想内容，为什么还需要我们再去"教"给学生？我们能比作者说得更好吗？所谓思想内容不需要教，是说不要再去阐释。比如霍金《宇宙的未来》，霍金已经把宇宙的未来说得这么清楚了，我们还有必要替霍金去解释吗？即使去解释，也不应该是我们语文老师的事，我们不可能比他解释得更好。人教版的《语文》必修5有一篇《说"木叶"》，教学内容可以有三种选择：

1. 赏析作者列举古诗人写"木叶"的名句。
2. 理解古诗人创造"木叶"意象的艺术奥秘。
3. 揣摩作者解说"木叶"意象的语言表达方式，领悟文章严密条畅的思维逻辑。

第二点和第三点是什么关系？第二点是内容，第三点是形式。第二点内容全在第三点里面。只有把作者如何解说"木叶"的逻辑和特点教出来，学生才能真正领悟其中的意象、奥秘。大概五六年前，福建省普教室举办第一届高中青年语文教师技能大赛，参赛的课文是预先布置指定的。福州一中陈海滨老师教的《说"木叶"》获得了一等奖，比第二名高出十几分。他就是侧重在教语言形式：不教"木叶"，只教怎么"说"。后来他在《语文教学通讯》上发表经验谈，就专门谈这个"教"和"不教"的道理。一篇文章的内容是受形式规限的，离开形式，没有内容。内容就在语言形式中，形式即内容，这是我一向的观点。凡是离开形式去解说内容，都是背离了语文教学的目标。叶圣陶先生早就说过"把学习国文的目标侧重在形式的讨究"，我认为这句话比起语文课标里的任何一句都来得重要，应该成为语文教师的座右铭。所以我认为语文教学必须来个"战略重点转移"，转移到语言形式的教学上来。这个语言形式不是静态的语言知识，而是教运用语言文字的技能、方法和习惯。

（三）教阅读方法，不教写作方法。

我们经常会在语文的阅读课上教写作方法，比如人物描写的几种方法，景物描写的正面侧面、从近到远、渲染衬托，还有什么伏笔铺垫、论点论证等等，这些写作方法，统统应该放在写作课上去教。还有教师教完一篇课文，就立马让学生学习课文的写法也来写一写，其实也绝无必要。模仿写作不是说写就能写。写作课可以把课文当例文，但阅读课不能布置这种所谓的"读写结合"来干扰阅读。阅读课只教怎么读，不教怎么写。当然可以从作者"怎么写"去悟得"怎么读"，只是不要把它归纳成写作方法来作为教学内容。过去我们常这么做，现在看来是不对的，这是目标任务的混淆。

我们不妨再看看孙犁《芦花荡》的一个教例。小说的第一段是这样写的：

夜晚，敌人从炮楼的小窗里，呆望着这阴森黑暗的大苇塘，天空的星星也像浸在水里，而且要滴落下来的样子。到这样的深夜，苇塘里才有水鸟飞动和唱歌的声音，白天它们是紧紧藏到窝里躲避炮火去了。苇子还是那么狠狠地往上钻，目标好像就是天上。

有的教师做这样的解读：

"敌人""炮楼"，点明了环境的气氛，而"星星也像浸在水里，而且像要滴落下来的样子"，渲染了淀水的晶莹明澈。星星倒映在淀水里，随着微风的轻拂激起层层涟漪，使得星星也闪烁不定起来，因而给人以"要滴落下来"的幻觉。这样优美的自然环境，是多么令人赏心悦目啊！可是，敌人侵占着我们的大片国土，在这美丽的苇塘四周，敌人的炮楼林立，封锁和监视着这片革命根据地……

可见他的教学目标一个是思想内容，一个是写作方法。
如果是从阅读方法和习惯着眼，在语境里咬文嚼字，就当如此思考：

作者是在写令人赏心悦目的优美自然环境吗？"浸在水里"的"水"是什么水？它不是芦花荡里的水，而是"天空"的水啊！天空怎么会有水？小说写的是芦花荡的抗日斗争故事，芦花荡在白洋淀里，这里是水乡，水波千里，水势浩淼；时令正是夏天，荡里一片汪洋。水是这里天然的地理环境，也是战斗的优越环境。在芦花荡里，军民们依靠水和芦苇掩护了自己，阻击了敌人。水和芦苇也成了日寇最害怕的"敌人"。作者所写的景物，并不是一般人见到的风景，而是敌人眼里的风景，是"敌人从炮楼的小窗子里""呆望"着的风景。那风景是"阴森黑暗"的，可见敌人有多么害怕。接着作者就写"天空的星星也像浸在水里，而且要滴落下来的样子"。分明是说，地上有水，天上也有水，浩荡的水已使敌人陷入了灭顶之灾。

对比一下，就可以发现上面这位教师的解读出现了很大的偏差。我后来查了一下，才知道他的解读是搬用"教参"里的作品分析，而这个分析明显是错误的。我想说的是，教师要审视教参，敢于质疑教参，要把"教参"转化为学生能理解、对学生有说服力的内容，不要像那位教师一样对作品题材（比如"革命"）存着某种解读的思维定势，对自己的独立解读一定要有自信，不要总是"他信"；也不能老记着这样那样的写作方法，一味往课文里去套。

一节语文阅读课的目标任务，王荣生认为就是"从读得懂到懂得读"。具体说有三点：一是读不懂的使他读懂，二是读不好的使他读好，三是不喜欢的使他喜欢。

这三点无非就是要求读得准确、精到和感到兴趣。这是阅读的效果，但我认为更重要的是在"使他"的过程中，明白读书的正确方法和养成读书的良好习惯。

德国的歌德说："内容人人可见，意蕴须经一番努力才能找到，形式对大多数人却是一个秘密。"

我国明朝的吕坤也说过同样意思的话："见见非难，而见不见为难。此举世之所迷，而智者之所独觉也。"

那么，我们应该如何解形式之秘，破不见之迷，成为语文教学的智者呢？

朱熹说："读书，须是看着那缝罅处，方见得道理透彻。若不见得透彻，无由入得。看见缝罅时，脉络自开。"所谓"缝罅"就是文章里的差异点、矛盾处，不合常情、有悖常理的地方。例如前面提到的《芦花荡》，天上星星怎么会浸在水里？这就是"缝罅"。发现之后就可以提出问题，进入分析，从而把课文读深读透。

最后我总结一下，我们教师在一篇课文"怎么教"上总是花了太多的心思，却没有意识到"教什么"永远比"怎么教"更重要。语文究竟应该教什么呢？语文既是教形式的，也是教内容的，但归根结底是教形式的。上个世纪一批语文教学改革的先行者，总结出一条规律叫作"因文悟道，因道学文"，即从语言形式进入内容，然后还要回过来再从内容到形式，得走过一个来回，而且是不止一次的来回，总归要回到"学文"：学习语言文字的运用。阅读教学就是要在"形式—内容—形式"的不断反复往返的过程中增进语感。前人所谓"好书不厌百回读"，也就是这个意思。因此只有从根本上认清和解决好语文课"教什么"的问题，才有可能走出长期以来高耗低效的语文教学困境。

谢谢大家。还望予以批评指正！

2016 年 11 月 14 日

仿佛若有光

一直忘不了三十五年前的那个"吕叔湘之问"——

何以两千七百多课时的中小学语文课程,学生的本国语文还是多数不过关?而少数学得好的学生,却无不异口同声说是"得益于课外看书"?

经吕老这么一问,长期以来,人们几乎都把检讨的心思放在了课内,于是有了种种课堂教学的改革与探索,蔚为 20 世纪 80 年代的一段语文教改的热闹景观。改革也确实部分回答了吕老的质疑,然而疑问依然没有真正解开,后来甚至还出现越解越糊涂、越改越复杂的景况。原因不一而足。但其中实有一个可穷究本然、揭示规律的研究方向,可能长期被人们所忽视,那就是吕老所说"少数学得好的学生"那一头,他们所"异口同声"说出的普遍经验,究竟是怎么一回事,我们对它研究认识清楚了吗?做过哪怕是起码的事实调查了吗?

多年来,专家们对语文课程的性质任务做了反复深入的研究,课程标准越写越长,空间想象越来越丰富,解说越来越详密。我说过,关于语文教学的"原理",怎么说都不嫌过分,可是语文学习的"机理",却一直沉睡在"黑箱"里,还没有人去认真研究如何打开它。只要箱子未打开,随便胡猜瞎说都是容易的。似乎原理也就是机理,只要明白了语文课程的一大套原理通则,箱子里的东西就一目了然。然而事实很无情,它一次又一次嘲弄了这样的痴想与神话,语文的课程改革,至今仍是举步维艰。

几乎近半年,我断断续续都在读一个高中学生的读书笔记。之所以断续,并不是没有完整的时间,而是我不得不边读边思考。这思考也时断时续,因为很艰难,难在它总是逼着我一再思索而不得其解,为什么这位中学生读者,在高中课程负担不轻的状态下，能够如此自觉地坚持自我书写？是什么心理动因在支持着她几乎不间断地完成私人作业？尤其是，她所读过的那些书，是如何孕育成她健康而活跃的文字生命？

粗略统计一下，白杏珏笔记里所涉猎的作家作品当不下六十位，而实际所读肯定还不止此数。在她的同龄人中，特别是女生，喜欢读小说散文和写景言情的作品，可能是大多数，甚至阅读对象还可能集中于几个青春偶像而成为他们的粉丝。白杏珏所读则大异其趋，而是偏重于抒写内心体验和表现智性思考的文字，也就是说，其目光已开始从外部世界的纵览转向了内部世界的审视；从欣赏他人情感经历的描述，返回对自身经验世界的体察。很多教师都曾发觉，高中生不同于初中生的一大心理特点，是少年人相对开放的心扉明显开始走向封闭，尤其是与教育者和成年人的交流变得内敛和警惕。当班主任的会因此感到德育工作比起初中显得艰难。我认为这正是中学生心理成长趋向成熟的阶段特征和客观规律。"封闭"恰是内在的需要，是一种自我审视的表现，也可以称之为"关门思考"。白杏珏的读书取向，正是切合了她的精神发育的自觉心理选择，而她则显得特别自觉，也更为成熟，因此具有相当典型的意义，意义就在于提醒——提醒我们说教型的德育工作和指令性的语文教学，什么时候才能结束一厢情愿，不再隔靴搔痒？教与学交臂失之的状况，可有根本改变的途径？

白杏珏的读书笔记，留下的成长足印之所以深刻，原因之一，是她对谈话对手的高位选择。无论是周国平、史铁生、张承志、简媜、梁文道，还是梭罗、纪德、尼采、卡夫卡、乔布斯，莫不来自古今中外杰出的智者、思想家和作家的群落。她还有幸遇见了斯塔夫里阿诺斯这样的历史学家，陈之藩这样的科学家，开始感觉到文化在历史中不可动摇的地位，知道在文学中可以寻找历史的痕迹。同时，她还发现写作在情感与理性、文学与科学之间会有"一个最适宜的位置"。但正如她自己所说，与这些思想者的遇合，乃是一种主动的选择，而且是需要"谋划"的。我十分惊奇于她所使用的"谋划"这个词儿。如此强烈的心理期待和主观抉择的姿态，在当今的中学生中是罕见的。诺贝尔文学奖得主赫尔曼·黑塞曾经说过："我们得先向杰作表明自己的价值，才会发现杰作的真正价值。"读一读白杏珏笔记里对二十位作家的推介，不难看出她正是先有了与潜藏在自身内部的"另一个自我相遇、相知、相惜"，才有了对那些杰作价值的精准"发现"。其次一个原因，便是她对笔记写作的恒久坚持。日复一日、年深月久地留下"对话"的记录，这是需要何等的毅力！勤动笔墨，是她自觉完成的日常功课，但却不是刻苦的修炼。我并且相信，这样对读书心得的记录乃是即时性的，是由于随时适意的交谈和注意瞬间的捕捉，故显得十分真实而鲜活。我在持续阅读那些笔记的过程中，常能够感觉她好像每天都在和那些思想者促膝谈心，謦欬相接，反应是如此机敏而准确，感觉又是那么轻松而愉悦。由阅读对话而思想碰撞，因碰撞而激起思想的火花，照亮了平时未曾觉察的心灵角落，从而拓展了思想的宽度，掘进到思想的深度。这样的例子在笔记里可谓俯拾皆是。这里，且允许我采用较为机械的方式，大体把它归为三种类型——

一种是体验型。所读的内容与自己的经历类似、经验相近，遂将此经历经验写下来加以储存。例如：

○其实，只有安静下来，人的心灵和感官才是真正开放的，从而变得敏锐，与对象处在一种最佳关系之中。

——周国平《品味平凡生活》

●总觉得夜深了写文章是件很美妙的事，如果不困倦不疲乏，在极度安静的环境下，放一首歌，写一段文字，应该是心最舒缓的时刻。而那些夜半书写下的文字在日后看来，总有一份难得的从容沉静。夜深，心静，我也就逐渐放纵自己沉入那个美妙的文字世界。在喧闹的环境下写作至多是一种证明。

○独处，为了重新勘察距离，使自己与人情世事、锱铢生计及逝日苦多的生命悄悄地对谈。

独处的时候，可怜身是眼中人，过往的人生故事一幕幕地放给自己看，挚爱过的，挣扎过的，怨恨过的情节，都可以追溯其必然。不管我们喜不喜欢那些结局，也不管我们曾经为那些故事付出多少徒然的心血，重要的是，它们的的确确是生命史册里的篇章，应该毫不羞愧、毫不逃避地予以收藏——在记忆的地下室,让它们——陈列着,——守口如瓶。

独处,也是一种短暂的自我放逐,不是真的为了摒弃什么,也许只是在一盏茶时间,回到童年某一刻,再次欢喜;也许在一段路的行进中,揣测自己的未来;也许在独自进餐时,居然对自己小小地审判着;也许,什么事也想不起来,只有一片空白,安安静静地若有所悟。

——简媜《独处》

● 记得从前有一次,英语老师在黑板上写了两个字:慎独。谨慎地独处,小心地面对自己。而后读周国平的书,也提到了独处。似乎独处是人生必修的一门功课,却绝没有老师教授,亦没有同学陪伴,只能在静默中,靠自己,一步一步行到成熟的彼岸。挚爱的、挣扎的、怨恨的情节,在独处时回放给自己看。观众只有一人,但因为有了过去的自己的陪伴,而不会觉得孤单。人必须有一些时间独处,自己与自己交谈,如此这般,才不会遗忘了心内的自我。毕竟生活太忙碌,我们为了物质而奔忙,若再不抽出点时间给自己,我们必将成为人潮中模糊到没有面目的那一个人。

从亲身经历的夜半书写、英语课上教师的板书,发现与所读文字的彼此关联而得以印证。这也许是阅读最常见的交流状态。事实的联想,是其他形式的联想与触悟的感性前提。茅盾先生说过,阅读者"他应当一边读一边回到他所经验的人生,或者一边读一边到现实的活人生中去看"。笔记中有一则说起读到周国平"喜欢讲自己的人多半是在讲自己所扮演的角色",白杏珏则认为所谓"酒后吐真言"很是可疑,那不是在"讲自己"而是在讲述"自己的角色",世上没有多少人发现自己是在舞台上,就是书写间接观察体验的一个好例子。

第二种,是体认型。这是指在阅读中发现自己的认识理解,正与所读对象的观点相同或相近,在认知上找到了吻合与认可。其中有用自己的语言、自己的表达方式去复述的,也有做出诠释和解说的,从而使得某一话题有了更为清晰的展现,某一观点有了更为醒豁的阐释与证明。从内容上看,这种体认型的书写,由于融入了作者的思考,比起前一种体验型有着更多的理性色彩。例如：

○我们不一定能够在计算好的时间抵达我们的港口，但我们会保持正确的航线。

——梭罗

●我们的聪明应用于目标的精确定位上，方向一旦确定，剩余的便是为之努力了。把太多的时间精力耗费在寻求捷径上，不仅不是节约精力的方法，反而容易迷途。我们也许会误期，但我们至少胜利地抵达了港口。

○诗歌，那不过是渲染着情感的真理；音乐，是无字的情感；宗教，是幻象中表现的智慧。

……宗教衰落是由于推理过多。如果使我们的信仰变成愈加正当合理的东西，一定以为我们是对的，那么我们将愈加变得不敬虔了。……这种宗教造成了个人的自私，不但卑视其他的宗教，并且使宗教的信仰变成了他自己和上帝的私人契约。

——林语堂《心灵快乐吗》

●宗教是幻象中表现的智慧。是的，宗教原本就只是虚幻的空中殿堂，是建立于精神，而不是物质之上的。只是一旦宗教的影响力膨胀，人们总难免开始希冀着以宗教之名谋取实利。要谋取利益，必须使这个幻象变得如金币一样真实。于是种种为了自圆其说而不断循环衍生的学说理论层出不穷，神父在看似一砖一瓦地加固宗教基石，实则在动摇宗教作为一种信仰最珍贵的本源——源自心灵的虔诚。宗教之所以神圣，便在于追随者是毫无所求地信仰——若真有所求，也只是求一片心灵乐土，而不是所谓财富、健康、死后进入天堂。宗教本是幻象，只为心灵而生。

○用成批的方法是不能培养出儿童的。那样做会使所有的儿童成为弃儿。他们将失去母子之间微妙的同情心。

——赫兹勒论柏拉图的教育

●集体……一个以荣誉之名困住无数自由灵魂的名词。我们自小便尽己所能融入到不同的集体中，这种以共性为至高准则的传统从遥远的古代一直延续至今。而我们的孩子是否真的具有了所谓的集体意识与集体荣誉感？至少，目前已成人和未成人的孩子大部分仍是自私的、虚荣的，区别只是在于是否懂得给自己苍白的内在镀金。我们所期待的那种雷锋式的、拥有普照众生的能力的太阳之子哪去了？事实是，不认为自己独一无二的人不可能成为太阳，不懂得何为爱何为温情的人不可能具有炽热的内里。

以上三则，或以"目标的精确定位"进一步诠释"保持正确的航线"；或针对宗教衰落是由于"推理过多"而导致人的自私的观点，分别从"以宗教之名谋取实利"的世俗存在，和宗教"本是幻象，只为心灵而生"的神圣本质这两个方面，对林语堂的观点做出个人解说与简约论证。阅读赫兹勒论柏拉图的教育一段文字，尤为精彩。"成批的方法不能培养出儿童"，是个十分通俗的说法，如果不做明确解释和适当演绎，可能失之简单肤浅。笔记则联系切身经历和体验，对当下仍以"集体"名义采取"成批培养儿童"的教育制度和管理方式加以剖析，直陈弊害，具有相当强烈的批判精神。其深刻的体认，往往因注入主观的情感而更富说服力和感染力。

第三种，是体悟型。体认与体悟，本也不必严加区分，甚至在体验中也会带出感悟，例如前面讲到"在喧闹的环境下写作至多是一种证明"就有相当深刻的悟性。但我还是从上百则的笔记中发现，大多数文字比起所读的对象，更有着阅读者的自由思考与独特感悟。其中有对所读作辩证思考或拓展延伸，这种更饱满更深入地与作者展开对话的巅峰体验，是阅读的更高境界，会给人更多启示，更具有学习借鉴的价值。例如：

○哲学和诗都孕育于神话的怀抱。神话是永恒的化身，她死了，留下了一双儿女。直到今天，哲学一醒来就谈论死去的母亲，诗一睡着就梦见死去的母亲。

——周国平《人与永恒》

●相当喜欢这个比喻。哲学是醒着思考,诗是梦着想象;清晰的、精确的、冷静的,是哲学的眼界;模糊的、游离的、热切的,是诗的心灵。哲学在认真剖析神话以求把我们的世界向天堂靠近;诗只是不断呼唤着神话,梦里流着泪,企求着回到母亲身旁。

○所谓命运,就是说,这一出"人间戏剧"需要各种各样的角色,你只能是其中之一,不可以随意调换。

——史铁生

●命运,是既定的角色与脚本。在人间的舞台上,许多人的台词都是被规定好了的。可那又何妨呢,这是个舞台,而不是个牢狱,如何表演,还是取决于你自己。

○石头是材料,神殿才是意义。

——圣埃克苏佩里

●不知怎么突然想起以前看到的一个采访摄影师的报道,那个闻名世界的摄影师以其独特的画面构思出彩。记者问道,你觉得摄影最重要的是什么,光影或是景深?他答道,这些都不重要,重要的是想法。想法才是意义。神殿是形式,信仰是本质。

周国平说神话孕育哲学与诗,只含蓄地点出其一醒一睡的状态,而白杏珏则将其状态更往内里本质去探寻,虽同样用了"向天堂靠近"和"回到母亲身旁"这样感性的句子,但其智性的思考与揭示,表明她确有自己独特的思考与深入。史铁生指出命运指的是一个人在世上的角色"不可以随意调换",语气多少带些无奈,而白杏珏却认为即使角色固定,而表演仍可"取决于自己",其感悟则明显趋于积极乐观。"石头是材料,神殿才是意义",圣埃克苏佩里的这句话已经说出精神高于物质的存在,但作为精神象征的神殿也仍然可以成为崇奉或迷信的形式外壳。那么究竟什么是神殿的真正意义,白杏珏进一步道破:最具本质的,最能体现宗教意义的,乃是人的信仰,信仰才高于一切。就像前面评点史铁生的话那样,一旦与文字碰撞,她总是能很

173

快扼住事物或问题的要害，迅即做出准确的反应，读来让人备感犀利而醒豁。

　　无论是体验、体认还是体悟，笔记里所写下的，与那些思想者的文字一旦对接，就有一种非常鲜明的现时感、在场感，常常让人分不清说话的谁是谁，是两人对话还是个人独白。读者与被读者之间已达至神交心契、声气相通的地步，这一种阅读的高级精神享受，是令人欣羡的。它因此也更使我们认识到，阅读既是一种"物我回响"，也是自我发现、自我觉解的过程。倡导阅读笔记写作的最大理由与好处，正如余秋雨所说，"概括全书的神采和脉络，记述自己的理解和感受。这种读书笔记，既在描述书，又在描述自己"。我们通常把读书仅仅简单理解为获取知识，看重的是"让我了解你"（"描述书"），而不知道也是在创造知识，更要看重是否"你也因此了解我"（"描述自己"），是否也把我心中的东西说了出来。白杏珏说得好："从前也看书，却从来是看过了就忘，没有把它们变成自己的东西。"什么叫作"自己的东西"，又怎样才能"变成自己的东西"，她的笔记已经给了我们难能可贵的最佳答案。

　　于是我们可以说，"读"在某种意义上也就是"写"，仿佛那是在"写"我所要说的一段话；"写"在某种意义上也可以说是"读"，仿佛是在"读"着我心中早已存着的一段文字。这和海德格尔所说的"讲本身就是听""讲是对我们所讲的语言的听"正是同一个道理。而我所谓"以心契心"的物我交融、谐振共鸣的心灵遇合，在白杏珏的笔下也终于找到了知音。现在有不少教师指导作文，总是要求学生多多积累语言素材，牢牢记住人物事例，到时再想方设法往作文里套，而并不教会学生如何分析那素材，因为一旦分析，你的主体就要"契入"，不能契入，就只能堆砌。我们从白杏珏的笔记里，几乎没有看到她单纯摘抄别人的"事例"，她更看重的是别人的"思想"。从阅读中积累作文素材，必须分为两种：一种是语言材料，类似好词好句之类；一种是思想质料，是语句所表达的思想观点，亦即情感、态度和价值观。对高中学生来说，后者尤其需要积累。只重"材"不重"质"，可能是当前作文教学在储材用材方面的一大失误。白杏珏的笔记之所以能让读者感到耳目一新，就因为她有自觉的对"质"的追求，她的阅读视界，的确比起同龄人既高且宽。

我还主张阅读要达到能够"以言传言"的程度。白杏珏的"传言"是相当出彩的，但在这里我不想细加评说，只想指出一点，经常阅读那些富含思想养分的上乘的文章作品，日久还可能自觉不自觉地在文风和语式上受其熏陶感染。因为真正深入的对话，似乎也需要在表达水平上尽可能接近与对等。白杏珏笔记里洗练的文辞、晓畅的表述随处可见，与那些智者透彻的哲思、精警的格言形成彼此呼应，自然对接。这是长期接受濡染的结果，并不是任何刻意求工所能达到的。

当然，阅读既然是对话，话不投机、言不搭界的情况容或有之。例如，梭罗在其名言"每一根枕木底下，都有一个爱尔兰人"的最后，有一句话特别发人警醒："我保证，他们都是沉睡着的。"白杏珏读后怦然心动，但结语却归之"哭泣"，对"沉睡"二字似乎视而未见。又如周国平说美是骚动不安和稍纵即逝的，笔记却认为周所说的乃是"跳脱的美"，理解大相径庭。更突出的例子是，第欧根尼认为"精神需求相对于物质需求所占比例越大，他就离神越近"，而白杏珏竟误读成"这确乎是一个评定人之好坏的标准"。当然，这只是其中极其个别的例子，我倒不想说什么瑕不掩瑜，而是将之视为阅读的常态和生态，与阅读者的水平未必有什么相关。我读我写，自说自话，全然是读给和写给自己的东西，只对自己负责，自然允许有偏离和错失，而作者与编者保留了这样带有微疵的文字，则是明智的。也正因为做到"有真意，去粉饰"（鲁迅），会让我们感觉更亲切随意，更自然本色。

我曾向编者建议在笔记中收录作者的几篇精彩随笔。从采集点滴的感悟到放纵奔涌的思绪，由片言只语的记录到完整形制的抒写，我感觉白杏珏的笔记已形成很好的书写格局，只待水到渠成、瓜熟蒂落，敷衍成文并不见有多么困难。这是否可以看成是读与写之间的一座无形的桥梁？语文教学提倡学生做读书笔记由来久矣，但做笔记好像也仅仅是为了养成阅读的好习惯。白杏珏的笔记，让我们看到原来还有一个更宽阔的出口，可以通向自由写作，使得理解与表达形成有机的良性循环。是的，刚开始做读书笔记，会感觉吃力，不耐烦，久之则会逐步觉得有了收获积累的满足感，如果能够坚持下去，积以时日，一旦形成习惯，非仅满足而已，还会顿然发现自己恍若走进了一片属于自己的语文世界，犹如陶渊明所说的，"初极狭，才通人，复行数十步，豁然开朗"，但关键是，你是否已发现那"仿佛若有光"？今天，我从白杏珏的笔记中，分明看到了这一线希望之光。我因此相信，让我们学生通过经典和精品的自主阅读，走向个性化的自由写作，完全存在现实的可能。同时我也相信，在我们每一所学校，每一个班级，都有自己各具特色的红杏珏、蓝杏珏、绿杏珏……，值得我们去发现、珍视、研究、总结。也许将来的某一天，读书笔记也有可能取代单一的命题作文，成为语文写作的主修的日常课目，学生在课外都会自觉养成做读书笔记的习惯，从而享受一份自我书写的快乐。

最后，我还想引用1946年诺贝尔文学奖得主赫尔曼·黑塞的一段话，将我最初读到白杏珏笔记的第一印象做个补述。黑塞是这样说的——

真正的修养不追求任何具体的目的，一如所有为了自我完善而作出的努力，本身便有意义。对于"教养"也即精神和心灵完善的追求，并非朝向某些狭隘目标的艰难跋涉，而是我们自我意识的增强和扩展，它使我们的生活更加丰富多彩，享受更多更大的幸福。……没有爱的阅读，没有敬重的知识，没有心的教养，是戕害性灵的最严重的罪行之一。

是的，我没有在白杏珏的笔记中发现任何一点艰难跋涉的足迹，她只是那么幸福而自在地独自前行，这本身便有意义。她的自由快乐的行走姿态，既带给我阅读的愉悦，也将启引我继续谛视她的足迹而行行复行行，不管需要数十步数百步还是更长，总希冀在探讨"读"与"写"之微妙的"阡陌交通"中，对语文教学前景会有豁然开朗的新发现。

壬辰三伏，草于俯仰斋。
（2012年7月19日）

她的书没有空头讲章

（序刘菊春《我从课中来》）

在刘菊春被确定为福建省首批中学语文名师培养对象之前，我并不认识她。之后她申请我做她的实践导师，我有点犹豫，因为我脱离初中教学已久，对义务教育的语文教材也比高中研究得少；再加上她的工作单位在三明，几乎不可能经常观察了解，交流探讨。尤其是刘菊春是教研员，比起教学我对教研要生疏得多。但最后还是答应下来，凡是诸如此类有关业务指导的事，我一向是难以拒绝的，只要自己的心力尚能应付。

很快三年的培养期即将过去，首批"名培"对象就要结业，刘菊春拿她的论文集命我作序，我当然仍旧无法推辞，并不完全是因为有这三年的师徒之缘，而是在这三年中，菊春的经历和书写，使我对初中语文的教学与研究也得到了一份不小的收获，可以说，她的研究部分填补了我对初语教学认知的空白，让我的某些主观抽象的思考变得客观具体而明晰起来。所以面对她的论文，我觉得还是有些话可说。

首先是，刘菊春的研究总是始终聚焦于对语文教学内容的考察。我们知道，课改以来，有两个普遍的现象，一是语文教学内容向人文教育明显倾斜，一是在"以学生为主体"理念主导下涌现的教法创新。这本来也没有什么不正常，问题是如何倾斜和怎样的创新。刘菊春对语文教学的观察思考，从她当教师的年代开始，直到从事教研员工作，她一向重视的是教学实效，她很早就发现效益的问题从根本上说是与"教什么"密切相关，而不主要是"怎么教"的问题。所以她一直在关注和考察的，都是一个单元或一篇课文的教学目标，和所选择确定的教学内容是否合适。关于如何为语文教学内容准确定位，语文界近几年讨论颇多，菊春可贵之处在于，她不从某种理念出发，而是读透课文，只从特定的"这一篇"的言语形式去准确把握应该教什么。由于语文这门课程教学内容的离散性、游移性很强，缺乏独立准备的语文教师，极其容易按照"我认为"的来教，或依据别人提供的现成教案去教，主观性与雷同性并存。课改以来，又大量出现对教学内容的所谓多元新解，而菊春则始终保持警惕，她从不追异骛新，而是唯真唯实是求，表现出一个成熟的教研员可贵的专业敏感。例如，她剖析某著名教师的《背影》教学实录，对另一位当红新秀进行"用什么知识去读课文"的质疑，都是她从现场观课中极其敏锐地即时捕捉而给予深入批判的适例。她能独立思考，自主鉴别，也善于汲取新鲜的思想。例如，关于文本解读中"言"和"意"的关系，她就既本着叶圣陶的国文教学"必须侧重形式的讨究"的基本观念，也运用当代学者主张的"据言识意"和"据意识言"的观点，把教学内容的重点定位于言语形式，作为她观课评教的基准。我认为，这一符合语文课程目标和遵循教学规律的聚焦式的研究，是她能够成长为一个有思想的教研员，并做出突出成绩的关键。

其次是，她的研究不是徒托空言，而是充分借助案例的分析，在经常收集和占有足够课例的基础上，通过分析归纳形成自己的观点。这一特点是读者一看就明白的，但从我所接触的其他语文教学论著，则鲜有如此密集的个案呈现。我知道，这并不是菊春的临时收罗，而是她一向的注重积累。如果说她的这个论著，还很难够得上是"著作"，其中多由单篇文章汇编而成，但这并没有因此而贬抑了它的价值。我们看多了那些空头讲章式的所谓语文论著，不但所得几希，且往往过目辄忘。语文教学究竟有没有理论体系或框架，我一向存有疑惑。语文是一门实践课程，实践可以有也需要有理论的指引，我谓之"光照"，但它本身毕竟不是理论。你可以用成功的经验描述它，却不能用科学的体系去构建它。所以当我完整地读到刘菊春以具体课例且相当有序地分析呈现她的观点时，我觉得比读到那些纯粹说理的教学论文更亲切易懂，也更具说服力。近些年来，语文界都十分重视课例的研究，大而空的说教明显少了，作为语文教研员的刘菊春只是恪守本职，本不值得特别称许，但对于仍有不少从既定的某种先验的思想理念出发,然后再附以若干例证的、类似中学生写论说文的"课题文",我觉得还是有必要赘言几句:请多用归纳法,而少用演绎法;请充分占有材料,再从中引出结论,对中学教师读者才有可读性,才有可能引起他们的联想与对照,而姑不论是否都有说服力。

我强调了菊春的注重实践,并不是说她都只墨守着自己的经验,她也深感理论底子对于一个教研员是何等重要,所以从接受名师培训以来,她自说恶补了几种教学理论书籍,特别是鲍道宏博士推荐的泰勒的《课程与教学的基本原理》,她吸收得最好,有悟性,能消化,像第四辑的"初中语文教学三思",就能见出她的"化功"。在这本书里,菊春没有将阐述她教学理念的文字放在开头,而是放在最后,我觉得是有道理的,因为所有的认识都应该来自实践,书的结构做如此相应处理,由感性而理性,既符合作者认知的规律,读者一章一节读下去,也会感觉更可读,易接受。

再其次是,刘菊春的课例分析着重采用的是正反比照的方式。这也是一种特色。我们常看到的评课,往往对优点只做笼统的评价,而指出缺点和不足,虽然相对具体,可是如何克服与纠正,却也仍然只是空洞地说几句了事,鲜有能同样具体地提供参照与示范的例子。菊春的评课几乎都有反例与正例的比较,不是说她的正例全然无可挑剔,但有了比较,教师就可以更好地进行对照,也会进一步引发思考。尤其是她的比照,是通过分析而出示的,就有可能避免了主观性的强加。

当然,菊春的案例分析,更着重的是对种种教学的弊病做出评断,这方面她用力甚勤,形成了自己相当稳定的评价标准,表现出能够迅捷发现与辨析的教学敏感,这是一个教研员专业素质的集中体现。每次从外地参与观课活动回来,她总是能够及时把她的观感告诉我,甚至把课例传来给我,不是一般的谈印象,而是据例评说,可见她的听课和当场思考是何等认真而深细。她的书中,像对确定语文教学目标三个关注点的看法,对如何确定合宜的阅读内容的观点,特别是所提出的对策,都有她独立的思考和扎实的辨析。像那篇针对《背影》的教例谈课文解读的"界"与"度",所显示的敏锐的思辨、大胆的质疑,更显得十分可贵。我认为一个语文教研员须比一般教师具备更全面的语文素养,而其中最需要也是首先须具备的,是丰富而锐敏的语感。因为他经常要备课听课评课，他唯有在语言文字中反复琢磨，不断"出入往返"，才能洞察幽微，如果感觉迟钝，其他的事也就无须再做了。菊春在咬文嚼字上对自己是严格的，她有时会为了推敲一份试卷的命题或答案的遣词造句，在电话里同我讨论半天。由于她在这些属于语文基本功的方面有严格的自我要求，所以听她讲课，总是明白确当，条理清楚，几乎没有废话。说和写，总是有着密切关联的。

　　这本书的明显特点，可以用"具体切实"四字概括之，我想这是读者都能看出来的。由于是从课中来，所反映和针对的初中语文教学现状，就既真实而全面，其参照作用和研究价值也是显而易见的。菊春说，这本书是"逼出来"的，不是被推到名师培养对象这个位置上，她仍然只会搞点"雕虫小技"。但我觉得就语文教学来说，"雕虫"亦谈何容易？和那些志在"雕龙"和"屠龙"的比起来，其功夫并不见得就低下。正如在书法鉴赏方面，我一向看重和欣赏的是小楷正楷，而不特别垂青泼墨写意、笔走龙蛇，因此也尤其看好那些以个案分析为对象的言之有物的小文章。不过，话也要说回来，从语文教学研究著作的标准衡量，单一的归纳和一味的演绎都是偏而不全的，理论与实际的完美结合则是始终值得追求的。拿这点来要求菊春，也许太苛刻，但如果再充实材料，让每一部分的举例和阐述再增加分量，尽可能避免单一与单薄；特别是眼光再扩大些，不妨从那些被评出的得奖课例中发现不足，甚至指出貌似优秀而实未可取，从而辨析之论证之拓展之，则此书的进一步修改补充完善，还是有很大的空间。当然，先进教学理论的吸收与融化的重要性，也是不言而喻的。我对菊春有所瞩望的，亦仅此而已。是为序。

甲午四月，梅雨天。

一个切中痼疾的语文教学主张

(序应永恒《本然语文》)

永恒嘱我为他的书作序,理由是他的语文教育主张,是受我"语文教学必须回归本然"观点的启发。我的确多次说过这个观点,但大家知道,追源溯始,这是来自叶圣陶先生的重要教育思想,即他主张的十六个字:"何以为教,贵穷本然;化为践履,左右逢源。"我自己一直是在努力学习和实践先生的这一教导,且认为此生将不可能穷尽和完成。叶老这四句话,不是只对语文课程而言,而是普适于所有阶段的教育和涵盖一切学科,是一代大教育家的基本教育理念,值得我们终生以赴去理解与践行。我和永恒之间,只有代际的不同,在学习叶圣陶语文教育思想的时间上虽有先后,但我们都是学生辈,理当相互交流切磋。正因为这一点,对他的嘱托我没有理由拒绝。

永恒主张本然语文,既是自觉追随叶老的教育观,也是切中当下语文教学的痼疾,说严重点,甚至是百年语文教育的宿疾,此疾可谓"古已有之,于今为烈"。同其他课程比较,为什么唯独语文竟在"教什么"的问题上不断折腾?叶老在七十多年前就批判过守着"古典主义"的旧式教育是"把书中内容装进头脑里去"。"书中内容"就是所载之道,"装"就是直接灌输。这"古典"的基因至今仍隐潜在语文课程和语文教师的意识深处,历千百年而不衰,不是没有根源的。因为语文教育从来都特别肩负教化的功能。文以载道是必然的,但语文设科的宗旨却不是为了传道布道,尤其不是要把情感、态度、价值观的道理"装"进学生的脑子里。只有通过语言文字的学习运用,即叶老所强调的"侧重形式的讨究"去识道和载道,才是语文教育之本。三十多年前语文界曾总结过堪称经典的两句话：因文悟道，因道学文。（后一句有说是"由道学文"的，但我认为"由"不如用"因"好，文道双因、互因，更体现二者的统一。）将语文课程的培养目标最终落在"学文"，在修订的义务教育语文课程标准里，已经有了"学习语言文字运用"这样明确的权威性的表述。这才是语文之为语文的本然面目。如此眉清目朗，为何叶老还要谆谆告语我们须"穷究"之？可见并非知易行难，而是行不易而知犹难。难的原因，无非一是传道意识浓厚，学文观念薄弱；二是传道容易，学文甚难；三是考试多问道而不及文。可见要使语文教学真正回归本然，断不是口头说说那么容易。但永恒知难而进，他给自己选定了很切实但也很高远的目标，他的这个主张富有草根性，是接地气，是有生命力的，更是需要长期实践之。说句玩笑话，也是颇与他的姓名相牟合的。

叶圣陶先生后一句话也很重要：化为践履，左右逢源。学语文就要使人能够一辈子受用。人类运用语文于思维，践履语文于生活，可谓无往不在，须臾不离。我认为这也正是本然语文的题中应有之义。尽管有人总视"工具"一词为异端，见"应用"二字就头疼，可是没办法，这是客观事实，事实胜于雄辩。这也是我一直在思考叶老为何在说过"贵穷本原"之后的二十年，却叮嘱我把"本原"改为"本然"。"本原"讲的是性质规律，上个世纪60年代大兴学习"两论"（《实践论》《矛盾论》），强调讲规律识真理。80年代热门话题是"实践是检验真理的唯一标准"，"本然"则重在说常识讲实际。叶老这一字之易，是与时俱进的。可是很长一段时间以来，语文的本然面目却并没有变得更清晰。至于伪语文和非语文的出现似乎也有三大原因，一是应试教育已经成了新的"利禄主义"，语文教学趋利于考试而不是服务于应用。二是人文因素被人为地剥离出来，孤立且过度地加以阐释和宣扬，不少教师仍习惯侧重内容的解说而非形式的讨究，"古典主义"之阴魂依然不散。三是流派纷纭、旗号各异的西方文论总变着法子到语文教学领域来鼓捣，尤其是在文本解读和写作指导方面。理论观点的演绎固然允许多元，可实践中产生的混乱则有难挽狂澜之势，更遑论实现"左右逢源"。

永恒把"本然语文"作为悉心探究和工作引领的教学主张，不是心血来潮，而是经过了较长时间的思考的。十年前他就已注意到语文之"本"，曾以

"本钱""本分""本色"这三"本"同我交流看法，我想，这应该是他最初对"本然语文"的独立感悟，我也因之很受启发。到了三年前他被选拔进入省第一批名师培训，在省教育学院亲承鲍道宏先生的日夕謦欬和王立根导师的经验点化，他的思路遂大有拓展。从这本书里，可以看到他学习之勤、借鉴之广、践行之实。他对"本然"二字的理解，对实践"本然"的种种追求，或容有可商，尚有待于提炼，而永恒是个诚实人，是个勤奋者，他有勇气亲自下课堂去尝试，很乐意广泛听取大家的意见。况且初试撰述，取精必自用宏，返约当始由博；我相信他一定会将其思考与实践坚持下去，进而有新的发现和新的创想。同时我也期待他和他所引领的工作室成员，能以这本书的总结为起点而继续前行，为完善和实践其教学主张不断取得新的成果。

2015 年 11 月 10 日

追溯到知识和思想的源头

（序福建大田梅山中学学生作文集《悦读梅语》）

放在我手里的，是一本独特的作文汇编，一部新颖的校本教材，也是语文作文教学有可能向纯真质朴回归的一份见证。

当梅山中学郭兆志校长将这本粗钉成册的文章集子交到我手上时，我并没有一下子感觉出它的分量。我见过学生的习作汇编多矣，原以为封面冠以"校本课程"四个字，时尚而已。但携回一读，则不免自惭习见之陋。在我的案头枕边，已经有那么多书等着我去读，而这形貌不扬的书册，为何能让我愿意挤出时间一读到底？我想，正缘于它给我带来了三种不一般的感受——

首先，是浓厚的乡土气息。大田这名字我读小学时就听说过，可是知道仅是大田的一个乡镇梅山，就有这般富饶与美丽，则是从这个集子中领略到的。它是如此广泛而集中地展现梅山的物华天宝、人杰地灵；尤其是，这样的一种富饶与美丽，是通过学生自己的观察、描摹、抒写、评述，而非假手他人，抄撮成书，这样由学生主体完成的作品，就具有别的文字所无法替代的实践与亲知的特色。在这里，共同的主题都是介绍"我们的家乡"，这是一致的，但又是独立的，因为学生们都是不可重复的"这一个"，他们各各有自己自由选择与倾其所爱的叙写对象，在题材上遂呈现出丰富中的统一，统一中的丰富，乡土气息之浓郁便因此生成。有如此独特的地域化、本土化的编辑构想，说明学校把"校本"的内涵真正是琢磨透了。

俗语说，一方水土养一方人。这句话，也完全适用于教育理念。我们的孩子从小到大，除了接受统一教科书的传道授业，他们从自己特定的成长空间所接受的天然环境的熏陶濡染，同样是一种有形或无形的精神养育，这种养育可能更早也更深地潜移默化于孩子的心灵，成为他们终身发展的生命底色。我在书中读到学生所写的一草一木、一事一物，再看到所附录的朴拙而纯真的照片，一页页翻过去，这一感觉和联想便越发强烈，甚至连我小时候闽侯家乡的人情风物，那些柑橘园呀、荔枝树呀、芭蕉果呀，屋外池塘里的螺蛳和莲藕呀，祖母糟制的蟛蜞酥和婶婆腌制的酸梅子呀……，也会不时影影绰绰叠印于其中，连同我童年的一切快乐与憧憬，都一一在心头浮现。这岂止像鲁迅所说的，仅仅是"也许要哄骗我一生"的"思乡的蛊惑"，而分明是在回温着一段不泯的记忆，重拾一份悠久的系恋，招之即来，挥之不去。它比任何课本知识的烙印都深，因为其中有着生命情感的浸润，而将伴随人的一生，就像一个学生所说，因为它将使我"终于懂得什么是生命的真谛"（吴清妹）。《语文课程标准》所约举的课内外的教学资源，就广泛涉及诸如自然风光、文物古迹、民俗风情等等，但若只把它看成是必修课程的补充，则未免短视。苏霍姆林斯基曾经指出，追溯到知识和思想的最初发源地，则是孩子们的"周围世界"，因此要"把周围世界作为儿童身在其中学习思考、识记和推理的环境"，从而"在和周围世界进行的直接交往的过程中，获得思维的鲜明性"。他因此强调"观察是智慧的最重要的能源"。同样的，梅山中学拥有这么好的一方水土，组织师生自采自编，自教自育，就不仅是符合课改精神的一种长效的教育资源开发，正如郭兆志校长在"解读校训"里所说，更重要的是需要"构建旨在培养学生实践能力的学习方式以及对应的教学方式"，它所体现的，正是一个有远见的领导者的教育目光与开拓精神。有了这样的目光和精神，这教育资源就永不会枯竭，因为每一届的学生，都会用自己对周围世界的目睹耳闻和心交神契，随着家乡日新月异的发展变化而持续书写，不断去充实和拓展他们的心灵视野。因此，对于《悦读梅语》这一朵校本教材的新葩，我有理由相信她将会年年岁岁吐露芬芳，结出硕果。这是我读了之后又一真实感受。

当然，作为一个语文教师，我还想说说我从这文集里，读出了我所久违的文风的一份欣喜，这文风是清新而质朴的。不知从什么时候开始，我们的中学生作文，竟也从大人那里沾染了为文造情、华而不实的习气。文章不老老实实地写，却习惯编造故事，喜欢套用一种成人化的模式，好用艳词丽句来装饰虚假的情意,据说这样才能猎取考试的高分。可是在梅山中学这里,我看到的却是另一番景象,正像当地的山水风光,是如此明朗青翠,而不是纷红骇绿,使人眼花缭乱。她单纯,却也厚实;她简朴,却蕴涵着生机。纯朴本身就是一种美。我曾经在回答一位中学生读者提问时写道:"真而且美,当然最好。如果美而不真,倒不如真而不美。有真做底,求美可期;唯美是求,返真难矣。"《悦读梅语》中的学生作文,有了"真"为底色而自然做到了"修辞立其诚",而文风也因之显得纯朴无华。一个叫苏始盛的同学说得好:"一切的美丽都刻在我心里,我不会用华丽的辞藻来称赞你,只会用最朴实的话语来描绘你。"平实的一句话,让我想到语文作文教学有可能向自然淳朴回归。如果不是学校领导具有清醒的意识,不是语文教师把握住作文教学的正确方向,这样良好的文风不是说要培养就能养成的。我前面说到的"清新",不仅是一种气质,而且也是一副面目。当年叶圣陶先生主张中学生作文只要讲求"清通"就可以了。每一篇作文都能写得文字通顺,条理清楚,是一项过硬的基本功。它不是低标准,而是高要求。关键是必须从小抓起,落实到每一次写作的严格训练中去。今天看来,集子里的学生文章虽然还不免单纯稚嫩,就如同孩子们正在成长中的身子骨,还需要经过养育锻炼而达到强壮发达、丰满多姿,这里我主要指的是叙写中还需要有更多个人的体验与情感的融入,以及对文采的适当追求,尽量避免写法的单一与单调;但是最可贵的,是不失其真,未伤其正,因此我认为最要紧的,是必须让学生知道护惜,懂得珍重,不使他们长大后看到外面的花花世界就目眩心摇,逐渐褪掉本色,失去本真。作文教学首要解决的并不是怎样写,而是为何写和写什么,这和情感、态度、价值观的教育原本就是一回事,是应该在学写的过程中同步进行的。梅山中学的这一校本教材,以其富有自我教育特色,我想做到这一点也是独具条件的。

郭校长说:"乐学是一个发现的过程。""梅语"真挚而朴实,的确让我悦而读之。现在我不嫌浅陋,把我发现的快乐写出来,回馈给梅山中学的老师同学们,且一并在此表达我的谢意。是为序。

2011 年 5 月 20 日

实话实说的"王氏策略"

我回避谈语文高考,已长达二十多年。直接原因是讲了真话,挨了教训;当然,主要还是语文高考,若鬼神之事,难言之矣。有时被逼,非说说不可,就随便说几句套话应付,等于白说。总之,是尽可能避而不谈。但我知道,高考这件事,是当今中国社会几乎与物价股市住房医保同列的民生大事,你可以不谈,现实却常常由不得你不去想。尤其是,我的职业是教师,关乎职守,有时也觉得十分矛盾。现在则遇到更回避不得的,是王兆芳把他的处女作初稿《作文策略》送到我家里,恭敬地呈放在我的书桌上,嘱我为序。如果这位处女是小姑娘家还好,而偏是束妆待嫁的新娘,这就使我加倍地为难。王兆芳在学校的语文教师里,有个诨名叫"巨帅",我不知道它的出处,但王兆芳的教学,倒的确很讲究策略,一如将帅之用兵。他对作文尤其有研究,高考前许多家长总是打听能否联系到王老师。现在他干脆把策略公之于世,这是很值得称赞的,但苦的是我,必须为这位"朝阳下的新娘"说几句话,那么,我得准备说些什么呢?

凡是策略,总难免有几分深奥,至少也需要下些功夫研究揣摩。但是我看王兆芳的策略,却也简单,和我们平时向学生讲作文,并没有什么大不同。他首先将生活的作文和应试的作文做了区分,说是平时强调的"为生命"而写作,此时要屈从于"为生存"而写作,是出于无奈,这就是一种十分老实的态度。然而,为了搏命于考场,我曾看到不少教师教给考生许多花拳绣腿,比如文章开头必须装成彩凤的眼睛啦,结尾必须是豹子尾巴或孔雀开屏啦等等,有很多的敷饰打扮。尤其时髦的,是要先来一两句题词,让阅卷的眼睛一闪亮,好留下"此子不凡"的第一印象。可是我在王兆芳的书里,看不到这些，他只说些书写要工整，立意要准确，文体要鲜明，语言要明白，诸如此类的大实话，像个土老帽似的。这样的策略，难道需要王老师来调教么？但我觉得问题的重要性恰恰就在这里。因为这才真正是从考试的现实角度，是站在"30秒钟内评判一篇文章，你希望看到怎样的文章"的评卷者的立场所总结出来的经验要诀。比如讲立意，王兆芳就有一句透彻语："'立意鲜明'不是写作的最高要求，但却是应试作文的基本要求。"据说，多年来的高考作文，透过花哨的语言却怎么也读不明白考生究竟说些什么的文章，并不少见。当无病呻吟时，若去认真问他什么病，岂不是倒问出你的无知可笑？所以说，王氏策略的可信之处，正在于他是和平时作文的训练要求始终保持一致。只要平时认认真真循规蹈矩写好作文，到了考场，就准能得心应手，没有什么特别需要另花功夫，这也就是所谓的"平时如战时，战时如平时"，何难之有？当然，和平时不同的临场要领点拨，王老师也是有几招的，例如特别强调要有"读者意识"，指导"开篇大而化小，收尾小而放大"等等。所以我想，应试作文岂有策乎？岂有术乎？无非就是把平时所严格训练的再复习检测一下，强化熟练一番，如此而已，岂有他哉？

　　也正是基于这一实事求是的态度，王兆芳把谈策略的大半篇幅，用来介绍他的平时教学。这其中有问卷调查的翔实数据，如实呈现了中学生语文学习的真实现状，以及最后得出的结论与引发的思考，包括指出和作文关系密切的中学生阅读"误区"。所以这些，我想不但对于考生，就是对于改进中学语文的读写教学，也是有普遍意义的。

　　这本书的大量篇幅是中学生作文的个案举隅和简要评析，这也是一大特色。缺少了具体而丰富的例举，再好的经验和策略，都只能给人徒托空言的感觉。福州一中学生的那几篇作文，不说是中学生作文顶尖的代表，至少可以媲美当前高考优卷的若干典型，让学生自己来述说体会，正好和王老师的夫子自道互为映照。至于对另外数十篇习作的得失评点，让典型做发言，读者显然会更愿意听取。此外，还有结合历年高考的试卷例析，和近几年作文命题思路的研究与评价，无论对考生还是对教师，都富有切实的参考价值，自不待言。

　　高考不是水平测试，而是选拔考试，是要千万里挑一。再以嫁为喻，想方设法把自己装扮得新艳俏丽,好被人迎娶,是每一个待嫁新娘的正常欲望。所以高考作文的"闪婚骗婚现象"在所难免。教师为考生置办种种嫁衣裳,也似乎无可厚非。我也同样认为这是极其无奈的事情,所以在这百般无奈的情况下,我选择了逃避,二十多年里,我不敢教高三毕业班,这当然是很消极的态度。真要改变这种状况,我认为首先必须重新考虑挑选新娘的标准。如果三日入厨下,做不出像样可口的饭菜,姿容俏丽,仪态万端,又有什么用?每年考取大学的数十万考生,他们的作文,是否真能够适应将来继续学习和工作需要?什么文体都不加限制,是认为学生都已熟练掌握了各种文体,已经通才通能,还是正相反,是对学生的文体写作缺乏信心而给予宽容?这些话题也许已经溢出了王氏策略的范围,不说也罢。我只想指出,王兆芳在"作文策略"之前加上个"应试背景下的",虽出于不得已,但他的态度是诚实的,仍是不离作文训练的根本,也确实符合当前评卷的形势与要求,无奈中体现了他的坚守,以及他的独立见解和求实精神之可贵。

我在福州一中从教已近半个世纪,深知这一所快有两百年历史的老校,积淀了多么丰富的教育教学经验。就是在作文教学方面,历来注重培养学生良好的动笔习惯,提倡朴实、清新、刚健的文风。老师们都坚信大量优质的阅读和经常自主的写作,是形成学生语文素养的最有效的途径。学校语文教学的这一传统,在一代代年轻教师中传承着,发扬着,也在与时俱进着。传统的继承与革新,有赖于点滴的积累,只有在充分积累的基础上,才会有所发现有所创造。今天,王兆芳大概也是在被动应付高考市场的需求,但他没有自做广告,也没有宣讲什么功夫套路,贩卖什么作文的武林秘笈,他只是老老实实地说话,把他平日所积累的与大家分享交流,所以,与其把他的那些话看作"策略",我倒愿意视之为他平常教学的个人经验总结。这经验很平常,但也很真实,很扎实,很朴实。正是有着这样的印象,我终于敲起了键盘,写下了以上那些多余的话,姑且以"絮言"充数,只不要误为我是破例与高考"触电",则幸甚。

2008 年 10 月 12 日

从"写真实"开始

　　回顾往昔的作文教学，记忆里比较空旷，几乎没有什么风景可以回放，唯一有一条笔直的土道，始终贯穿我的教学生涯，那就是：带领学生走进自主写作的自由天地，倡导从心所欲，随时挥笔，一切可写。但须强调一句古人的话，即"欲求流之远者必浚其泉源"。

　　上世纪80年代初，拨乱反正刚开始不久，学生虚应故事写套话作文的积习，很难一时转变。当时我被学校安排到初一任课，任务是把语文读写的基础打扎实。作文的"基础"是什么？是选材立意谋篇布局遣词造句？是写前要拟好提纲，写完要反复修改？是卷面整洁，行款合适，把字写端正，不写错别字？这些当然都是的。记得有一天，校长把我叫到办公室，谈话中，顺手拿过一个茶杯，说："你让学生把这个茶杯写得像个茶杯，不就行了吗？至于要拿它装什么茶，是另一回事。"这"写茶杯"的含义，我明白，因为我早就笃信叶圣陶先生关于"学木炭习作"的观点："训练的目标在乎像"，"眼前有什么，心中有什么，把它写下来，没有走样……：这就行了。"这样的宗旨早已契合我心。于是，在备课组制订"作文教改计划"时，我们就只安排初中三年的"大三步"计划：第一年，写真实；第二年，写具体；第三年，写新颖。为何只有大步没有小步？一是我们相信处理读和写关系，须先细抓阅读教学（小步渐进），只要学生爱读多读善读，作文自能事半功倍。二是认为，作文要先解决主要矛盾，集中精力，重点突破。

　　下面说两个"故事"。将近三十年了，说故也故，说新也新。

　　有一天，我走在学校墙外叫三牧坊的巷子，遇见班上学生许亮亮的母亲——她是个道地的劳动妇女，就住在这巷子后面——走过来拦住我，说："陈老师,亮亮怎么老害怕作文,我看他这几天够苦闷的。麻烦老师找他谈谈好吗?"我知道她说的"这几天",就是我上一周教过《从百草园到三味书屋》之后布置写一篇《我的乐园》。我问她:"您能告诉我,亮亮平时都喜欢玩些什么?有哪些特别高兴做的事么?""他嘛,回到家就是读书做作业,很少到外面去玩。功课做完,就打开抽屉翻来翻去,把什么收音机啊闹钟啊拆了再装,装了又拆,反正他的抽屉乱七八糟的,搞什么我们也不懂。"我心想,有招了。便答应道:"您放心,我一定找他。"

第二天找来许亮亮,让他说了写不出的苦恼之后,我说:"我可是替你找到一个乐园了。"他睁大眼睛:"您带我去?""我已经在你家找着啦,你的乐园很小,就一尺见方,不是吗?"这么一说,他顿悟了。亮亮很聪明,他语文成绩不好,但却是数学尖子,小学时得过几次"迎春杯"的数学竞赛奖。但他知道我说的就是他的那个抽屉时,还是摇摇头,觉得没什么可写。稍稍经过启发,后来似乎有些领会,过两天便把作文交了,题目是《我的小小乐园》。作文不见写得有多好,仍有病句和错别字,但题材却是独一无二,也写出了自己对快乐的体验,很少有空话套话,给人的第一感觉是"很真实"。综评可给75分,但我评给了85分,破了例。讲评课上,我把它介绍给全班。我说,你们写的乐园为什么有那么多雷同呀?想见识一篇绝无仅有的写乐园的好作品吗?我特地使用了"作品"二字。于是全班兴奋起来,像渴望听故事似的,听我把许亮亮的作文读完。我告诉他们:什么叫真实?真实就在自己身上,就在自己身边。它完全属于你自己,别人不会有;就有,也和你的感觉体验不一样。真实,就是自我,我是唯一的,所以真实也可以解释为独一无二。所以,你们想写什么,一定不让别人知道,要秘而不宣,写完了再公开。你们写日记,不是都不让父母亲看到吗?如果是编造的,也许倒很希望别人知道,有什么好保密?孩子毕竟是孩子,他们很快觉悟过来,当场就有几个很有把握似的,做出动作表情,表示他已经找到独家题材,似乎马上就要写出伟大的作品来了。

这一次讲评收到未曾预料到的好效果,还得感谢许亮亮。从那以后,班上"写真实"的作文逐渐多了,阅看作文开始变得愉快起来,每回我收了本子,总想知道孩子们会告诉我什么新鲜事和怎样特别的感受,而变化最明显的还是许亮亮。我发现他虽未必篇篇"独特",但却篇篇认真不苟,文句通顺流畅了,字迹也写得端正了。当然可以总结说,这是表扬鼓励的结果,但更往深处想,则是学生知道了作文是他们自己的,不是随便写了应付老师的差事,应该特别珍惜。就说许亮亮,他后来竟送了一篇数千字的课外习作给我,写的是他小学同桌的故事。他说他太了解那同桌的秘密了,一想起,就有写不完的故事,简直可以写个"系列"出来。我颇担心他如果迷于写长篇,会影响其他功课,肯定了他的积极性之后,告诉他还是写短一点的好,精细地选材,好好地立意,先把一篇篇认真写好。从害怕写,到不害怕,再到高兴写、爱写,这样的变化,不仅是在许亮亮的身上看到,班上不少学生,也都或多或少改变了对作文的消极态度。就近取譬,让学生从自己身上和身边发现"真",领会"真",就如叶圣陶先生所说,作文就是和说话吃饭一样,是生活中的一个项目,而不是"学校生活中的特殊事",因为真实的东西处处有,时时有,只要"自己有了意思情感",可以随时写,无所谓练习。作文不是作业。像这样的"自主写作",一直坚持到初中毕业。那年中考,作文题是"向你介绍我",据后来抽检透露的消息,说是我班上的考生,写的几乎一篇一个样,不像别的学校,题材大同小异,且多是统一模式。这样到了高中,则继续采用一种写"日札"的方式(黎锦熙先生有言:"日札优于作文"),着重练习议论说理为主的随笔杂感,仍一以贯之地倡导抒真写实的自由挥写。这已是后话。

从第一步"写真实"中我们发现,凡是"假大空"的作文,都不可能写得很具体。造假,要造得骗过大多数的眼睛,非高手莫办。学生中少有这样的"高手",所以高考作文偏多雷同卷,假到千篇一律,千人一面,不足为奇。与之相反,只有真实的生活、真实的材料、真实的感情,才有可能写得具体,言之有物,生动感人。这在初二接着第二步"写具体"之后,效果就出来了,而且"新鲜活泼"也不时随之出现,为初三的"写新颖"提供了很好的基础。

第二个"故事"讲的是初二下学期(1982年)的作文期末考,我没有在试卷里命题,而是布置写一篇"验收作文",即每人交出一篇能反映自己水平的"代表作",作为检验是否进步的依据,皆可自主命题。我通常不用限制太死的命题作文方式，而是大体给个话题范围，举几个题目做例子，让学生自己选择"作自己要作的题目"（这是叶老讲作文的一个文章篇名），但强调必须是"自己的"。这一回，我告诉学生，只要是自己的，是真有其事，真有感受，当然一定是具体的，因为你对你所写的东西最了解最有印象，你会尽可能把情节甚至细节写出来，而且相信也多半可能是新鲜的感人的。大家各自写去吧，不用再问什么要求，就参照"写具体"的那些指标去写，照水平给分。果然，那一次的作文成绩是历次最好的，我几乎忘记了从教以来，还有哪一回考试见过有这么多写得既具体而又富有个性的好文章。尤其出色的是一篇名为《畸形儿》的作文，是一个女生写的。她写一个小学时的班干部、大队长，如何在数学老师的错误指责和粗暴处罚下，性格扭曲变态，成了一个桀骜不驯的坏学生。先是从两张相片的对比写起，发现小学毕业时的"他"和小学三年级的"他"发生了多大的变化：当年是"浑身上下透着一股机灵劲"、天真、活泼，后来却是大眼睛"闪着冷冷的幽光"，两片薄薄的嘴唇"线条分明地向下撇成'⌒'形，俨然是一副玩世不恭的神态。似乎在笑，又似乎在哭，或者在嘲弄着什么"。然后展开回忆：原来是在一节数学课上"他"开小差，被老师当众数落；后来因为打架，又被老师当着大家的面，"三下五除二撕下了他的大队长的标志，又两下子扯下他的红领巾，统统扔到地下。然后从抽屉里抓出他的书包，'啪'的一声抛出教室，接着再用力把他推出了教室，门随即在他身后'砰'地关上了。透过窗户，我看见他的嘴唇痉挛了一下，接着用力向下一撇，眼里出现了一种可怕的光。他从地上捡起书包，用力向背上一甩，迈着轻浮的脚步走了"。

后来"他"变得更加冷漠，"他的心正在大量地流血"。可是却也发现，一次老师在教《给徐特立同志的一封信》时，"他"竟小声地把"徐特立"改念成"郝某某"。这"郝某某"是"我们过去的班主任，对他要求很严格，但不冷酷"。

这里写人物的动作行为不但具体，而且注意细节，很典型的细节。正因为是如此具体而不是一般化地写了一个人的变化，最后当作者向教育者的"责任"提出质疑时，其主题便十分警人。作文被新蕾出版社的《作文通讯》发表之后，读者纷纷给作者去信，和她探讨了师生关系问题，有这样的影响，也是我当初不曾想到的。

　　因为《畸形儿》的成功，这位名叫姚丹的女生，此后的作文，几乎是篇篇精彩。她的语文学习一路顺程，进步不断。四年后，被北大中文系录取。现在已修得博士学位，在北京一所著名大学担任文学教师了。

　　我一向不大给学生讲"怎么写"，注重的是"写什么"和"为什么写"。写作技巧，规矩方圆，是外在的，或者说是别人的，只要自己有的写，喜欢写，经常写，自然就能慢慢懂得怎么写。掌握技巧不是朝夕之功。不爱写，老是觉得没什么东西可写，喋喋言技巧，无补费精神。我的经验是广开作文之源，激发源头活水，水到渠成，随物赋形，作文之功半矣。作文不难，至少不比阅读更难。可是如果读得少又不善读，则作文必受牵累，却也是事实，但这是另一个话题，只能留待以后再说了。

2009年3月2日

（本文曾刊于《语文学习》2009年第6期。）

说理议论常见的三种思维类型

（摭谈 2013 年高考同题笔会作文）

本年度高考同题笔会，据当时评卷老师预测，就是今年中等程度的应届毕业生，恐怕还很难达到它的平均水平。现在高考结束了，从阅卷归来的教师那里，证实了这个看法。这说明省语文学会倡导的"同题笔会作文"，具有相当高的参照值。

顾城的诗曰：……

顾诗的话题是：自由。

顾诗的主旨是：自由需要有所依附。

围绕着"自由"的话题写，不至于离题。但要切合诗旨，就不能不言及"依附"。写"依附"，谈"依附"，则可以有不同立意，不同角度——视野更宽，思路更活，写法更多样，赛手还是有较大的写作空间。

在这里，我只想就该试题写成论说文的几种思维类型，谈点看法。

参赛的 74 篇笔会作文，无非三种论说类型，且以一等奖的 4 篇做代表——

一、否定"成为流星"，肯定"成为树根"，如《不要自由，只求无忧》。作者认为只要扎根地球就不至于忧恐。"无忧"，就因为有了依附。其观点与诗人完全一致。

二、不全否定"成为流星"。认为自由是需要的，但不是绝对的，自由需要纪律、法制、道德等的约束，如《双脚扎根，托举自由》与《在镣铐中茁壮》，观点不是一边倒，而是有所侧重。

三、完全肯定"成为流星",如《天高海阔任我游》。作者认为"无依即无限",无依无附,才是超脱了极致的更高精神境界,如果做"树根",在深埋中则寸步难行。

第一类作文就着诗句去写,顺风顺水,敷演(不是"敷衍")成篇,不算太难。好一些的,能说出些理由,或再加以引申;差的就拉今人古人活人死人来做例证,敷演一通,凑足字数了事。这一类文章,在应试和参赛的作文中占的比例都不少。就题论题,这第一类当然最符合诗人的本意。它无须去既肯定也否定,它只要咬定"无依无附"的"自由"并不可取,或针对"成为树根、深扎地层"说说它的必要性。这一类作文,可称之为"正向绝对性思维"。报刊诠释宣传党和国家领导人言论的社论时评,就属于这一类。虽是跟风附和,但要做到对材料观点做充分有力的阐述论证,则须有较高的写作水平,否则就只能套话连篇,拾人馂余,很难出彩。

第二类作者围绕"自由"的话题展开叙述议论,因为有所针对和取舍,两方面都得各说一点。这一类文章,不妨称作"双向两面性思维",但还够不上辩证思维。辩证,则需要充分有力的辨析论证。写这一类型的文章为什么会占绝大多数?就因为看到"深深扎根地层"与"在天宇飘行"这两种行为正好相反。受平时看问题要一分为二的惯性思维引导,认为二者都有可取,可以互补,既全面又可靠、安全。可问题是,这恰恰不是诗人所要告诉读者的。诗中的"我",不是在"流星"与"树根"两者中做价值判断,例如前者是象征"自我""自由""奔放"……,后者是代表"社会""纪律""约束",等等。如果这样去写,只能算是由此说开去的借题发挥,不小心就会滑入某年北京高考试题"仰望星空,脚踏实地"的既定而俗滥的轨道,换句话说,就很容易套题。即便不套,也免不了雷同,出不了新意。

第三类可以称为"逆向批判性思维"。立足反面,针锋相对,质疑挑战,这同样也是切题的。但要写得好,比第一类作文要求更高。作者必须善于抓准要害,破立结合,还要举出比较典型的有说服力的例证。能这样写的学生,需要训练有素,平时就要养成独立思考的习惯,不是到了考场才开始立马对阵。这一类文章十分罕见,今年笔会74篇里仅此一篇,委实难得。这也反映了我们平时教育与教学的明显缺失。

三种类型，各有优劣得失，水平参差不齐，但总体是庸卷居多，面孔大抵相似。

那么，是否还可以有其他立意和思路，可供选择呢？

不妨回到诗歌文本再细读一下，也许会发现——

其一，"流星"的"无依无靠"是被地球抛弃的结果。也就是说，"我"之所以愿意变成树根，是由"他者"决定的，而不是"我"的主动选择，更不是"我"的追求。"我"是不自由的，唯有"被自由"的"惊恐"。"我"为什么一定要"依附"？"我"的自由为什么要由他人来赐予？针对这一点，是否可以好好议论一番？

其二，如果地球失去引力，那么"我"成为树根还有可能吗？"我"还能继续留在地球吗？根扎得再深又有什么用？再说，失去引力的地球，自身也将在天宇飘行，不也成了"无依无附"么？"我"与地球同在天宇飘行会是什么结果？从这里想开去，大有可能生发出丰富的联想和想象，可以展开多向度的叙述和议论，非常值得一写。

其三，也不妨站在科学的立场，想想流星在天宇中是如何运行的。失去了地球引力，根据万有引力定律，不是还有别的引力让它有所依附么？"我"为什么一定只能"依附"地球，吊死在一棵树上？打开这一思维缺口，思路将引向更深更广，大有可能新意迭出，出奇制胜。

以上二、三两点，都是不妨摆脱诗歌艺术想象的情感逻辑，从科学理性思维的角度去思考立论，将实用与审美打通，未尝不是一种写作的创意。关键在于，一定不要让诗中的"我"取代了读者的"我"。作为读者的"我"是中立的，也可以说是超然的。只要抓准并扣紧了诗中的字句，都可以做多元的解读，都有理由对"成为树根"还是"成为流星"做出自己的选择与判断，区别只在于是否能够自圆其说，在何处画"圆"，怎么"圆"，"圆"到什么程度。

但如果脱离诗歌文本，落入了"套版思维"，把"流星"这一虚拟的意象从诗歌特定的语境中剥离，无视诗中的"自由"是特指"被失去依附"的自由，而不是我们通常所说的"自由"，一味往正面的、积极的、肯定的行为和精神去赞扬，或往负面的、消极的、否定的行为和精神去贬斥，严格地说，都属于偏题或离题。至于高考阅卷会给予多少宽容，那又是另一回事了。

最后，还要说说我长怀的"忧恐"：今年笔会作文的繁文缛辞，质不胜文，仍然十分普遍。用语的华彩，行文的诗化，远远盖过对内容充实和逻辑严密的追求。不少文章，如果剥除了美丽的衣装，就只剩下洗衣板似的一根根排骨，而且多是畸形的。就是获了奖的那些作文，比如一等奖的《不要自由，只求无忧》，反复读了几遍，仍给人乱花迷眼、虚而不实的感觉。文风的问题，冰冻三尺，非一日之寒，最是令人头痛！特别在此指出，是希望能引起今后笔会各校赛手的注意：写得平实简净，明白如话，一样需要才华！

2013年6月24日

平面滑行：为何那么难以改变？

（评说 2014 年高考同题笔会作文）

今年福建的语文高考作文，我没有看过更多的媒体评价，但可以想象，大半认为立意平平，估计考生不难下笔，但也总要跟上一句：写好和写出新意并不容易。这分明是可用一百年的绝对正确的套话。问题是，所谓"好"和"新"指的是什么呢？说是不容易，那么什么才是容易的呢？

报上还见过"简版"的作文题，给的材料是"面对空谷，有人想到悬崖峭壁，有人想到栈道桥梁"，而高考的原版说的是"有些人一提到空谷就想起悬崖峭壁，而另一些人想到的却是栈道桥梁"。我于是有了对比发现与思考。

"简版"的两种"想到"是并列的，没有是非与正反的价值判断，它是中立的；而"原版"貌似并列而实为转折，"一提到……就……"和"而另一些人……却……"，重心显然是倾斜到后者——栈道与桥梁。我不知道是命题者的无心插柳还是苦心孤诣，这一倾斜，便自然把千军万马都驱往"栈道桥梁"，蔚为满坑满谷的写乐观、自信、进取、奋斗、突围、跨越等等人生立志篇的"空谷"奇观，辐射出无比巨大的正能量。

高考作文命题，引领我们考生做正面价值判断，避免掉进错判的空谷，这是永远无须怀疑的。所以有人问我作文怎么写才会不离题，我总是回答他：听口令，正前方，齐步走！

2014 年由福建语文学会主持的第五届高考同题笔会，最终参赛获奖的 15 篇作文，篇篇是对"另一些人"的正面肯定，例如，须怀有积极的心态和有勇敢的行动，要勇于做栈道桥梁，等等。我早就推测，欲读到想象悬崖峭壁

199

也能给人以激励、鼓舞、希望、遐想的，恐怕是一篇也不会有。我的估计当然太悲观，最近听说，今年敢于写出反思和质疑的，比往年多了，尽管很多考生仍然不敢轻试。拿这一点来比较去年的同题笔会，越见得去年那位叫柯睿的女生，敢于写出"何必扎根于地层，无所凭依亦是一种人生态度"，是何等难能可贵！（见《海峡青少年读写》，2013年第6期）

我在评点去年笔会作文时，归纳了三种考生的思维类型：正向绝对性思维，双向两面性思维，逆向批判性思维。今年作文，几乎全集中于正面与绝对，对"悬崖峭壁"做哪怕一丁点儿肯定的都没有，遑论逆向与批判？有人也许会问，难道今年的作文也可能反弹琵琶唱背调的吗？我说，怎么不可能呢？让我进考场，不消一分钟立意就出来：我想做攀崖的蜘蛛侠，不做缓步的栈道客。"另一些人的想"有种种，或许是自己去动手架桥修道，或许是趁人之便的借桥顺道。人总是好逸恶劳，贪图便利，所以还得看是什么样的"另一种人"。想到悬崖峭壁的，或许正是敢于面对的勇者，或巧于克服的智者，你怎么能武断他们总是畏惧者和怯弱者呢？所以我总是怀疑，究竟是什么原因，让我们的考生老是顺风顺水地挤在一个道上滑行，而不会想想是否还有别的道，可以通往新的景点，攀登新的高峰？

现在就来看看，就是在"正面绝对思维型"的路子里，是否还有可能辟出新径，展现写作者的独立思考？照理说，任何事物都存在无限的可能性，绝对的"绝对"是不存在的，"绝对"本身也是相对的。

可以先看三等奖的7篇。这7篇几乎都是一边倒地肯定"充满希望的栈道桥梁"，尤其是，都在说明怎样才能找到通往成功的栈道桥梁。所不同的仅在于，有的侧重从正面说，如要有独立的自我意识，要树立信念，要安抚好自己的内心，带着希望前行；或侧重反面分析，比如要换个思路想想，要摆脱思维定势，要改变消极心态，等等。说是有所不同，其实也是基本相同，必须这样而不能那样，这本是任何事物和任何道理中的必然联系，是一枚钱币的两面，只不过分开来说罢了。所以这7篇大可整合成一篇，题目可以用其中一篇的一句话"用心创造出桥"，至于如何"用心"则可以从各个侧面展开，全方位地解说。当然，这不是我的建议，因为面面俱到，必将泛泛而论。伤其十指不如断其一指，集中于某一点，相对把想说的说充分一点，深透一点，是在不得不"人云亦云"中摆脱随声附和的唯一可取的策略。从这一点去看，较佳的是刘代君的《以我观物》，其难能可贵的是，全文始终聚焦在"作文意识"这个关键点，强调这是人之所以为人和人之所以区别于他人的根本所在，尤其是能够针对现实做批判性的思考，像"这是一个最容易表达自我的时代，却又是一个最容易丢失自我的时代"，以及如何正确看待"以我观物"的自我意识的具有思辨性的阐述，尽管简单，但都超出了其他6篇的套论泛谈，其水平已可直逼二等奖的诸篇，甚至敢于向一等奖的三篇叫阵。稍逊一筹的是《为人心惶惶的社会和深渊千里的现实筑万丈桥梁》。就需要具备独立人格、坚守信念这一点，引证和阐述都相当充分，表明在短短的一个多钟头里，作者的思维是相当集中而紧凑的。《犬牙参差开蜀道》和《换个思路有出路》，也相对充实，言之有物。比较虚浮的一篇，是《看山是路》，由于一开始就不自觉地偷换了概念，将"想到"换成了"走在"，下面自不能顺理成章，只好随手拈来几个例子，虚虚飘飘地、一步三跳地东拉西扯，敷衍成章——其实还并不是"章"，只是一堆文字的堆垛而已。作者是有较好的联想力和表达力的，惜未能经过严格的训练，又被美文和诗意的写法所蔽。喜读书动笔的中学生，往往会步入此途而备受教师的点赞，非经指出而未之觉，这样的例子不是个别的，故有必要特别指出。

　　再看二等奖的4篇。《空谷的回响》和《你若盛开　清风自来》，一篇集中说"我不放弃"，一篇集中说"人须乐观"。以后者为佳。为什么？因为有较明显的层次。何谓"乐观"？分解着说，作者认为有"智慧""自信""旷达"三者，这是在一点上展开。当下不少教师指导学生写议论文，常用此三分法，要求学生学会运用分解式的平面或深进的方法展开议论，是一种有益的常规的训练，因此是可取的。而前一篇的思路就比较平板，两个证例中唯有"见义勇为"与"我不放弃"扣住，宋神宗的抑制米价，正像作者所说，是"从不同角度找到方法"的"巧妙"之举，但是跟"我不放弃"完全不搭界了；最后一段则又涉笔到要"以积极的态度看待挫折"，全文思路不断岔开，是明显的缺陷。再拿另外两篇《跳出绝望，探寻希望》和《架起空谷上的栈道桥梁》与前两篇做比较，我们会发现一个似乎带规律性的现象：凡是谈及"应该如何"的说理文字，都能够自然地出现前面说到的层次感。《架》文就分别从敢于面对，进而勇于克服，再到善于观赏，逐层递进，把"人是自由的"因而也是能够跨越的道理说得明白，可惜所谓的"说"，点到而已，浅尝辄止，虽有几句颇见文采，毕竟显得单薄。《跳出绝望，探寻希望》本应该围绕首段的"我们应该学会"展开论说，可惜下面几段却只是举出古今"跳出"和"探寻"的例子，怎么"学会"竟被抛到了一边，不再顾及了。这也是从平面到平面滑行的一种典型，好在文章在倒数第二段，多少还能够做正反比较分析，于平面中稍见突起而已。

一等奖的3篇，皆有比较鲜明的个性。《断崖无定　道在我心》有着指向现实的批判性思考。特别是针对"随着物质生活日益安定舒心，开始涌现出一波新型价值观："随缘""听天命""接受自己不可以"，作者认为"这些新出现的价值观看似令人治愈安心，实则不过是无勇之人自我慰藉的借口"。"开始停驻于身前的空谷，开始畏惧向前，开始放弃了跨越的欲望。"什么叫分析？探寻一种现象的原因就叫分析。文章接着结合人生（生活）的几种普遍现象和人们心理：太多的不如意，太多的恐惧，太多的"不可能"，从正面提出面对空谷时，关键是主观的心态、信念和解决问题的方式，在这一点上虽然没能集中阐释和展开，行文有所重复，缺乏层次感，但末尾用排比的手法，列举了奥巴马、乔丹、马云的事例，还是有说服力的。

《看见黑夜的星光》这一篇，也是着重于讲"心态"，其好处在于通篇都在比较。从龚自珍与林黛玉（这一实一虚的两个人物本不好比，但"落花"却使之有了可比性），到新月诗派、鸳鸯蝴蝶派与芥川龙之介，再到徐志摩与阮玲玉、太宰治，一路比下来，也就构成了一种论证，虽然证有余而论不足，更像是一篇非议论型的随笔，但是相对集中，并且缀以暗夜与星空做象征性的贯串，也较有特色。其明显的不足，就是单知道举证，仍然摆脱不了在一个平面上的来回滑行。假如能够追问一句：为何同是面对落花，同是文人，他们的心态和命运、结局竟会如此迥异？文章就进入了分析层次，其分量自有明显差别了。所以要说此文的局限，就一个字：浅。

《空谷回响》在一等奖的3篇里，之所以稍能居首，就是前一篇的不足，它给弥补了。同样用了例证，但不是举了出来就算已经证明。作者懂得追问。一开始，就抓住不同的人的不同想法的"缘由"来追问。"孔子的心中有峭壁"与"庄子的心中有大桥",恰是一个截然的对照。接下来,不像大多数文章那样做无谓的铺陈、多余的添加,而是直入主题寻找结论,认为"正是因为人们忧患意识的产生程度与安乐意识的程度不同"。而"造成程度差异的原因有很多",但大致是:一、基于人生阅历的不同。二、基于人生意想的不同。这就远比今年同题笔会的所有作文高出一筹,能够进入因果分析的层面。议论文,也就是因果文,或由因而导果,或从果而寻因。这就有了逻辑推理,就有了说理论证。《空谷回响》这一篇所提供的两点答案固然简单,但基本准确。并且还能集中于忧患与安乐意识去深入比较,与话题有了内在的关联。例子不在多,贵在贴切。作者对吴冠中先生"撕画"和张爱玲的"萎谢"有足够的理解,议论起来也就相当熟手。末段的议论与抒情的结合也相当出彩,与开头颇具哲理的"空谷接纳了我们的声音,却又在不同时刻发出不同的回响,回响是我们过去的声音,而却影响到现在与未来"形成了照应。只是这末尾的议论,其针对范围和包容性显然大于全文的核心内容,不免给人空泛的感觉。另外,作者用"人生意想"这四个字,内涵也比较模糊。《现代汉语词典》解释"意想"为料想、想象,显然不是作者所欲指称的思想、观念、人生观、世界观。而且,人生阅历与人生观念也是有密切联系的。如果能够不孤立地解说这两个缘由,就可能进一步把立意引向深入。可见避免"平面滑行",其实也并不难,在构思过程中,多找找矛盾对立和差异,多想想事物之间的联系,多问问现象背后的原因,就可能超越线性和平面的思维惯性。这种思维训练,得靠平时养成多读书、爱思考的良好习惯,既不可能临阵磨枪,而靠课堂上听讲种种作文技法,也是根本无用的。

顺着平面滑行,似乎已经成了当今绝大多数中学生尤其是高中生写议论文的积习。反惯性的批判性、逆向性思考与追问,在作文中显得十分稀缺。这不能不让人深刻反思:我们的语文教学,是否从来就缺乏一种对文本解读的问疑意识,亦即古人所珍视的慎思、明辨的读书态度?在大多数的语文课上,不用说质疑和问难,就是学生的提问都很少,凡是教师所教,学生一例跟进,你教什么我就学什么,你教的就是我要学的。语文课堂就是一块滑滑板,老师学生一起滑,滑,滑……,语文课早就成了一门滑溜课程。走笔到此,还让我联想到,如果语文课同时还成了一个巨大的空谷,其中能听到的,只是不断重复着的教师话语的单调回声,而实际却是悄无声息,那还怎么可能希望我们的学生真正喊出自己的声音?!

2014 年 6 月 11 日

琐谈"我在课堂讲鲁迅"

一、"讲"比"教"更自由些

我已经有十几年不上课了,要完成"我在课堂讲鲁迅"这个口头命题作文,却须从久远的记忆里搜索,把碎片印象做些收拣拼合,所以只能琐谈,谈我曾经是怎样"讲"的,也谈应该是要这样"讲"的,否则就很难完篇。

我从少年时代就喜欢鲁迅作品,当了教师之后,讲起鲁迅的课文就特别有兴味,学生回忆起来,也说我讲鲁迅总是很兴奋,有激情。我想,这里也许就有"讲"和"教"的区别。"教"鲁迅,更多要受课程教材的限制;"讲"也是在"教",却能够更自由些,可以不必都侧重作品的客观意义,而允许多讲些个人的主观感受。以一种体验式的姿态去讲,较能够进入文本的情境,讲出我的发现、我的感觉、我的体悟,更多展示我的感知与思考的过程,以唤醒学生的潜在的心理欲求和阅读经验。总之,不为掌握某个知识点而讲,不为考试而讲,就讲鲁迅作品的客观意义,也会释放出更多的能量。

中学语文教材鲁迅作品的数量有限,而其思想与艺术的含量却是足够大的了。教材里其他现代作家作品全部集中起来,都没能像鲁迅这样,只需一篇两篇就足以反映一个时代的思想形象和历史镜像。所以鲁迅是很有的"讲"的,理应投入更多的时间精力,要有更多的"讲"究。

二、侧重鲁迅的语言形式

我曾经说过,我的教法不过就是我的读法。自己怎么读,自然就会怎么教,怎么讲。我读鲁迅讲鲁迅,如果真和别人有什么不同,就只有一点——

特别注意鲁迅独异的语言形式,他的奇特的语体风格和修辞特色,以及运用语词的特有的力量。我的备课会将更多时间花在语言文字的揣摩品析上。鲁迅语言的异质性和创造性,主要在于突破汉语表达的一般规范,在非逻辑和超常规中显示了鲁迅非凡的思想力量和情感魅力。例如,我发现鲁迅的一句话里常兼有叙述、议论和抒情的元素,其叙述和议论的文字最是精悍,显示着他自谓"宁可什么陪衬拖带也没有"和"将可有可无的字句删去毫不可惜"的"洁癖",这也许和他喜欢线条精简劲健的木刻艺术是相通的。鲁迅作品里不多的景物描写和不能已于言时的抒情,又是何等的沉酣!例如《在酒楼上》写"我"见到雪天废园里的茶花"赫赫的在雪中明得如火,愤怒而且傲慢,如蔑视游人的甘心于远行"。《怎么写》写他孤身住在厦门大学图书馆楼上,夜晚见到的是"海天迷茫,黑絮一般的夜色简直似乎要扑到心坎里。我靠了石栏远眺,听得自己的心音,四远还仿佛有无量悲哀,苦恼,零落,死灭,都杂入这寂静中,使它变成药酒,加色,加味,加香"。《阿长与〈山海经〉》最后颂道"仁厚黑暗的地母呵,愿在你怀里永安她的魂灵!"因刘和珍的遇害,鲁迅喊出:"我已经出离愤怒了,我将深味这非人间的浓黑的悲凉"。当年创办《新生》的梦想破灭,他叹道"这寂寞又一天天的长大起来。如大毒蛇,缠住了我的灵魂了"。《阿Q正传》描写狼的眼睛是"又凶又怯",阿Q绑赴法场时看到的人的眼睛则是"又钝又锋利,不但已经咀嚼了他的话,并且还要咀嚼他皮肉以外的东西……眼睛们似乎连成一气,已经在那里咬他的灵魂"。还有《野草》里几乎篇篇可见的奇崛瑰丽的文笔。像这样沉郁酣畅的文字中的色彩和韵味,都是我最乐于细品的。因此我有个偏见,认为对高中学生来说,只要集中对鲁迅作品"精悍"和"沉酣"这两个语言特色进行精细的品味鉴赏,即可深入鲁迅文本的内蕴,引发他们的阅读兴趣和养成良好的习惯,而无须再涉及其他。

以上所举的那些例子,很难用诸如比喻、拟人(物)、摹状、通感、移就等的修辞知识去解释和规范的,就连语法恐怕也都会讲不通,学过的文体写作知识,也怕对付不了。我于是就干脆不讲,我就只讲那感觉,那意味,那可意会而难以言传的印象和效果;或者就只是读,反复地读。当然也可参考当代一些学者,如孙郁、郜元宝、赵卓他们研究鲁迅话语艺术的著作,都会对培养鲁迅的语感有许多启发。还有，就是指导学生用还原比较的方式自去发现领会。记得一个学生说过："让我走近鲁迅的，是他的文字。"我想，大多数学生也许都有这样的体会吧。鲁迅的文字，可以成为学生走近他的拦路石，但也完全能成为吸引学生走近他的诱人的景观。这是我自己深切的体验，侧重讲鲁迅的语言形式，我以为是引导学生走近鲁迅的一个成功的通道。

鲁迅作品中常藏着我们容易忽视的语言密码。有时一个字的位置更换（"我便一个人剩在书房里。"），一个看似多余出现的字眼（"然而她是从四叔家出去就成乞丐了呢，还是先到卫老婆子家然后再成乞丐的呢？那我可不知道。""长妈妈曾经讲给我一个故事听。"），几个标点的处理（"我没有亲见，听说，她，刘和珍君，那时是欣然前往的。"），都需要我们一字未宜忽、语语悟其神地去细细揣摩。这些在我的《如是我读》书中都有不少解读的例子。说是鲁迅作品不好懂，其实是我们没有去发现。训练语感最好的方法就是从已知发现未知。要测试读书人包括语文教师的语言敏感力，就让他读鲁迅好了。孔庆东说过，拿下鲁迅，许多语文问题都可以迎刃而解。我是认同的。

三、注重鲁迅研究成果的"转化"

语文课讲鲁迅，避开过去对鲁迅的盖棺论定，包括早已耳熟的对鲁迅作品的种种评价，注意吸收当代专家学者的最新研究成果，是非常必要的。像鲁迅的"立人"思想，鲁迅的孤独、彷徨、矛盾、纠结、焦躁、缠绕、挣扎、痛苦的"回旋状存在"（孙郁语）的情感状态，不断质疑和与绝望抗争的"回心""审我"的心灵历程，等等，还原出一个真实的完整的鲁迅，才能够让学生得以亲近和走近他。但所有这些的"讲解"，都应该尽可能结合教材里的鲁迅文本，而不宜"抽出而讲之"（叶圣陶）。就讲鲁迅作品的语言艺术吧，如果还依然拿什么犀利幽默、冷嘲热讽、善用反语、"画眼睛"、白描手法之类做标签，学生也早已腻烦。钱理群先生上世纪90年代在写《名作重读》时指出鲁迅描写中国人的"看/被看"的生存方式和"看客"心理，对我们理解鲁迅小说和杂文都是一个全新启示。后来我讲《祝福》写祥林嫂诉说狼吃阿毛的一段，发现教师备课和学生讨论时往往忽略"我们""你们"这多出来的两个字眼，而鲁迅在这里让我们思考的，是谁在底层人们中制造这悲苦而又麻木的彼此隔膜的世界！使我们发现在"（镇上的人）的看／（祥林嫂）的被看"的人生处境中，人们是如何消费了无聊、空虚、麻木、不幸、屈辱的一生！再举一例，我过去讲鲁迅杂文，虽注意到了议论"形象化"的表现手法，毕竟简单化，而钱理群先生认为鲁迅杂文之所以富有理趣，是在于将一切思想问题情景化，故事化，描写化，漫画化，这在讲《拿来主义》时就恰好能够证明并且可以展开。

　　但是，也存在一种现象，是把鲁迅研究专家的观点直接搬到课堂上来，结论与文本解读之间缺少"过程与方法"的具体转换。例如《风筝》最后一段是这样写的："我倒不如躲到肃杀的严冬中去罢——但是，四面又明明是严冬，正给我非常的寒威和冷气。"有的就照搬孙玉石先生的解说，认为这里的"寒威和冷气"，应看作是"政治和社会的季候"，具有针对"社会与精神的批判"的象征意义。可是《风筝》不分明是一篇抒情性的散文诗吗？怎么会读出批判性的杂文味道？它究竟在批判什么呢？钱理群先生的解读则有所不同，他认为"严冬"是现实生活处境、生存状态的象征，突出的是生活的严酷；前一个的"躲到肃杀的严冬中去"，则是表现人的情感的选择、人生态度的选择。因此他所提供的是主观与客观、理想与现实的对照。这是切近主旨的。但如果我们就这么直接告诉学生，他们仍会觉得鲁迅的话"怪怪的"，因为他们还不能从语句理解含义，因此就需要进行"言意转换"，将专家的解读转换到学生能够领会的言语表达方式上来：破折号前写的是"我"的愿望（情感态度的选择），破折号后一个"但是"，转折到了"非常的寒威和冷气"的现实（严酷的生存环境），这样瞬间也就否定了选择"躲到严冬中去"的可能。尤其不能忽视的是"明明"这个关键词，它产生了强烈的对照效果，把"我"的"非明明"的不现实的幻想幻觉，斩钉截铁地彻底勾销了。鲁迅正是这样通过他的"语文"方式，抒写出"我"终于无可救赎的"沉重的悲哀"。这也就是我常用的"以文解文"的一个适例。

　　十年前，钱先生在给《我即语文》写的序里就说过："陈老师对鲁迅的关注，始终是鲁迅之'文'……显示的是一种'语文'的眼光……我是更关注鲁迅的'心灵''思想'的。"其实，关注鲁迅的心灵、思想，也是需要通过"语文"而抵达，只是鲁迅的研究者们，在阐释鲁迅的过程中，已经把那"怎样通过"给省略了,这就是所谓的"得鱼忘筌"。而我们语文教学所做的就是通过咬文嚼字,找出那个鲁迅之"文"之"言筌"来仔细研究一番,才不会使"讲鲁迅"完全偏离了"教鲁迅",从而掌握好解读的分寸感,既避免了对鲁迅的肤浅感知,也防止了对鲁迅的过度阐释。

把鲁迅研究界的学术成果"还原"到语文课程,把专家的理论阐释"转化"为文本细读,变学者眼光为教师眼光,这本是语文教师的专业职能,做好这样的还原与转化,是需要平时在读鲁迅时下一番严谨的功夫,而且特别要警惕朱光潜先生所告诫的:懒、粗心和自满。

四、最好的"讲"是示范性和体验式的

我尝试过多种教鲁迅讲鲁迅的方法,发现还是教师的启发式示范解读最有效果,最受学生欢迎。原因是鲁迅作品学生本来就读得少,其"前理解"极其有限,再由于从小就听惯了对鲁迅的许多说教,故有必要做些"清空"和"充填",那就是采用启发示范的讲授方式,它同注入式的以讲代学不同的是——

(一)需要求学生先反复诵读,包括通篇的"读顺"和部分的"读熟"。首先,鲁迅的文字初看艰深,其实是很感性的,总是带着他的血肉;其内在情感和蕴含的道理虽一时难以言传,一旦读出声来,就会有感觉,并逐渐形成印象。其次,还要求把自读的体会和困惑写出来,以便发现和掌握"教学落差",确定什么讲,什么不讲——以读代讲,寓讲于读,也就是一种不讲。我多次教《记念刘和珍君》,就一般不做逐段的分析讲解,只专门指导练习诵读,在读的中间领会他的"说"还是"不说"的复杂心理,感受他的悲哀与愤怒的重重情感交织。至于像所谓哀悼、警醒、揭露、控诉、赞扬、激励等等,作为抽象概括,学生几乎都会,只有通过声音——强弱、徐疾、高低、抑扬、顿挫等——的传达,方能真正深入心坎,久久不忘。(可详看《如是我读·非诵读不能尽其哀愤》)鲁迅的课文,我大都要求学生能够熟读成诵。我自己背诵过《雪》《风筝》《"友邦惊诧"论》《论雷峰塔的倒掉》《记念刘和珍君》的全文,还有《药》《祝福》《〈呐喊〉自序》等的片段;在讲这几篇课文时,是不用再看课本的。

（二）体验式的解说。也许是性情的缘故，我的教学比较情绪化，阅读容易进入文本情境。每次教《孔乙己》，朗读到"原来他便用这手走来的。不一会，他喝完酒，便又在旁人的说笑声中，坐着用这手慢慢走去了"，我都是强忍着泪水把句子读完。我就是从诵读中领悟出教语文要做到"以心契心"，强调诚动于衷，言为心声，要把那文心——作者的、教者的——读出来，传出来，才算是真正读进去，读懂了。此时我常常会忘记自己是在"教"课文，在"讲"鲁迅，而是把我感知和思考的过程——自己是怎么读进去的，直接与学生分享。《祝福》写到"我"在河边遇见祥林嫂的情景，我没有作为一个旁观者去讲解分析，而是以文中的"我"的视线去观察、体验祥林嫂的形象变化。我会一边读一边自语着，似心里的自我对话。此时学生会通过鲁迅的文字又借助我的教学形象，得以再现并进入作品的现场和氛围。这种体验式的"教"和"说"，不把作品当作认识的"客体"去讲解给学生听，正类似于斯坦尼斯拉夫斯基表演体系所主张的演员与角色融为一体，在规定的情景中真诚地去感觉，去想，去动作，最终置身剧情，通过"移情—共鸣"的模式，制造逼真的生活幻觉。鲁迅的小说，由于具有高度的逼真性与想象效果，采用体验式的解读，我认为是最好的。那么最坏的是什么呢？是只一味地"分析"，总是指示学生往人物描写的方法去寻答案。更其荒唐的例子，是竟从"内中一个破碗，空的"这一句读出了"定语后置"的鲁迅写人技巧！

经过反复多遍的诵读，如果还遇到未能亲切感受或理解的，我会找来同时期的鲁迅作品包括通信，看看有否可供参考的信息。上世纪80年代我曾写过《拿来主义》的教参，其中讲到几位大师"捧着几张古画和新画，一路的挂过去"的所谓"发扬国光"究竟何指，我一直没有把握，勉强解释为国民政府的媚外求荣，总觉有些勉强。最后从鲁迅的书信里找到了相关论证，才了却了几十年的一桩心愿。（可参看《如是我读·〈拿来主义〉拿什么来教》）因此要讲好鲁迅，教师自己既要"有体验"还要"有体认"，要做到真正被感染被说服，才有把握教好说好，学生自会发现你不是在照本宣科，不是在说着别的教师也会这么说的套话。王尚文先生说："教师所能教给学生的唯有自己。"此言甚得我心。

（三）注重准确完整的"讲"——"以言传言"。一个相当长的时间里，由于对课堂"对话"与"互动"的误释，教师的"讲"大大削弱，即使讲得正确，也是片状的零碎的，讲完就完，随风飘散，了无痕迹。为了避免讲鲁迅仅是留下碎片化的解读印象，遇到需要多做解说的文字，不仅讲的过程要一字一句、一层一层地逐一剖析，注意解读的条贯逻辑，最后还要用明晰完整的话语，或听写，或板书，或投影，要求学生笔记。还可以布置作业让学生把听课笔记整成作文，例如我就布置学生写过《〈雪〉的寓意》《〈药〉的景物描写》等。《如是我读》里的"《祝福》的十二处点批"，就是学生和我互动生成的解读文字的实录。因此讲鲁迅，光是"目治"和"口讲"而不动笔书写，不用自己的话把感知理解"固化"，日久的印象终究是要"风化"的。

五、鲁迅作品应成为语文教师的终身读本

讲鲁迅，需要有长期的丰富的阅读积累。我十三岁与"鲁迅"初遇，因着语文老师动情的朗读而被《故乡》的文字所俘获，从此倾心不已，一直保持着浓厚的阅读兴致和探究的趣味。读大学时，我甚至痴迷到能够独自化装表演鲁迅的《牺牲谟》，让同窗对我的记忆力大感惊讶。"文革"的流放岁月，孑身随带的只有十卷的《鲁迅全集》，那是平时节衣缩食一点点积蓄购买的。在天寒地冻的日子里，不时呵着僵硬的手边读边摘抄，陆续辑成近三千条鲁迅语录，做成一本小书叫《鲁挹》，不但因此打通了许多文字的隔阂，还使我拥有了一份鲁迅著作的"记忆索引"。我家藏三部《鲁迅全集》，又在北京潘家园地摊买了鲁迅著作的单行本。最近一段时间，晚上睡前仍在读我最喜欢的《准风月谈》，翻它几页，都能将鲁迅的书香带入梦乡。之所以琐谈这些，无非想说明读鲁迅讲鲁迅，是需要长年累月，细水长流，真下一番钻研的功夫的。虽说读了六十多年，仍感对鲁迅多少还是陌生，尤其是他那独特的思维方式和情感方式。那一日南京有位听众问我，读鲁迅读不下去怎么办？王栋生老师主张"放弃"，我的主张是"硬着头皮"。因为我也是从"硬读"以至于"乐读"而"善读"的。读鲁迅，一定像鲁迅说的必得到三十岁才能读懂吗？真懂鲁迅须有足够的人生历练是对的，但读懂和喜欢并不完全是一回事。不懂或不大懂而仍可喜欢，这是我的亲身经历、切身体会。所以我想"硬读"还是可以一试的；放弃了，要是永不回来，那是多么可惜！

还有听者问道，读鲁迅和讲鲁迅，是否应该密切联系社会现实？我的意见是，凡是比较敏感的现实社会问题，以尽量不联系为好。鲁迅作品具有深广的社会意义，他的思想文化资源取之不尽用之不竭，但需要读者通过自己的人生经历和社会实践去观察、领悟与借鉴。现今的中学生，还不具备这些条件。联系现实，也有多重含义，其中就包括联系我们自身。因此我主张更多的联系"人心""人性"来读鲁迅、讲鲁迅。鲁迅作品对我们今天改造人的精神面貌，仍有着巨大的启蒙作用。就说《风筝》吧，读出沉重的悲哀是由于"被虐杀者"的麻木健忘，就足以警醒人心的。曾经还有人问过我，该怎么理解鲁迅的尖酸刻薄，爱骂人，睚眦必报等等，而我总是接着问他：这是你自己读出来的，还是听别人说的？你究竟读过多少鲁迅的著作呢？对方多无言以对。因此只有通读鲁迅、亲炙鲁迅，才有可能真正理解鲁迅，用好鲁迅的资源。这样一来，怎样"讲鲁迅"，就将可能成为你讲、我讲、大家一齐来讲的一个永远讲不尽的话题。

2016 年 10 月 13 日

（本文是根据 2016 年 10 月 13 日在南京鲁迅纪念馆全国"中学鲁迅作品教学论坛"上的发言补充整理，刊载于 2016 年第 12 期《语文学习》。）

针刺的功效

(读朱永通《教育的细节》)

现在已很少有新书能让我读过之后再重新翻阅，永通的这本书我却反复读了两遍。不是说其中有什么特别的至理奥义，只是觉得有必要靠它重复刺激一下自己日渐麻木的神经。

关于这本书的评论已经很不少，其教育价值已受到全方位的肯定与赞扬，我无可重复，只想就阅读的效果，谈点心得。

可以说，教育无非细节。在我们身上和身边，不是天天都在发生着教育的事，产生着教育的话题，时常有人写教育的文章，发教育的高论吗？可是结果却倒使人习以为常，见怪不怪，熟视无睹，安之若素，久之则陷入麻木不仁。至今我还真想不明白这究竟是什么原因。吴炜旻先生说："不正常的教育背后，其实正是我们被扭曲的人生。"所以读了永通的书"不得不默然"。也许真是这样吧。因为有一种准麻木的状态，就叫沉默。

教育的本质其实很简单，它本是人类代际的心灵启蒙和精神传递。教，是一个关系概念。人与人之间的关系，尤其是在长辈与幼辈、长者与幼者之间，其相互关系表现在教养和教育方面，必是需要通过精心呵护和细脉贯注，因而决定了教育的特点总是细微和精致、柔软和温煦。可是我们今天所看到的学校、家庭、社会的教育状况，真是这样的吗？永通写的不是一部宏大的"教育叙事"，他厌恶把教育的"日常生活抛在一边，炮制了无数的理论与模式，整天叽叽喳喳，没完没了"的说教。他从家里到学校到会场，从不开药方，更不出示解剖刀，摆出高明的外科医生姿态；他见到感人的教育事例，也不吝赞美扬善，但更着意的是揭疤、露丑、鞭恶，用一个个细节做对照的展示，给人解释什么是教育的理性和尊严。他的成功在于能以细节的力量——这力量也许还是微弱的，但毕竟是力量——不惮烦地重复着、联结着、积聚着，一厘米一厘米地瞄准着把握着，就像使用一根根针刺，不时刺向教育肌体，激醒麻木的神经，显示出一个教育媒体人对一切粗陋、粗俗、粗鄙、粗暴教育行为的强韧抗争精神，不由得你不惊觉、不警醒、不环顾周围和反省自身，并因此而感发行动起来。

这就是我读了《教育的细节》的强烈第一感。

永通自说，他的性情颇有点懒散，本来异常珍视个人的写作趣味和癖好，结果却写出了拥有自己生命重量的一组文字，不过在我读来，则感觉他的文字更带有生命的温热。这本书的可贵，还不在于被不少评论者所交口称赞的诸如"敏锐的目光""冷静的观察"等等；当今教育媒体的圈内圈外，目光细敏尖锐者多有的是，何以少见像永通这样，能从自己身边和教育现场，经常察他人所不屑察，想他人所未曾想，捕捉到如此众多且发人深省的教育小事细节？我以为，与其说是缘于职业的敏感，不如说是出自教育者的仁心与善意。仁心最柔，善意最真。这恰恰是今天肩负教育使命的教师、校长、家长身上最为缺乏的"良心义务"。经常挂在人们嘴上的一个"爱"字，似乎用得有点俗滥，我就极少用到它，我一向喜欢也习惯使用的是：善。多年前我家乡闽侯将军希望小学拟制"育人目标"时，就采用了我建议的"乐善乐学，自爱自力"这样两句话。爱是及人，善是推己。唯有推己方能及人，爱总是发自善心。一个缺少善心的人，不可能真正去爱及他人，哪怕是他的爹妈亲子。我读永通的书有个发现，当他抑制不住惊讶或愤恨时，多半不会作怒火填膺状，常常是"呜呼""我无语"，或是"满心羞愧""凉了一大截"，或是"难受极了"和"揪心的痛"，总是表现为某种隐忍、克制和理解的痛。这就是"善"的流露。"善"是温润的、柔和的，一如我们最柔软的心脏。所以永通才会特别主张"柔美的教育"。教育的现场毕竟不是训练场和战场，不可图一训斥一抒懑一泄愤为快，难能的是要以一颗善解人意之心去规箴劝导，令人反思和自省，亦即鲁迅所说的"揭出病苦，引起疗救的注意"。

但也不是说，就只要凭借一颗善良的心，就能自然产生一股对抗粗鄙和粗暴的力量。揭示和写出"细节"，犹如撕开伤口，暴露血肉，还须有足够的胆量和勇气，有着知其不可为而为之的韧劲和毅力。我们从永通的书里，可以看到他对那些邀请过他的学校，熟悉他的领导、校长、教师、朋友，凡有违教育精神原则的，依然见丑不掩，有短就揭，不留情面。勇气出自善心，诚意必获理解。作为同样的教育者，我们正不妨拿这一点来对照一下自己。有时可能也会给看不惯的对象远距离地说些尖锐话，但凡是贴近一点的，多少有些沾亲带故的，则总不免隐恶扬善，以所谓尊重他人、学会宽容来给予遮掩。因此面对当今或显或隐地存在教育行为中的种种虚假丑陋的现象与习气，就多么迫切需要永通这样的仁心和勇气，不时通过口诛笔伐，使之露脸，给它示众，以引起更多人的疗救的注意！

《教育的细节》问世不久，就已经连印5次，拥有了3万多的读者，显然不是因作者有什么高屋建瓴之卓见，或鞭辟入里的洞察，他只不过是以一个个具体的事例和鲜活的个案，不断紧盯、逼视着我们，刺激且刺痛着我们麻木的神经，使得我们相当一部分教育者之早已变得粗糙粗俗粗陋粗鄙的心灵不再安宁，这就已经是一本小书的不小的功德了。但我还想指出的是，当代出版物中侈谈"××细节""细节成就什么什么"的并不乏见，而永通之迥然不同者，是全凭他的善良和敏锐，既不简单地就事说事，也不刻意小题大作。他的言语是那样亲切诚恳，文风是多么朴实无华，像这般入情达理、叙议融洽的书写，我倒建议中小学教师应该就近取法，学会经常写写这样有生命体温的教育随笔，以养成职业的习惯。甚至可以作为高中学生议论文写作训练之助，书中几乎每一篇都有可参可仿之处。这也是缘于永通本来就是一个出色的语文教师，在这本书中，他已将"工具"和"人文"真做到完美的统一了。

腰伤多日，艰于起坐，断续草就。
2016年6月23日

怀念一株老树

(忆黄筠老师二三事)

我校语文组的最后一位"老祖母"——黄筠老师,和我们永别了。著名杂文家吴非,即南京师大附中语文特级教师王栋生,2007年前来出席校庆的一场教育研讨会,曾经说过这样一段话:"特别让我感动的是我看到了福州一中的几位老太太。也许在座的青年朋友不知道她们,但我是知道的。我特别喜欢学校有老树,也喜欢看到名校有老太太们的身影,因为她们一般只出现在安静的处所。"他说的"老太太",就是黄筠老师和朱以南老师。私下,他还不止一次称她们为校园里的"老祖母";他发现两位"老祖母"今天不是安静地待在家里,而是来到挨挨挤挤的热闹会场,在大厅左侧的位置坐下,静静地听完上午的全程发言。王老师很感动,他也把感动传染给了整个会场。——那一年,黄筠老师已是88岁高龄,一位真正的老祖母,我们校园里的一株苍苍依然的老树!

从那年退回去47年,我分配到福州一中,和黄筠老师成了同事,但不知为什么,我一直都没有机会和黄筠老师同在一个备课组,感觉是个终身遗憾。那时的教研组只有一间教室大小,六个年段十八九张桌子彼此挨着,能很近地听见各人的说话,但大家从无高声谈笑。在我印象里,黄筠老师总是静静地坐着,慈眉善目,说话声音轻轻的,缓缓的,特别让人觉得娴雅而庄淑。语文组里最权威的五位是魏兆炘、陈淇、郑桂瑜、黄筠、朱以南,他们各有擅长。黄筠老师精通古典文学,据说她能用古音韵吟诵古诗文,可我却从来没见她露过一手。语文组有一次自己举办小型文娱晚会,黄老师只是用普通话朗诵课文里的一首词。我也曾多次想从她那里学吟诵,但一直不敢开口。那个年代的口号是"厚今薄古","古"的东西稍多些流露,是很有危险的。指导过三牧文社的朱以南老师,曾关切地告诉我,文社要特别注意"时代风气"。我少不更事,曾带了文社学生去游览西河和参观西禅寺,拍了照片挂出去,得意地题了两句"试一蹚春水之清浅,分一角寺殿的庄严",结果挨了大半天的批斗。同许多老教师一样,黄筠老师也是历经多次"运动",每周六下午政治学习在组上发言,她总是谨慎小心地、多少都要带着自我批评地谈学习体会,但从不过分,更不会作积极分子式的慷慨激烈状。1964年,学校开展社会主义教育运动,那是"文革"风雨欲来的一场预演,组里除了定有重点对象,人人也都需要自我斗私批修和互相揭露批判。黄筠老师竟被诬为"封建地主阶级的孝子贤孙",忍受了许多污言秽语。轮到我这个重点对象时,黄筠老师不免也得说上几句,她不会编材料,也不会上纲上线,就借别人举的例子,静静的,缓缓的,轻描淡写地只"批"我有小资产阶级思想。她的发言,让我有风雨骤歇、得以暂缓一口气的感觉,因而心存感激。

"文革"中我们都进了"牛棚"。我曾挨了红卫兵六根电线扭成的鞭子的抽打,黄筠老师也未能幸免。后来总算暂蒙"解放",被流放到顺昌县,和知青一起接受"贫下中农再教育"。六个流放者,被分在六个公社。黄筠老师夫妇分在最靠近铁路线的洋口公社的沙溪,而我和朱鼎丰则被分在南边郑坊公社的兴元和元坑公社的蛟溪。从郑坊坐车兼走路到沙溪,需要将近三四个小时,彼此无法经常联系。听说黄筠老师一到顺昌,就向县里打报告,要求把她一个月127元5角的工资减下来,她觉得和贫下中农差距太大,甚至超过了县委书记,于心很不安。我知道,黄筠老师一向都觉得自己工资高,曾把存折放在教研组的抽屉里,告诉青年教师谁有困难,可以自己拿到银行支取。像这样的爱心,竟然有人要她承认这是怀着腐蚀青年人的险恶居心!到顺昌那一年,黄筠老师足足大我二十岁,她总是把我看作小弟弟一样,关心我在农村的生活。有一回寄了信来招我和朱鼎丰去她那儿,说是要请我们吃山鸡。好肥大的一只山鸡哦!不要说在农村两年,直到今天我都没有尝过那么美的野味,回忆起来,仍觉口角津津然。

当时我们都还不算"下放干部",可以每天轮着到农民家里吃"派饭",

而是得跟知青同吃同住同劳动。黄筠老师的一双脚，怎么说也不适合下田，但她一直坚持要下，三番五次的，结果没走几步就从田埂上滑到烂泥田里，被农民多次劝说后才接受干些轻的农活。她总是样样克己让人，屈己顺人，而从不怨天尤人。在历次"运动"中，我想她对所遭受的凌辱迫害，不会没有一点不平和愤懑，但她从不露愠色，她的内心控得了，顶得住，她拥有平静的力量——那是一株树足以抵抗一阵狂风的力量！

"文革"结束后，我曾分管过学校的教学行政工作。黄筠老师已接近80岁高龄时，我劝说她不要再任课，可她仍希望继续留在讲台上，便只好让她和朱以南老师各教一个班，这样一直有两三年时间。她是太热爱教书育人的崇高职业了。虽然年寿已高，课前五分钟总是准时来到班级；教学认真负责，教案工工整整，批改作业一丝不苟。我从没有听到学生因为她年老，而有过什么不适应的反映。她在学生心目中是崇高的，值得景仰的。

1988年，我父亲在离开我40年后第一次也是最后一次回国探亲。黄筠老师和几位老教师知道我的身世，多次热情邀我们一家相聚。我父亲也为我周围有如此德高望重的长者而感到欣慰。餐聚时黄筠老师的拿手厨艺，是做一碗芋泥糯米八宝饭，我没有在哪个饭馆和酒席上，尝过像这样又香甜又软糯的八宝饭，吃来心里暖融融的。

黄筠老师早先住在湖东路能补天巷子的一间狭小的房子，离学校不远，家中布置简朴。唯一引人注目的，是东西墙各挂着一个镜框，一是含笑的蒙娜丽莎，一是周总理生前的最后一张照片。橱柜上一台款式很旧的老收音机，个头大，音质好。老两口最喜欢听中外经典歌曲，我到她家里，往往是因听曲而不舍得离去。

1989年黄筠老师搬到学校教工宿舍来住，和我在同一座楼，我去看她的次数便少了。每年的正月初一或初二，我们夫妻都会去给她拜年，可是初一的大早，总是黄老师先挂电话来向我们祝贺。这些年她愈益衰老，在家走路都得靠助步器，但坐着和我们谈话时，却看不出一点的病态，精神还是那么闲静安详。身旁的桌几上总放着书报，说是每天都要看看，不然会变"傻瓜"的。记得两年前，一次黄老师染了小恙，我们去看她，她躺在床上，却艰难起身，找了张上世纪60年代的照片送给我们做纪念。我知道，那照片里藏着她多少的回忆，她忘不了那段岁月。

今年正月初一，我们夫妻照例去看望黄筠老师。谈起学校里的事来，黄筠老师听着听着，眼神忽然亮起来，说："我还真想去上课。"直让我怦然心动！难道这只是老人的怀旧吗？我们有多少退休教师还愿意回到学校，再走上课堂？我不知道，但我知道黄筠老师的话，是真出自肺腑；她从来不懂得"装"，更不懂得"秀"。从教近50年，她的确已把一生都交付给了她所热恋的讲台。到了学校举行新春团拜的初三上午，我忽然动念，想让黄筠老师有机会出去看看她的学生，看看同事，见见她久违的校园。于是向康强老师借了张轮椅，再请几个学生连藤椅带人地将黄老师从二楼抬下，坐上，我稳稳地推着，慢慢地转出宿舍，先让她看看新修的三牧坊巷子，再来到学校大门口。正在拍照的老校友一阵欢呼，立即让开前排中间位置，和黄老师一起留个影，感觉那就是老祖母和子孙辈的一张"全家福"哩。此时福建省原省长黄小晶校友，恰好从学校里出来，见了黄老师，连忙过来接过我的手，推着轮椅再向校园里走去。甬道两旁的校友，年长的，年轻的，认识的，不认识的，无不投去钦赞和敬仰的目光，或拱着手大声向黄老师拜年请安，团拜人群于是掀起了小小的高潮。事后，我问送黄老师回去的刘景芳，他说黄老师一直露着笑容，能见到这么多老师和校友，她说好久都没这么高兴过……

但我怎么也不会想到，半年之后，黄筠老师竟一病不起。老树终于落尽了最后一片叶子！福州一中语文组的最后一位老祖母，已经永远离开了我们。但在我们心里依然留驻的，是百年风雨中，阳光下，始终静静的，默默的，挺着翠美身姿，垂着丰茂枝叶的一株苍然独立的老树！

我怀念这一株老树，我的事业家庭中一位永远的"老祖母"！

2016年10月4日

图书在版编目（CIP）数据

　　语文教学归欤录. 上卷，纵谈：答问 / 陈日亮著. —福州：福建教育出版社，2017.5（2018.6 重印）
　　ISBN 978-7-5334-7676-2

　　Ⅰ.①语… Ⅱ.①陈… Ⅲ.①中学语文课－教学研究 Ⅳ.①G633.302

　　中国版本图书馆 CIP 数据核字（2017）第 063603 号

Yuwen Jiaoxue Guiyu Lu

语文教学归欤录

上卷：纵谈·答问

陈日亮　著

出版发行	海峡出版发行集团
	福建教育出版社
	（福州市梦山路 27 号　邮编：350025　网址：www.fep.com.cn
	编辑部电话：0591－83716932
	发行部电话：0591－83721876　87115073　010－62027445）
出 版 人	江金辉
印　　刷	福州泰岳印刷广告有限公司
	（福州市鼓楼区白龙路 5 号　邮编：350003）
开　　本	710 毫米×1000 毫米　1/16
印　　张	14.25
字　　数	218 千字
插　　页	1
版　　次	2017 年 5 月第 1 版　2018 年 6 月第 2 次印刷
书　　号	ISBN 978-7-5334-7676-2
定　　价	33.00 元

如发现本书印装质量问题，请向本社出版科（电话：0591－83726019）调换。